震旦博雅书系

感悟考古

李伯谦 著

北京大学震旦古代文明研究中心 编

上海古籍出版社

图书在版编目(CIP)数据

感悟考古 / 李伯谦著. —上海：上海古籍出版社，
2014.7(2024.4重印)

（震旦博雅书系）
ISBN 978-7-5325-7218-2

Ⅰ.①感… Ⅱ.①李… Ⅲ.①考古学—文集 Ⅳ.
①K85-53

中国版本图书馆CIP数据核字（2014）第 052874 号

震旦博雅书系
感悟考古
李伯谦 著
上海古籍出版社出版发行

（上海市闵行区号景路159弄1-5号A座5F 邮政编码 201101）
(1) 网址：www.guji.com.cn
(2) E-mail：guji1@guji.com.cn
(3) 易文网网址：www.ewen.co
常熟市人民印刷有限公司印刷

开本635×965 1/16 印张20 插页5 字数269,000
2014年7月第1版 2024年4月第3次印刷
印数：2,851—3,450
ISBN 978-7-5325-7218-2
K·1853 定价：78.00元
如有质量问题，请与承印公司联系

作者近照

目　　录

导　　言

　　《感悟考古》是我继 1998 年出版《中国青铜文化结构体系研究》、2011 年出版《文明探源与三代考古论集》之后的第三本论文集，前两部集子，除很少几篇涉及考古学理论、方法，大部分文章是关于中国青铜时代和新石器时代某个个案的研究。在风格上，收入前两部书的多是比较规范的研究论文，是在查阅充足资料基础上经过反复分析、比较写成的，不是专门学习研究考古、历史的朋友，读起来会觉得枯燥乏味；而收入本书的则主要是为研究生讲课、共同讨论问题的内容整理及相关学术研讨会上的讲话等，多是自己在研究过程中有关方法论和考古理论方面的心得体会，文字比较浅显，容易理解。

　　我 1956 年考入北京大学历史系，一年后分专业进入考古专业，1961 年毕业留校，至今在考古战线摸爬滚打已有 52 年的历史。在半个多世纪的时间里，除"文革"有几年工作停顿和学业荒废，粗算起来，参加过的正式考古发掘 20 多次，发掘的重要遗址有新石器时代的陕西华县元君庙、泉护南台地，甘肃永登连城，青海乐都柳湾，青铜时代的河南偃师二里头、安阳殷墟、北京昌平雪山、房山琉璃河，江西清江吴城，湖北黄陂盘龙城、荆州荆南寺，山西曲沃曲村、北赵等；考古调查 50 来次，北至黑龙江肇源，南至广东揭阳、汕头，西至青海西宁，东至山东泗水；至于考古现场的参观考察，更是遍布除新疆、西藏、海南之外的所有省区，数不胜数。这些活动，多是指导学生实习，或者带有科研任务，和游山玩水不同，每到一地，几乎都要亲自动手，一边看，一边想，随时接受同学询问，和同学、同事、朋友讨论问题。跑的地方多了，动手的机会多了，积累的材料多了，在动手发掘和整理、分析、消化材料过程中,在查阅相关研究文献过程中,自然就会产生一些想法,形成观点,收在前两部集子中的文章,基本上都是这样写成的。这些就某个方面、某个问题研究的文章写得多了,慢慢地便有了些规律性的认识和近似方法论、考古学理论层面的体会,我初步归纳为17个小节,作为《感悟考古》的导言,相关的文章则依内容分为几个专题刊出。

一、考古学是什么

这个问题,不仅是学考古的同学要问的,也是普通大众有疑惑的,其实我自己就有一个逐渐认识的过程。

我家在河南农村,上的是荥阳县县城唯一的高中,那时候根本不知道什么是考古,不过初中、高中都有历史课,我学得还算不错,考试都在前几名,1956年就考到了北京大学历史系。到历史系学了一年,第二学期期末,各个专业的老师开始动员大家报名选专业,有中国史、世界史、考古三个专业。考古教研室来动员的是吕遵谔老师,当时是教研室的学术秘书,现在是我国著名的旧石器考古学家。他说得特别好:"你们学考古,会经常出野外,可以游山玩水,名山大川都能去,学中国史、世界史的就没有这个机会。而且,学考古的还要学中国史特别是中国古代史,学中国史尤其是学世界史,除了有考古通论课,专业考古课是没有的,你们比他们学得多。考古专业的学生还可以照相,教研室有照相机,你们有这个课。"那时候照相机还很稀罕,不像现在几乎人人都有。那时年龄小、玩心大,和要好的同学一商量,就报了考古专业,学了考古,其实当时对考古知道得并不多。说实在话,同今天的学生相比,知识面特窄,尤其是像我这样从农村来的同学。今天考古专业的学生入大学以前肯定都知道考古是干什么的,可那时,我们真的是一知半解,觉得好玩儿,就来了。

1956年入学,1957年反右派、搞运动,1958年过共产主义暑假,不放假,吕先生就带领我们五六、五七两个考古班到周口店作发掘。

当时刚上过吕先生讲的旧石器时代考古课,同学们情绪很高,那是一段愉快的、很有意思的经历,现在回想起来,的确是一个难得的学习机会,当时裴文中、杨钟健、郭沫若(当时是科学院院长)、贾兰坡都去过工地,我见到了很多著名的学者。郭老还同我们讲过话,至今我还珍藏着郭老、杨老、裴先生、贾先生和我们在一起的照片。大热天的,虽然每天汗流浃背,但大家有说有笑过得特痛快,而且还真挖到不少东西,认识了好多古代已灭绝的动物骨头,如剑齿象、猎狗、肿骨鹿什么的。当时晚上或者遇下雨天还上课,学习与旧石器考古有关的知识,还组织科研小组,让同学们查资料、访问科学家、老技工,编写《中国旧石器考古小史》,这时对考古虽然还不能说很懂,但至少不像以前那样神秘了。

到了1959年,我们迎来了列入教学计划的正规的田野考古实习,当时学苏联叫生产实习,是跟现在北大考古系一样的本科实习,地点在陕西华县柳枝镇的泉护村和元君庙。学过新石器时代考古的都知道这两个有名的遗址,它们的报告都出版发行了。当时是李仰松老师带队,辅导老师还有白溶基,是严文明老师他们一个班的,他是朝鲜族,后来回朝鲜去了。实习从3月中旬开始到8月初结束,然后有半个月的参观,我们去了临潼、西安和宝鸡,一共是四个多月。这次实习,从我对考古的认识来说是个分水岭,以前懵懵懂懂只是知道点皮毛,后来通过周口店发掘再到这次实习,对考古的认识逐渐加深了,考古究竟是什么,这个时候才有所体会。回想当年夏鼐先生讲《考古学通论》,说"考古学是历史科学的有机组成部分"、"考古学和文献历史学是车之两轮",并没多大在意,直到这次实习才真地感到确实是有道理的。实习时我主要在元君庙,这是一处仰韶文化早期的墓地,墓坑一排排、一行行很有规律,墓坑内一个人,两三个人,五六个人,十几个人,有男有女,或全是男的,或全是女的,也有几个男的或几个女的和一个小孩埋在一起的,有的是一次葬,有的是二次葬,他们之间的关系是什么,是兄弟、姐妹、夫妻、父子、母子、甥舅、姑侄?还是别的。为什么有的是一次葬,有的是二次葬,有的是一次葬和二次葬在一个坑里？同学们一时间争论得不可开交,各不相让,通过老师的引导,慢慢地才觉得这可能是反映了母系氏族社会的情况。尽管文献上说过古代曾有"只知其母,不知其父"的阶段,但像这样具体的活生生的例子由我们亲手挖出来摆在大家面前的情况,却是任何古书上都没有记载过的。中国号称史学大国,中国有二十四史,加上《清史稿》是二十五史,此外还有野史、方志、私人笔记等等,尽管很多,但并不是特别全,以上这种情况就没有记载。另外,文献上记载的是不是都可靠呢？其实,后来我们才知道有很多并不是都可靠。比较早的、先秦时期的文献,都是口耳相传、经后人一代一代记录下来的,这中间可能就有误差,甚至有美化当时帝王们的溢美之词,并不是很真实的反映。而通过考古挖出来的是实实在在的东西,当然本身也需要一个艰苦的解读过程,因为它们没有写着是什么,特别是没有文字记载的史前时期和原史时期。现在再回味当年夏先生讲的"考古和文献史学是车之两轮"的话,再回味吕先生动员选专业时跟我们讲的,考古有考古的优势,考古可以走出去,去野外,看到实实在在的东西的话,就感到很亲切,很有道理,我们很庆幸当年报了考古专业。我们班 26 个人,除去两个越南留学生,还有 24 个中国同学,毕业时因为分配的原因有两位同学没干考古,其他的都在这一行。而且我的这些同学在各地干得都还不错,有省、市考古机构或博物馆的正、副所长、馆长,都是研究员、研究馆员职称,不少人出过专著或论文集。所以,对于考古专业的学生,对于从事考古这一行的每一个人来说,正确认识考古学的学科性质、弄清楚考古学科的定位,十分重要。我想有的人也会经历这样的认识过程,一次实习,也可能是个分水岭,喜欢考古的就热爱上它了,不喜欢的将来就改行了。现在看,改行也没关系,即使你干了别的,在学校学的这些东西对你还是有用的,实习这几个月不是白白浪费时间。

　　我们国家,从 1949 年中华人民共和国成立以后,一直受到以美国为首的西方国家的封锁。同国外的联系,包括考古在内的学术界的联系,除了苏联老大哥,基本上处在断绝的状态。那时候,就是一门心思向苏联学习。阿尔茨霍夫斯基的《考古学通论》、蒙盖特的《苏联考古学》、柯斯文的《原始文化史纲》等苏联学者的著作，就是在那段时间翻译过来的。至今我还清楚记得，1956 年我们入学不久，高年级同学常常谈起苏联考古学家吉谢列夫来华讲学受到热烈欢迎的情景，当时历史系还专门请了一位叫安东诺娃的专家来上课。说实在的，向苏联学习的确学了不少教条主义的东西，以为那就是马克思主义。但我也不认为学的全是错的，苏联考古学强调考古要研究社会结构及其发展规律，就是对的。考古发掘，从挖探沟到开大方大面积揭露，也是从苏联在乌克兰底里波里遗址发掘积累的经验借鉴过来的。我们自己学得不好，不能全怪别人。在这里我还要说一说，我是信奉马克思主义的，马克思的辩证唯物论对我的研究影响很大，我自己觉得受益匪浅。我认为研究考古上的问题，可以运用马克思主义的观点和方法，但我不同意研究问题要"坚持马克思主义立场"的提法，2009 年 4 月我在"中国古代国家与文明起源"研讨会上所作的《中国文明起源与形成研究需要注意的几个问题》(原载《中国历史文物》2009 年第 6 期，后收入沈长云、张翠莲主编《中国古代文明与国家起源学术研讨会论文集》科学出版社 2009 年)的发言，即明确阐明了我的观点。如果一定要用"立场"这个词，那么马克思主义的立场只能是"实事求是"。

1978 年中国共产党第十一届三中全会提出了改革开放的路线，一下子打开了同国外联系的大门，西方考古学理论、方法像潮水一般涌了进来，一向保守自闭的中国考古学真有些应接不暇。面对如此局面，不能说视之为洪水猛兽想拒之门外的人一个没有，但绝大多数都持热忱欢迎的态度。客观地讲，西方考古学理论、方法的传入，改变了中国考古学一直以来死气沉沉、缺乏理论探讨的面貌，极大地促进了中国考古学的发展。说到这里，我们要特别感谢张光直先生。张光直是美国哈佛大学考古人类学教授、北京大学考古系(1983 年从北大历史系分出成立的)客座教授，1984 年，应北大考古系主任宿白先生邀请来讲学，他讲的《考古学专题六讲》，将西方流行的主要考古学理论深入浅出地介绍给大家,什么聚落考古、行为考古、过程考古、后过程考古、文明起源模式理论等等,几乎都是第一次听到,既新鲜又羡慕。为了尽快让同学们了解和掌握国外考古学的情况,宿白先生和张光直先生还拟定了一个陆续邀请来北大讲学的国际著名考古学家名单,并且有几位已经来上过课,张先生也先后邀请了邹衡教授、俞伟超教授到美国访学。从那时到现在,快30年过去了,看到现在国内、国外的交往如此频繁热络,像家常便饭一样,好不感慨!我说张光直先生是架起中外学术交流大桥的人,一点都不为过。西方考古学理论、方法的传入,主流是好的,发挥的作用是巨大的,这点必须肯定。但有个现象值得注意,同样是西方的理论,同样都是著名学者,但之间看法也不一样。其中涉及考古学学科性质的,如"新考古学"的提出者之一宾福德,是将考古学归入人类学的,1962年他发表的成名大作题目就叫作《作为人类学的考古学》。他反对考古学常用的从考古材料入手研究历史的方法,而主张用文化人类学常用的所谓"模式"去演绎历史进程,当然,他也说得出的结论需要验证。"新考古学"提出后,在国外、国内都引起强烈反响,反对者有之,拥护者有之,对其是非功过,在这里我们不作讨论,我只是强调,考古学可以并且应当借鉴人类学的某些研究方法,重视通过发掘出来的遗迹、遗物乃至遗迹现象,去研究和揭示人类的思想、行为,全面地复原历史,但考古学和人类学毕竟在研究的对象、方法、手段等方面有所不同,如果将考古学纳入人类学,实际上就等于取消了考古学。过去有一种误解,似乎考古学就是挖东西、器物排队。1958年科学"大跃进",批判考古学是见物不见人,当时苏秉琦先生是考古教研室主任,说你光讲地层学、类型学,都是死的,见不到人的活动。其实,遗迹也好,遗物也好,都是古代人类所从事的各种活动的遗留,是他们特定的思想和行为的产物,考古学的任务就是运用科学的方法、手段把它们发掘出来,运用科学的方法、手段通过对它们的研究将其蕴含的、反映的思想、行为揭示出来,去复原历史。这是一个连续的科学研究的过程,没有在地层学原理指导下的发掘,就不能有序地揭露出这些东西,没有按照类型学原理去分析研究这些东西,就不能进到更高层次的研究去揭示其蕴含和反映的历史的真谛。设想如果不懂得发掘,不懂得器物排队做类型学研究,还怎么能再上升一步去见到背后的人的活动呢? 这一点我们必须明确,不要在这个问题上迷失方向。谁能坚持做到这一点并在今后的工作中持之以恒,谁就能充分发挥作为历史科学重要组成部分的考古学的优势,为复原中华民族悠久的历史做出自己的贡献。另外,从我们学习的一方来看,不必讳言,也存在不问具体情况,是否合适,觉得只要是外国的就是好的,拿来就用,生搬硬套,结果适得其反。正确的态度,我认为应当是立足于我们自己的考古实际,对国外涌进来的理论也好、方法也好,经过缜密的分析,有选择地使用,在使用中甚至可以根据具体情况加以修正、改进。

在我接触的学生中,尤其是初学考古的学生,常常会问考古有什么用? 他们说:"你说考古是历史科学,是研究社会发展规律,这也对,能理解,但研究清楚了,又有什么用呢?"我觉得这未免太实用主义啦,太近视了。学考古、学历史怎么能没用呢? 学考古、学历史,不是发思古之幽情,而是懂得社会发展的规律,更好地认识和把握以后发展的方向。我自己是有体会的。2010 年到新加坡参加"二十一世纪中华文化世界论坛"第六届国际学术研讨会,我有一个发言,题目是《中国古代文明化历程的启示》,中国古代文明经历了酋邦(古国)—王国—帝国三个发展阶段,这是大家都知道的,但它对现在的发展有什么启示作用和借鉴意义呢? 我讲了六点:

第一,"文明模式的不同选择导致了不同的发展结果"。我认为崇尚神权的红山古国因过度浪费社会财富盛极而衰,而崇尚王权、比较简约的仰韶古国则通过龙山文化、夏商文化传承下来了,"事实告诉我们,作为一个民族、一个国家选择怎样的发展道路是决定其能否继续生存发展的关键"。

第二,中国古代文明演进的历程"是不断吸收不同民族文化先进因素的历程","实践证明,这是中国古代文明不断壮大得以持续发展的重要动力"。

第三，中国"从氏族部落社会时代一直延续下来的血缘关系和由此而产生的祖先崇拜，是自身保持绵延不绝、持续发展的重要原因"。

第四，"共同的信仰和共同文字体系的使用和推广，是维护自身统一的重要纽带"。

第五，演进过程中形成的"天人合一"、"和而不同"、"和谐共生"等理念及在其指导下正确处理人与自然、人与人、国与国等关系的实践，是自身比较顺利发展的保证。

第六，演进过程中形成的中央集权的政治制度对保证大型工程的兴建和国家的统一，发挥了重大的不可替代的作用，但过度运用也在一定程度上束缚了人们的思想和创造性。

我感到中国共产党十七届六中全会至十八大作出的一系列重要决策，都从中国历史发展的经验和教训中汲取了营养，这难道不是学习历史、研究历史受到的启发吗？

这是主要的，但考古学的作用绝不止于此。以文化遗产的保护为例，从党的十七届六中全会到十八大连续发出大力发展文化事业、文化产业号召以来，包括文化遗产保护在内的文化事业越来越受到社会的重视。回顾我国考古事业和文化遗产保护事业发展的历史即可看到，两者是相辅相成、密不可分的，文化遗产性质、年代、价值的确定，要依靠考古学的研究成果，文化遗址保护规划的制订、遗址公园的建设，需要考古工作者的参与。同样，没有文化遗产的保护，考古也将失去自己活动的空间。

总之，考古事业是人民的事业，是建设社会主义强国、实现中华民族伟大复兴梦想不可或缺的一项工作。我们每一位考古工作者都应该扬眉吐气，决不可妄自菲薄。

二、从地层学到埋藏学

认识到考古学的重要性了，那它和狭义的历史学究竟有什么不同？我们曾说到它们研究的对象不一样，历史主要靠文献记载来研究,考古是要靠实实在在的实物,在考古学者通过不同时代人们在生产活动、政治生活、经济生活、文化生活等方面遗留下来的东西,来研究人类的历史。其次,方法也不一样。考古学者要把遗留下来的遗存科学地发掘出来,那就要依据地层学和类型学两个基本方法。要特别强调,学生在实习阶段,地层学和类型学这两个基本的法宝一定要掌握,否则以后考古学就很难有比较大的发展,自己运用不好,也很难写出令人满意的文章。

地层学,大家都知道是借鉴自然科学中地质学的地层学过来的。那地质学上的地层学和考古学上的地层学有什么不同呢？地质学上的地层是自然变化形成的不同的层,而考古学上的地层是人类活动留下来的不同时期堆积形成的层,本质区别在这里。因此,它就具有复杂性,比自然层复杂得多,解读起来难度也就更大。所以,我们必须掌握,什么是地层,怎么划地层,怎样根据土质土色辨别地层。但是不能仅仅停留在这一步,还需要知道地层是怎么形成的,尤其是考古的地层,是人类活动的结果,有时候人类活动的结果和自然力量是交织在一起的。如可能突然出现一个间歇层,间歇层里没有陶片,全是沙子,那是发洪水形成的东西,是自然形成的东西。在学习地层学过程当中应有一个概念,就是对地层形成能有一个认识,因此,就要引入埋藏学的概念。埋藏学也是旧石器时代考古使用的概念,主要是研究这个层怎么形成的,什么原因形成的,多长时间之内形成的,它有什么不同的特点。如我们学习国外的一些考古学理论,提到界面理论,在中国考古学发展过程中基本上没有这个概念。西方提到有界面,所谓界面,层和层交界会形成界面,其中界面也是不同情况下出现的,在划分地层的时候怎样辨别出来？而过去我们机械地理解地层,把地层看得是绝对的,只知道划层,那么遇到房子、灰坑、墓葬怎么办呢？过去是强行归层,如说某某房子是三层房子、某个墓葬是四层墓葬,等等。后来就觉得不妥当,我自己学习的时候就没有很好地掌握这一点。说这一层中有灰坑、有房子、有墓葬,这个现在说来肯定是不对的。当时邹衡先生告诉我说任何一个遗迹单位就相当于一个地层单位,一个房子、一个墓葬、一个灰坑也是一个地层单位,要把它当成一个地层来理解。那时主要讲分期,谁早谁晚,把它们都当成地层单位,不能说一个层里面包含有房子、灰坑、墓葬、陶窑。这是对的,但我觉得还不够,还要有埋藏学的概念,把它看作一个动态的过程。我这个概念从哪儿来的呢?其实,理解得很晚。对我刺激最大的是在1986年我们在河北徐水南庄头遗址的调查,遇到一个窑厂取土,很大的泥炭层,发现有陶片,引起了注意。结果发现陶片确实是早的,一万年或一万年多一点。一个泥炭层,一层四五十厘米,从土质土色看不出多大区别,但测年的结果使我大吃一惊。一层当中不同的标本测定结果不一样,它的年代跨度相当长,可能是1000年到2000年,它怎么形成的?为什么靠上的时间就晚,靠下的时间就早,为什么划分为一层?因此,对地层学不能机械的理解。首先,一个层不管堆积的厚薄并不与其年代跨度成正比,不是说堆积这一层越厚它的年代越长,这一层越薄时间不一定就短。所以,就使我感到应该借鉴旧石器考古的埋藏学概念,来研究它是怎样形成的,不同的层有不同的时间段。过去我们做新石器时代以后考古的,老是批评旧石器时代考古不分层、不科学,他们10或20厘米一层。土质土色是我们最基本的概念,他们不讲土质土色。其实我觉得应该把旧石器时代考古划分地层的方法与土质土色结合起来,这个各有各的道理。现在旧石器时代考古也在改变,照顾到土质土色,在这个前提下,一二十厘米划分一个地层,人为做的,最后研究的结果可能就是有差别。现在出土的骨头、陶片用GPS定位,这是很有道理的。在一个层里不同深度可能反映不同的问题,所以一定把埋藏学的概念引入,把它看作一个动态的过程。研究不同层的形成,有的可能很快就形成了,如房子突然倒塌,一层就形成了,如果是倒垃圾,就是日积月累形成的,跟这个完全不一样,所以有了埋藏学概念就会问这个是怎样形成的,它对我们研究考古学包括年代分期有什么不同的作用。我觉得这个观念要在我们自己的体验中看有没有道理。这里就涉及发掘时在一个大层里要不要划小层的问题,过去着眼点在分期,通常会觉得那些小层没有分期意义，一般就不划了。但从埋藏学出发，这些小层对研究这个大层是怎样形成的是有意义的，其实还是应该划出来。与其相关的，还有在发掘工地上要不要统一地层的问题。过去着眼于分期，一个工地的主持人常常会要求统一划层，这在地层比较简单的遗址是可以的，但地层关系复杂的遗址就要慎重考虑了。在这样的遗址发掘，各个探方遇到的地层复杂程度会很不一样，对划分地层掌握的标准也会有所不同，划出来的层位线有的简单有的复杂，如果统一地层，必然就要舍弃那些复杂的划得很细的小层，这对于分期可能没有太大影响，但对研究不同地点甚至不同探方层位的形成过程就很不利。所以，要不要在工地上统一地层，需视具体情况而定，不可一刀切。

三、类型学是研究考古遗存的关键步骤

如果说地层学理论、方法可以帮助我们科学地发掘揭示出考古信息，那么要科学地解析这些考古信息，类型学研究就是最关键的步骤、最重要的环节了。考古发掘会发掘出许许多多的遗迹和遗物，这些遗迹和遗物，特别是遗物，有的形制不一样，质地不一样，大小不一样，花纹也不一样，它们之间是否有早晚，相互之间是怎样的关系，如果没有一个科学的方法，面对这一大堆东西便会束手无策，很难理出头绪来，而类型学就是解决这个难题的方法。像考古地层学是借鉴地质学的地层学一样，考古类型学也是借鉴自然科学中生物学的分类学来的。类型学也可以说是分类学，就是要依照一定的方法对挖出来的遗迹、遗物进行分类。正式分类以前，有一项工作首先要做，就是要把早期遗留物排除出去。一个遗址，特别是有许多时代堆积的复合遗址，在晚期地层中常常会有早期的遗留。比如现在挖的是西周中期的文化层，可这一层出的东西不一定都是西周中期的，说不定就有西周早期的，甚至客省庄二期文化或仰韶文化的东西。因为这块地方有西周早期和客省庄二期文化层，附近有仰韶文化遗

址,生活在西周中期的人,修房盖屋,挖坑掘墓,只要动土,就难免碰到以前的东西,随垃圾倒出去,就形成了西周中期文化层中夹杂早期遗留物的现象。这些早期遗留的东西,陶片也好,石器也好,你搞统计、搞分类,如果你不认识,不剔除在外,结果就可能出问题,至少是不准确,与实际有距离。譬如,你挖的第三层是西周中期文化层,统计时,除了大量西周中期常见的夹砂绳纹灰陶片,还有一些篮纹灰陶片甚至彩陶片,因为你不认识没有把它排除出去,总结时就可能得出西周中期还有篮纹和彩陶这样的错误结论,其实那是客省庄二期文化的篮纹陶片和仰韶文化的彩陶片混入西周中期的文化层所致。

掌握类型学方法对一个搞考古的人非常重要,根据我自己的体会,只有真正掌握了类型学方法并从类型学的实践中尝到了甜头,你才能对你挖出来的这些遗迹、遗物真正有所认识,才算真地懂了考古。我1961年毕业,当年在昌平雪山,1962年在安阳小屯,年年带实习,每次都四个多月,教育部《高等教育六十条》规定的必读书目老看不完,1963年教研室又要派我去偃师二里头带实习,心里不高兴不太想去,这事让教研室主任苏秉琦先生知道了,把我叫去狠狠地批了一顿。苏先生说:"听说你不想下去啦! 是不是觉得田野这一套已经过关了? 书本是学问,当然要读,但田野也是学问,对考古专业的老师来说是更重要的学问,不要以为参加过几次实习就算可以了,其实还差得远呢? 考古教研室青年教师里头,除了邹衡谁的摸陶片工夫过关了? 当考古专业的老师,就要立足田野,没有这个思想准备,不会有大的出息……"苏先生一针见血的批评,使我端正了方向,以后几十年再没有为下田野有过怨气,而且每次下去都会得到新的信息、新的收获。苏先生说的"摸陶片"工夫,其实就是类型学本事。邹衡先生是我们的老师,圈内的人都知道邹先生是分型分式搞器物排队的高手。同学们私底下还有这样一个传说:1960年邹先生带学生在洛阳考古所工作站整理王湾的材料,下午进入库房拼对陶片,晚饭没吃一直干了一个通宵,第二天早晨同学们喊先生吃早饭,只见邹先生两只手里都拿着陶片,正津津有味地往一块凑呢! 听到喊他随声答道: "几点钟啦? 都该吃晚饭啦!"我没问过邹先生此事是真是假,但即此已足见邹先生对类型学研究的投入、执着和从中得到的乐趣。我不期望学生个个都这样,但我充分相信,利用整理的机会把类型学学到手、掌握好,是完全可以做到的。

我们说类型学是分类学,但怎么分类是有讲究的,分类不仅仅是把不一样的东西分开,就拿陶器来说,不光是要求质地按夹砂、泥质分开,纹饰按绳纹、篮纹、粗绳纹、细绳纹分开,器类按鬲、罐、豆、盆、碗、钵分开,重要的是通过分类找出它们的规律。1964 年我带同学到安阳实习,发掘大寒南岗、鲍家堂和豫北纱厂,整理时住在考古所工作站,苏秉琦先生去视察,专门讲了如何搞器物排队。他告诉大家,先按类别分开是对的,但同一类器物是不是都一样呢? 譬如鬲,都是三个空足,这是一样的,这是鬲类器物的特点,但有的分裆,有的联裆,又是有区别的,这就是型的不同,通常用英文大写的 A、B、C、D……来表示;同一型的鬲你细看,有的是卷沿,有的是折沿,折的程度也不一样,这就是式的不同,通常用罗马字Ⅰ、Ⅱ、Ⅲ……来表示。型一般是并行发展的关系,但有时也有出现时间早晚的差别,如 A 型、B 型出现早一点,C 型出现晚一点,这是可能的,不过这并不表示 C 型和 A 型、B 型有发展关系;式是连续发展的关系,A 型的Ⅱ式肯定比 A 型Ⅰ式晚,而且Ⅱ式还是 A 型Ⅰ式演化来的,这个理清楚了,它们的先后早晚、时间与空间定位也就清楚了。我们讲类型学,回顾对它的认识过程,大家可能都知道苏秉琦先生的《瓦鬲的研究》,是在陕西宝鸡斗鸡台发掘的时候写出来的,是苏先生最有名的一篇论文。在宝鸡斗鸡台挖出来的,现在看来有先周、西周和东周时期的墓葬,里面有很多陶鬲,这么多陶鬲怎样才能把它弄出规律来呢? 苏先生就写了《瓦鬲的研究》,这完全是在工地上摸出来的。那时候我们常说苏先生闭着眼睛、哼着小曲儿、摸着陶片,体味着地层学和类型学的奥妙。苏先生把类型学搞得非常纯熟,我记得 1964 年在安阳实习时,当时工作站管事的是郑振香老师,她是 1954 年北大毕业的,跟俞伟超是同班,先在北大当助教,后来到科学院考古所读研究生,毕业后留在科学院考古所,在安阳队当队长。我们实习时发掘了豫北纱厂商代墓葬和郊区大寒南岗、鲍家堂新石器时代遗址。在整理时跟她聊天怎样分型分式。郑先生说"你们(北大)是尊苏先生的,我们(考古所)是尊夏先生的"。夏先生是新中国考古的领导者、组织者,是老一辈考古学家中受过西方考古学系统教育的学者,学识渊博,又特别谨严,但看夏先生的著作,似乎没有式的概念,或者说他的式的概念就是型的概念。安志敏先生也是著名的学者,在北大代过很长时间的课,也是我很敬重的老师,他也不用式的概念,不搞型和式的区别。苏先生讲的这一套,好像主要是整理宝鸡斗鸡台材料时自己琢磨出来的。苏先生长期在考古第一线,每年都到北大考古实习的地点和考古所的工地,对陶片真可谓情有独钟,总是排来排去,又摸又画。今天,我们特别强调区别型和式,是因为只有这样,才能把挖出来的东西的先后、左右关系定好、定准确,没有型和式的概念,类型学是不完善、不科学的。我们搞发掘,挖出来的东西很多,一个一个特点都不一样。譬如说鬲,只要看着不同,就分一个型,A 型、B 型、C 型、D 型、E 型……分了一大堆,这只能说它们不一样,但解释不了它们之间究竟是什么关系。1979 年苏先生和殷玮璋合写文章,专门讨论类型学的问题。俞伟超、张忠培诸位先生,也写过这方面的文章,也应该好好看看。考古类型学是一个很严密的方法,但它必须与考古地层学紧密结合起来,我认为地层学是类型学研究的一个前提。过去有人常说苏先生不大讲地层,他摸陶片是不管地层的。是否真是如此呢? 的确,苏先生每次到实习工地,在他给同学们作报告之前,总是先给他端几筐陶片,不说出土的层位,但他摸来摸去,却可以弄清楚其逻辑顺序,最后才问哪个是下边的、哪个是上边的? 他先不管地层,先按挖出来的器物本身的逻辑关系排出顺序,最后再用地层去印证,可见苏先生并非完全不管地层。现在,我们完全可以先知道地层,下边的地层肯定是早的,可以排在前;上边的地层肯定要晚,排在后面。当时讲苏先生不搞地层,光搞器物排队,看来并不全面。把地层学作为前提,把类型学和地层学结合起来,不管是遗迹还是遗物,才会发现从不同地层挖出来的东西,通过类型学研究可以把它们条理化、科学化,知道它们正确的时间定位和空间定位,我觉得这个就掌握到了考古学最基本的东西。有了这两条不管是在哪儿做工作,中原地区、北方地区、南方地区,做不同类型的遗址,都会得心应手,举一反三。这个也是我亲身的体会,因为我带本科生实习大概有十五六次,研究生实习七八次,加起来二十多次,每次都是和同学们一起发掘整理慢慢体会的。

但任何方法都是不断改进、不断完善的。过去作类型学研究,主要是靠眼和手,但现在科技手段越来越多,对遗物的成分分析、微量元素分析、工艺流程研究等等,都可以加深和拓宽对器物类型的认识。

还常常听到一种说法,说器物类型学太主观,不同的研究者对同一批器物的型、式划分常常会有较大的差别,你相信谁的呢?这种情况的确存在,但并不能据此完全否定类型学的科学性、可靠性。类型学研究,是一个从主观到客观的过程,研究得越深,主观与客观符合的程度越高,你得出的结论越来越接近实际。反之,浮光掠影,浅尝辄止,要想作出准确的型、式分析,的确不容易,得出的结论可能会与实际相距甚远。正是因为类型学研究有难度,才要求研究者必须十分专注,反复揣摩,多方比较,并充分利用一切可以利用的科技手段。不相信类型学是科学的研究方法,是不对的,应该彻底打消。

四、从考古学文化到考古学文化区系类型

什么是考古学文化?这个学考古的人大概都知道。我想强调的是,"考古学文化"概念的得出,是考古学实践的产物,在"考古学文化"概念形成以前,人们对考古遗存的概括只有"期"的概念,没有"文化"的概念。需要说明的是,这里所用的"文化"一词是考古学上的术语,是指在特定时间、特定地域内具有共同特征的一群遗迹、遗物的总和,不是泛指一般意义上的"文化"。不过由于对所谓共同时间、共同地域、共同特征的理解和掌握存在差别,我们看到,在相当长的时

间内,考古学文化的命名和使用是很不规范的。现在我们所说的仰韶文化,因为有一定数量的彩陶,过去习称为彩陶文化;龙山文化,因为主要是黑陶,过去习称为黑陶文化;小屯殷墟发现的多是灰陶,过去又习称为灰陶文化等等。但后来考古发现多了,和仰韶文化时间差不多的主要分布于长江中游的湖北、湖南、重庆一带,中国北方地区的辽宁、内蒙古一带,也出有彩陶,数量还不少,但细加分析,就会看出,它们尽管都出彩陶,但器类不同,形制不同,彩绘的纹样、画法也有差异,如果统统都叫彩陶文化,就掩盖了其间的重要区别,所以后来就不再用"彩陶文化",而分别称之为仰韶文化、大溪文化、红山文化了。黑陶也一样,不光是最早在章丘龙山镇发现的山东有,河南、河北、陕西、江苏、浙江许多地方都有,它们之间的差别显而易见,为了强调其间的不同,因此一时间,"山东龙山文化"、"河南龙山文化"、"河北龙山文化"、"湖北龙山文化"、"陕西龙山文化"的名称便应运而生,甚至今天大家都熟习的分布于江浙地区的良渚文化,也因以黑陶著称,曾一度被归入龙山文化系统。针对这种混乱又不规范的情况,1959 年,夏鼐先生在《考古》4 期发表了《关于考古学上文化的定名问题》的著名文章,对于考古学文化的定义、考古学文化命名的条件、如何命名考古学文化,作了简洁而明晰的阐释,澄清了在这些问题上的误解和混乱,使大家在遇到这些问题时,有了一个可以遵循的原则和依据。文中夏先生还特别强调,"命名"的目的,是"想用简单的名称来充分表示一种特定的含义",以便"大家互相了解,不致引起误解"。在"命名"问题上,"如果应有的条件都具备了,而我们还迟疑不决,不敢给它以应有的新的名称,那就未免太保守了;这就会使一定不同类型的文化遗存长时间地混淆在一起,因而延缓了对于古代社会研究工作进展的速度。如果还不具备一种文化类型所应有的条件,而我们看到某些片面的个别的现象,就匆匆忙忙地给它一个新的名称,那就未免有些冒失了;这就会造成一些不应有的混乱,因而使古代社会的研究工作发生不必要的纠纷。根本问题在于对古代遗存的实事求是的科学分析。在这里踟蹰不前是不好的,轻率浮夸更是要不得的。考古工作者对于文化的命名问题,应当具有严肃的科学态度"。这就涉及到以前已有的名称问题,夏鼐先生说"像尹达同志在座谈中指出的,旧有的名称如果并不引起误解的,可以保留使用;否则可以考虑另起一个新的名称"。我觉得像仰韶文化,尽管最初安特生对其并无严格的界定,但后来大家对仰韶文化的内涵、特征、存在的时间和分布的地域认识已逐步趋同,且此名称已沿用多年,就不一定非改不可,改了反而觉得更不好掌握。龙山文化就不一样,龙山文化曾称为"黑陶文化",本来是指以山东章丘龙山镇遗址为代表的以黑陶著称的一类遗存,后来"黑陶文化"的名称不用了,为表示时代基本相当,及以黑灰陶为重要内涵的遗址与其之间的区别,有的学者就冠以省名分别称为"河南龙山文化"、"陕西龙山文化"、"湖北龙山文化"等,考古学文化哪有以行政区划分的?这么叫显然是不合适的,现在,已没有将石家河文化称为"湖北龙山文化"的了,将客省庄二期文化称为"陕西龙山文化"的也少多了,只有"河南龙山文化"的名称还较流行,不过在人们的认识上,对什么是"河南龙山文化"已没有太多的分歧。夏先生的文章发表以后,在考古界引起了巨大的反响和讨论,为了对这个问题做进一步的引导,1961年春天夏先生又写出《再论考古学上文化的定名问题》一文,在科学院考古所内传阅,此文已收入2000年出版的《夏鼐文集》,希望大家都能看看。

夏鼐先生文中指出的在对考古学文化理解和命名上存在的偏颇,实际是存在的。20世纪五六十年代,好像都比较"保守",内涵相同的同类遗址已发现不少,但一般不太敢以第一次发现遗址的小地名命名为某某文化,一个原因可能是遗址小老觉得不典型,还有一个原因那时候老搞运动,我猜想可能是怕出风头,批自己的所谓资产阶级名利思想。但后来,似乎"冒失"的多了起来,发现一个遗址,内涵都还没弄清楚,感觉和别的不太一样,便急急忙忙宣布发现了一个新的文化。这两者都是不可取的,不过总的来看,自夏先生《关于考古学上文化的定名问题》发表以后,在这个问题上是逐步走向正规的。

如前所说,考古学文化是对特定时间和特定地域内具有共同特征的一群遗迹、遗物总和的概括,它考察研究的对象就不是一个遗址,而是一群遗址,而且为进行对比,还不能仅局限于这个所谓的特定时间、特定地域之内,常常是要扩大到时间更长、地域更广的范围。考古学文化的认定无疑是考古学研究的重要成果和进展,但从整个研究的过程来看,它还只是其中的一站。一个特定的考古学文化,其内部可能是有层次的,其与周边的考古学文化也会存在这样那样各不相同的关系,因此随着研究的深入需要有更广阔的眼光,并需要与环境相联系,正是基于这样的情势和学科发展的要求,苏秉琦先生的"考古学文化区系类型"学说,便很自然地提了出来。

苏先生的《关于考古学文化的区系类型问题》一文发表于1981年的《文物》5期,但他的区系类型思想从酝酿到形成已经过了十多年的历程。2009年10月24日至25日在"苏秉琦先生百年诞辰暨牛河梁遗址发现30周年研讨会"上,我有一个发言,题目是《中国考古学思想发展史上的一场革命——重读苏秉琦考古学文化区、系、类型理论札记》,我认为苏先生的区系类型思想的萌芽至少可追溯到他1965年在《考古学报》1期发表的《关于仰韶文化的若干问题》一文,在这篇文章中苏先生将仰韶文化分为半坡与庙底沟两个类型,并在仰韶文化分布范围内首次提出了分区的问题。苏先生将仰韶文化分为半坡、庙底沟两个类型,对与不对虽有争论,但提出这种思想,把一个考古学文化看成是可分的,确实难能可贵。在以后召开的多次学术讨论会上,苏先生的讲话几乎都包含有区系类型的内容,1979年4月10日在西安"全国考古学规划会议、中国考古学会成立大会"上的讲话,更向全国考古工作者发出了围绕建立中国考古学文化区系类型体系开展工作的号召,我自己1978年在"江南地区印纹陶问题学术讨论会"上提交的论文《我国南方几何形印纹陶遗存的分区、分期及其相关问题》一文(发表于《北京大学学报》哲社版1981年1期,后收入《中国青铜文化结构体系研究》,科学出版社1998年),即是在苏先生的区系类型理论指引下写成的。对考古遗存如何进行分区,需要考虑环境因素,更重要的取决于考古调查发掘的进展及取得的成果,因此分区不是一成不变的。由于着眼点不同、见解不同,不同的研究者分区的结果也不会完全一样,苏秉琦先生根据20世纪六七十年代的材料将中国新石器时代分为六大区系,这是考古界都熟习的,但其他人的分区可能就知道的少了。譬如石兴邦先生1980年发表在《南京博物院辑刊》2期上的《中国新石器时代文化体系的问题》一文,把中国新石器时代文化分成三个板块,认为每个板块中又可"分为若干地区性的文化传统或类型";佟柱臣先生1985年发表的《中国新石器时代文化三个接触地带论》(《史前研究》2期)、1986年发表的《中国新石器时代文化的多中心论和发展不平衡论——论中国新石器时代文化发展的规律性和中国文明的起源》(《文物》2期)及2004年出版的《考古学要论》第二部分的八、九、十一篇等,都涉及中国新石器时代文化的区系类型问题,他认为阴山、秦岭、南岭三条自西向东分布的山脉,就是各自南北两侧不同文化的接触地带,他将中国新石器时代文化分为马家窑文化系统、半坡文化系统、庙底沟文化系统、大汶口文化系统、河姆渡文化系统、马家浜文化系统、屈家岭文化系统等七个不同的区系,认为这七个文化系统分布地域和所处环境有别,各有自己的内涵和个性,各有自己地层学上的序列和类型学上的演变关系,"是我国若干部族文化连续发展的结果";张光直先生1986年用英文出版的《古代中国考古学》,将中国公元前4000—前3000年的史前文化分为九个区系类型;严文明先生1987年在《文物》3期上发表的《中国史前文化的统一性与多样性》一文,将中国新石器时代文化分为三大经济文化区,每区下面又分为若干小区,共十二个文化区系类型。自20世纪80年代初苏先生发表考古学区系类型论文并将中国新石器时代分为六大区系以后,新的考古发现层出不穷,六大区系已不能完全反映新石器时代文化分布的格局,以宝墩文化为代表的长江上游成都平原,以马家窑文化为代表的黄河上游甘青地区,以咸头岭文化为代表的珠江三角洲地区等,实际上都应是相对独立的区系。

　　苏先生的考古学文化区系类型主要是针对新石器时代文化提出的,其实这种理论同样适用于青铜时代文化的研究,1990年我发表的

《中国青铜文化的发展阶段与分区系统》(《华夏考古》1990 年 2 期)一文,即是以苏先生的区系类型理论为指导对青铜文化分区研究所作的尝试。应该说,经过考古同仁 30 多年的努力,中国新石器时代至青铜时代大的考古学文化区系类型体系已基本建立起来,为包括社会结构在内的考古学上的深层次问题研究奠定了坚实的基础。但同时必须看到,在这方面也还存在着薄弱环节、薄弱地区。山西绛县倗国墓地、翼城大河口霸国墓地、安徽蚌埠锺离国君墓地、辽宁朝阳东大杖子墓地、甘肃张家川戎王墓地等的发现,使我强烈地意识到,过去我们对两周时期考古学文化区系类型的研究太过忽视了。2007 年 12月 6 日在河南博物院召开的"两周列国文化学术研讨会"上,我在《谈谈近十年来的两周考古》(《中原文物》2008 年 2 期)发言中,讲到"问题和不足"时,着重指出"对两周时期,特别是东周时期考古学文化区系类型体系建设认识不足,尚待补充和完善",我认为"考古学文化区系类型的划分,与国别有密切关系,但二者并不等同。国别是政治实体的区分,考古学文化区系类型是从文化面貌角度作出的概括。前者反映的是政治疆域的不同及其变化,后者反映的是不同文化系统的区别、演变、分化、融合乃至替代的过程"。

五、考古学文化因素分析——从考古学研究上升到历史学研究的桥梁

构成一个考古学文化的内涵是十分复杂的,在前面讲考古学文化命名时,我们曾经谈过有各种各样的遗迹、遗物、遗迹现象,甚至还包括以遗迹、遗物为载体的各种观念形态的东西。那么,把各种不同质地、形状、装饰、制法、功能的遗迹和遗物分开,是否就是我们所说的考古学文化因素分析呢?我认为这种分析是考古类型学的方法,而不是我心目中的考古学文化因素分析方法。我理解的考古学文化因素分析,是对构成考古学文化诸内涵的来源的分析。考古学文化的内涵或曰构成因素是十分复杂的,其中有继承自己的先行文化发

展而来的,有在发展过程中因应某种需要新产生的,也有接受周邻其他文化的影响与之融合而形成的。运用一定的方法将这些不同来源的因素分开,即是我理解的考古学文化因素分析方法。

回顾中国考古学史可以看到,许多前辈学者早已将文化因素分析方法运用于自己的研究中。如1939年梁思永先生的《龙山文化——中国文明史前期之一》论文中三个区域的划分,1965年苏秉琦先生《关于仰韶文化的若干问题》将仰韶文化分为半坡、庙底沟两个类型及其与邻境同期文化关系的探讨,邹衡先生《论先周文化》关于周文化是由商文化、光社文化和辛店文化、寺洼文化融合而形成的分析以及后来俞伟超先生有关楚文化问题的研究等,实际上都是运用了文化因素分析方法,只是当时尚无文化因素分析方法的名称。我自己碰到这个问题,最早要追溯到江西吴城遗址的实习,1974年我和李仰松、贾梅仙老师带着七二级的赵福生、张素琳、古运泉、何明、刘诗中、何铁军、权奎山、傅文森、易家胜、林龚务等同学到吴城遗址发掘。整理时,根据地层叠压关系和陶器等的形制、花纹的变化分为三期,还算顺利,但对这类遗存怎么定性成了最大的难题。后来,我们通过与其他文化的比较,将这些器物分了三组:甲组数量最多,含有较多的几何形印纹陶和原始瓷,与当地及周邻新石器时代晚期即已存在的几何形印纹陶遗存关系密切;乙组数量次之,有与郑州、安阳出土的商时期陶鬲、豆、罐、盆等相似者,显然是受到商文化影响才出现的;丙组数量最少,似与湖熟文化有某些相似。1977年,写成文章征求邹衡先生意见,邹先生说湖熟文化缺乏典型单位,内涵不清楚,不如删掉。我认为邹先生的意见是对的,为稳妥起见,1978年以《试论吴城文化》为题正式提交在江西庐山召开的"江南地区印纹陶问题学术讨论会"论文时,便将丙组因素重新作了分析,一部分归甲组,一部分归乙组,只保留了甲、乙两组。这大概是较早将一个考古学文化分为两组不同因素的一篇文章,不过当时也还没有意识到这就是着眼于不同来源分析的考古学文化因素分析方法。根据哲学上事物的主要矛盾及其矛盾的主要方面决定事物的性质的原理,甲组因素数量最多,自然是决定吴城遗址一类遗存性质的因素,于是在写文章时便将以吴城遗址为代表的这类遗存命名为吴城文化。会上讨论时,大家对在远离郑州、安阳如此靠南的吴城遗址出土的类似商文化的一类因素很感兴趣,安志敏先生说:"你看那折沿分裆领部带有圆圈纹的绳纹鬲、折沿深腹平底绳纹盆、折肩罐、假腹豆,还有长流平底爵这些器物,和郑州出的几乎一样,不是典型的早商文化的东西吗?"我说:"安先生说得对,这些东西确实像郑州出的,不过它在整个遗址中不占主要地位,多的还是含几何形印纹陶、原始瓷的这类东西。"配合开会,会议主办方布置了一个标本陈列室,会后我陪安先生去看吴城遗址出的标本,安先生一边看一边说:"的确是像你说的,和郑州相像的东西不是很多,不能根据这点材料把吴城遗址这类遗存称为商文化,你们命名为一个单独的文化,叫吴城文化是可以成立的。"

正如吴城文化的命名过程表明的,运用文化因素分析方法,不仅可以将一个考古学文化所含来源不同的因素区别开来,分出其所占比重大小,从而确定其文化性质,而且可以探讨其文化源流、发展演变和与其他文化的关系。"江南地区印纹陶问题学术讨论会"后,我又运用这一方法研究了二里头文化东下冯类型、河南龙山文化造律台类型、夏家店下层文化、城固铜器群等,我逐步悟到,文化因素分析是继层位学、类型学之后,考古发掘、整理、研究必经的一个环节,文化因素分析方法也是考古学研究的一个重要方法。1985 年,在给商周考古研究生上课时第一次作为考古方法论提出,进行了热烈讨论。不久,在山西侯马举行的"晋文化研究座谈会"上,即以《文化因素分析与晋文化研究》为题作了发言,我说:"如何通过考古学研究推导出历史学的结论? 我觉得一个重要方面,是要在不断完善地层学和类型学方法的同时,自觉地将文化因素分析方法运用于考古学文化内涵的研究中。"1988 年,在学生催促下,遂将历年给研究生上课的提纲加以整理,以《论文化因素分析方法》的题目在 11 月 4 日《中国文物报》上发表。

　　还需要说明的是,为什么说文化因素分析是从考古学研究过渡到历史学研究的桥梁呢? 我是想说,通过考古学上的文化因素分析,可以找到构成一个考古学文化诸内涵的不同来源,而这些不同的来源的背后则是不同的人们共同体,如果你研究的是原史时代、历史时代的材料,这些不同的人们共同体就可能是见于文献记载的传说中的某某族,从而推断该考古学文化的族别及其形成过程,这就从考古学的研究进到历史学的研究了。例如,我关于二里头文化二里头类型可能是"后羿代夏"之后形成的夏代中晚期的夏文化的推断,即是从二里头文化中分析出有从山东龙山文化传播过来、与山东龙山文化关系密切的一部分因素,联系到文献中"后羿代夏"事件的有关记载而形成的。《从灵石旌介商墓的发现看晋陕高原青铜文化的归属》一文,也是先将晋陕高原黄河两岸商时期的青铜文化分析出两个系统,再联系有关文献记载和甲骨文、金文有关材料,判断灵石旌介铜器群是基本上与商王朝保持友好往来的方国遗存,而石楼—绥德类型铜器群则是时常与商王朝处于敌对状态的可能包括常见于甲骨文的舌方等方国部落的遗存。

　　现在,考古学文化因素分析方法在考古界已得到广泛重视,但如何具体运用、如何改进提高,还是需要在实践中不断探索、不断完善的。在这方面,曾经在北大上过这个课的何驽、雷兴山、宋玲平等都发表过专门的讨论文章。

六、考古学文化变迁中的渐变与突变

　　考古学文化不是铁板一块,也不是固定不变的。其实,如同世上任何事物一样,考古学文化也是时刻在变化着的。前面我们讲到的考古地层学(层位学),一个重要任务是通过构成特定考古学文化的遗迹、遗物所处的不同层位及其叠压关系,研究考古学文化的发展演变;我们讲到的类型学,一个重要任务是通过这些不同层位的遗迹、遗物的形态、纹饰等的差别,研究考古学文化的发展演变。依据地层学、类型学研究作出的考古学文化分期,即是考古学文化发展演变轨迹的记录。

变是绝对的,但变的速率却是不同的。依据土质、土色划分出的文化层,有厚有薄,厚的层不见得延续时间长,薄的层延续时间也不一定短;遗迹、遗物表现出来的组合与型、式差别,也不一定与层位相对应,有的层虽然很薄,但它的遗迹、遗物可能划分出好几个代表有先后演化关系的式,有的层也许很厚,但它的遗迹、遗物却难以分出式别或者只有一两个式别的不同。究其原因,当与文化层的形成有关,一般的文化层是生活居住在当地的居民抛弃的垃圾、废弃物等日积月累堆积而成,所用时间较长,但堆积厚度可能较薄;有的文化层虽厚,但可能是建筑物垮塌的堆积,或夹杂有垃圾、废弃物的洪水冲积而成,厚度虽厚,但用时甚短,文化层的厚薄并不与考古学文化分期的时间长短和变化速率同步。一个文化层可以代表一个文化期,但一个文化期也可能包括若干个文化层。对此,我在《先商文化探索》一文中作过专门论述,我举出的例子有:"郑州商城东城墙 C1T7探沟的第 2、3、4 上层在《报告》中均归于二里岗上层(文化期);1980—1981 年发掘的二里头遗址Ⅲ区 T3、T7 东壁的第 4 层(夯土)和第 5层(大坑)《简报》均归于二里头三期偏早,第 6、7 层虽分为偏晚偏早,但都归于二里头二期;1982 年发掘的二里头遗址 9 区 T10 西壁的第4A、4B、4C 层和第 5、6 层,《简报》均归于二期堆积。可见,文化层或遗迹之间的相互叠压和打破关系只是提供了分期的可能,但并不一定都能分期。"

通过对遗迹、遗物特别是陶器的类型学研究所分出的式别,是考古学文化发展变化的反映,一般来说,分出的式别越多,代表所用的时间越长,也可能分出较多的期或段。不过,通过式别和期段可以看出来的这种变化,只是量变或局部质变,总的还处在渐变过程中。无论是遗迹还是遗物,只有组合的变化、型的变化才会反映出考古学文化的质变、突变。这种突变,虽不都表示考古学文化族别的根本改变,但却代表着旧的考古学文化的衰落和新的考古学文化的诞生。

引起这种突变的原因,或者是环境、气候的重大变化,或者是该考古学文化所代表的人们共同体内部社会结构发生了重大变化,也可能是其他文化的强烈冲击引发的文化融合和重组。在我国北方地区,距今五六千年至三千多年时间段内发现的诸新石器文化和早期青铜文化,如兴隆洼文化、红山文化、小河沿文化、夏家店下层文化、朱开沟文化等皆以定居农业为主,而至相当于中原地区的商代晚期以后则转变为半农半牧经济为主,文化面貌发生重大改变,据研究,皆与当时气候变冷、雨量变小、风力加大、土壤沙化等自然环境恶化密切相关。中原地区,由仰韶文化向河南龙山文化的转化,则可能是因其社会结构内部由酋邦到王国的转变所致。至于异族文化强烈冲击和侵入引发的文化融合与重组,我在《关于早期夏文化——从夏商周王朝更迭与考古学文化变迁的关系谈起》(原载《中原文物》2000 年 1 期,后收入《文明探源与三代考古论集》,文物出版社 2011 年)文章中,曾有所涉及。

考古学文化发展演变过程中的突变现象,在研究生课堂上也曾有些讨论,当时梁云的发言引起了同学们的强烈反响,有支持他观点的,也有不同意见的。梁云以发言中的观点为基础写出的论文,以《从秦文化的特征看秦文化的突变现象》为题 2007 年正式发表于《华夏考古》第 3 期。

七、考古学文化之间的互动

考古学文化的本质是运动的,考古学文化的存在不是孤立的,这是我们对考古学文化应有的两点基本认识。正是因为考古学文化是运动的,所以它才有发展变化,才有扩张收缩;正是因为考古学文化的存在不是孤立的,所以无论它是纵向的发展变化,还是横向的扩张收缩,都会与同期的其他文化发生这样那样的互动关系。考古学文化的互动关系研究,是考古学研究的重要内容之一。

在我自己的研究实践中,最初接触和注意这个问题,和文化因素分析一样，还是要推到 1974 年的江西清江（樟树）吴城遗址的实习和 1978 年在庐山召开的"江南地区印纹陶问题学术讨论会"。我根据整理吴城遗址资料的体会和启发提交给大会两篇论文《试论吴城文化》和《我国南方几何形印纹陶遗存的分区、分期及其相关问题》，虽然主要谈的不是考古学文化之间的互动关系，但都有或多或少的涉及。在《试论吴城文化》一文的结语部分，我说"吴城文化当然不是孤立的，在其发展进程中，曾和商文化以及周围各省的其他文化彼此交流、互相影响、不断融合，有着密切的关系"，并具体分析了商文化对吴城文化的影响和"吴城文化也给了商文化一定的影响"的情况；在《我国南方几何形印纹陶遗存的分区、分期及其相关问题》一文中，专门有一节的篇幅探讨了几何形印纹陶所分各区"与中原和其他地区的文化交流"。从 20 世纪 80 年代至 90 年代，我陆续写出的 20 多篇文章几乎都有文化互动的内容，其中《夏文化与先商文化关系的探讨》、《从对三星堆青铜器年代的不同认识谈到如何正确理解和运用"文化滞后"理论》两篇，更是直接探讨不同考古学文化互动关系和其中的文化传播问题的。这些文章都收进《中国青铜文化结构体系研究》（科学出版社 1998 年）一书中了。

正是因为有以上的研究实践，才慢慢有了些体会，但这些体会能否成为有系统的带有某些理论色彩的认识，还需要有一个提升的过程，我自己觉得给研究生上"考古学理论方法"课就是这样的一个过程。每届研究生上这门课，都有对这个专题的讨论，每个人争相发言，相互诘问，互为补充，最后交一份作业，有的就根据当时的作业补充修改成文发表，何驽的《考古学文化因素分析法与文化传播模式论》（《考古与文物》1990 年 6 期）一文就是这么形成的。通过课堂讨论，我受到很多启发，2006 年我写出《关于考古学文化互动关系研究》一文，该文和其他许多文章一样，虽是由我执笔，但实际上是大家共同的研究成果。在这篇文章中，我根据自己的研究实践和思考，并参酌课堂讨论的收获，提出了考古学文化互动关系研究的十个问题，涉及强势文化与弱势文化之间的互动，文化传播的主体、中介与受体，文化传播中的激进与浸润模式,弱势文化对强势文化传播因素的抵制与选择,文化传播与文化交汇区的形成,文化传播中的"文化飞地"与"文化滞后"现象,考古学文化不同内涵对外传播速度之差异,社会发生分层情况下上层、下层对传播态度之不同,文化同化与替代,文化互动关系研究的步骤等。理论来源于实践,理论的正确与否必须经过实践的检验,以上所提只是我和同学们通过课堂讨论形成的认识,是否合适有用,是否能有益于这方面的研究,这就看大家的实践了。

八、考古学文化的族属问题

通过考古调查、发掘出来的遗迹、遗物乃至遗迹现象,是人们在生产、生活等各种活动中遗留下来的,而在特定时间、特定地域内发现的具有共同特征的遗迹、遗物的总和即是考古学上所说的考古学文化。作为一名考古工作者,能够通过自己辛劳的工作发掘几处考古遗址,对遗址进行正确的分期,搞出一个考古学文化,无疑是对考古事业的重要贡献,但从考古学研究的整个过程来看,并不能就此止步。因为正像前面我们已经讲过的,考古学是历史科学的有机组成部分,而历史是人的历史,是人类社会发展的历史,历史科学的使命是要研究人类社会发展的规律,考古学研究仅仅满足于遗迹、遗物的研究,见不到制造、使用这些遗迹、遗物的人和由人组成的社会,怎么可以满足、可以止步呢? 1958 年,学校搞教育革命,考古专业学生对考古课的最大意见就是"器物排队"、"见物不见人"。学生们的意见虽有偏激,但主观愿望还是好的。问题是怎么见物见人、由物及人,见什么样的人。

一般来说,作为具有共同特征的遗迹、遗物组成的考古学文化的主人,是与其相应的由具有共同的生产生活方式、共同的语言、共同的风俗习惯、共同的信仰和血缘关系的人联系在一起的人们共同体。这个人们共同体不是固定不变的,而是随着时代的变化不断变化着的,在新石器时代的较早阶段,可能是氏族或由氏族组成的部落,在新石器时代晚期至青铜时代,是见于传说史学或文献记述及甲骨、金文的某某族、某某方、某某国或其族系、族团。这里所说的"见物见人"的"人",显然不是指作为自然人的个人,而是指以上所言的社会人和由社会人组成的人们共同体。考古学文化族属研究,就是要运用考古学方法去揭示隐藏于组成考古学文化的遗迹、遗物背后的这个人们共同体——族或族系。

族是一个十分复杂的概念,我们现在所讨论的主要是指以父系为主导形成的族,如夏族、商族、周族等。各个族皆以具有血缘关系的若干代男性为中心所形成,但随着婚姻、族氏分衍、融合、同化等,族本身也在不断发生着变化。一是构成特定的族的成分来源会日益复杂,二是维系族的存在的血缘纽带随着时间的推移不断弱化,而起着纽带作用的文化的分量却不断增加。因此,研究考古学文化的族属,必须在对考古学文化分期的基础上进行,必须在对考古学文化进行文化因素分析的基础上进行。

中国是史学大国,在先秦典籍中有着丰富的关于族及族系的记述,其中虽不能说没有荒诞不经的成分,但绝大部分应有所本。研究考古学文化的族属,将之与文献上的古族相对应,就必须首先梳理文献中有关的记载,做文献的可信性研究,然后从时代、地域、社会发展阶段、文化特征与文物制度、文化关系与族际关系等方面一一考察,就有可能确定考古学文化是文献记载中的某族。考古学文化族属研究是一项系统工程,我在根据研究生课堂讨论写成的《考古学文化的族属问题》(北京大学考古学丛书《考古学研究》之七)一文中,用以河南登封王城岗大城为代表的河南龙山文化晚期、以新密新砦期遗存为代表的新砦文化、以偃师二里头遗址为代表的二里头文化研究推定为夏文化的过程为例,阐明了考古学文化族属研究工作的艰巨性、方法的重要性和应秉持的科学严谨的态度,我认为只有这样一环紧扣一环、一步一个脚印地坚持下去,才能取得经得起推敲的科学结论。

九、考古学中的性别研究

　　人类自身和人类社会都是由男、女两性构成的,考古学中由人们从事生产、生活等活动遗留下来的遗迹、遗物乃至遗迹现象,无不打上男性或者女性的烙印。我们常说考古要见物见人、由物见人,这里所说的人就包括男人和女人。但自从人类社会由母系演进到父系以来,男性一直处于社会主导地位,重男轻女的观念一代重过一代,即使现在我们早已宣称实现了男女平等,但观念中重男轻女的余毒仍然存在。表现在考古研究中,虽然以田野调查、发掘为特征的现代考古学在我国也已有80多年的历史,但性别考古,尤其是从女性出发的性别考古,除零零星星少数人有所涉及,总体上看,似乎一直未能成为一个相对独立的研究领域。就我自己来说,虽然1959年的华县元君庙实习,挖出了许多仰韶文化合葬墓,有的墓中有男有女、有老有少,围绕着这些骨架的性别、关系及其反映的社会性质,曾有过热烈的争论,至今仍记忆犹新,但时过境迁,后来慢慢地也就很少关注性别考古的问题了。

　　2005年美国匹兹堡大学艺术史与考古学教授 Katheryn M. Linduff(林嘉琳)女士和宾夕法尼亚州盖底兹堡学院艺术系助理教授孙岩女士合作编辑用英文出版了《性别研究与中国考古学》一书,收录了13位作者的12篇论文,其中大部分作者是林嘉琳教授的中国学生,研究的全是中国考古上的问题,该书由著名学者许倬云先生作序,给予了很高的评价。孙岩在北大读本科时是学考古的,当她向我介绍了该书之后,我立即决定译为中文出版,因为我觉得这将是对中国开展性别考古的一个促进。中文稿我认真地读了两篇,学到不少东西,在读的过程中,我结合我们自己的考古实践思考了一些这方面的问题,我认为每篇文章对我们开展性别研究都有启发。我思考的这些问题,在我给该书中文版写的序言中归纳为六个方面:涉及如何提高性别考古重要性的认识,在重视墓葬材料的同时如何注意从居址、生产工具、生活用具、仪仗、装饰品中提取性别考古信息,运用并非死者生前生活"实录"的墓葬材料研究性别问题的重要性及其局限性,运用墓葬材料研究性别问题既要重视单个墓葬又要注意其在整个墓地中所处位置及与其他墓葬的关系,运用墓葬材料研究性别问题既要重视随葬品反映的墓主生前社会地位又要注意其来源的多元所反映的其他信息,性别研究和其他研究一样既要注意一时、一地、一事研究又要注意反映其发展变化的长时段考察。

我国每年开工的发掘项目不少于 2 000 个,每年发掘出的遗迹、遗物数千上万计,蕴含的性别信息异常丰富,如果我们能用性别考古的理念去整理分析这些材料,一定会有意想不到的发现。正是受到这部书的启发,尽管我自己没有研究过这个问题,但我支持了博士生颜孔昭选择晋侯墓地墓葬的性别作为学位论文的选题。

十、考古研究中的"情境"分析

我不懂英文,上学时学的那些英文早已还给老师了。英文中的"context"一词,翻译成中文,究竟确切含义是什么,我真的不清楚。看别人的文章,吴晓筠喜欢译为"区位",徐坚喜欢译为"情境",雷兴山则常常称为"存在背景关系"。不论怎么翻译,我大体理解是指某某物事的存在状况和背景的意思。前些年,考古界曾有过"器物本位"和"文化本位"的讨论,讨论的结果,自然是倾向分析考古学上的问题不能从"器物本位"出发,而应当从"文化本位"出发。因为从"器物本位"出发,割裂了器物所处的位置、器物与遗迹之间的联系等大的社会与环境背景,丧失了许多信息,很难解决想要解决的问题。但"文化本位"似乎又太过于宽泛,讨论某一考古学文化内部的问题,就不能从"文化本位"出发。"文化本位"只适用于讨论不同考古学文化之间的问题。雷兴山在其《先周文化探索》一书中谈到怎么研究先周文化时,提出用"背景本位"代替"文化本位",即是说无论讨论的是一件器物、一座房址、一座墓葬、一个墓地,抑或是一个聚落、一个考古学文化,必须从其所处的特定背景出发。我同意这个看法,因为从"背景"出发,就使讨论的对象摆脱了孤立的处境,放在了一个有时间和空间维度的、与周围保持有机联系的环境之中。但我在为雷兴山《先周文化探索》所写序言中,也特别指出:"所谓'考古背景',并非固定的概念,……在一定范围内它可以说是考古背景,但换了一个场合,它可能就成了需要研究的问题的本身。实际上,在研究中,根据研究目的转换和范围大小的变化,以上所列各项是可以互为背景的。"总之,无论研究什么,都必须全面地、系统地、发展地、有联系地看问题。其实,所谓"背景本位"就蕴含着这样的意思。

十一、精神领域考古

从哲学上来说,世界是由物质和精神构成的,物质的东西一般可以看得见摸得到(当然有的要借助精密仪器),是具象的东西;精神,看不见摸不到,好像只能感知,只能意想得到,是抽象的东西。物质是第一性的,精神是第二性的,但物质可以变精神,精神也可以变物质。我们搞考古,挖出来的遗迹、遗物是物质的,但这些物质的遗迹、遗物却蕴含和反映着丰富的精神文化的东西,即这些物质的遗迹、遗物也是在人的思想观念支配之下建造和制造出来的。很长时间以来,考古界包括我自己在内,对遗迹、遗物这些实体的东西比较重视,对其蕴含和反映的精神文化的东西不太在意。在考古上,比较早的注意精神领域的是俞伟超先生,他1989年在安徽黄山书社出版的《文物研究》5期上发表的《考古学研究中探索精神领域活动的问题》一文,即明确发出了应该重视精神领域考古的号召。何驽也是较早重视这个问题的一位,记得给研究生上"考古学理论、方法"课讨论考古学文化时,他就提出说"考古学文化是指特定时间、特定地域内具有共同特征的一群遗迹、遗物的总和"的表述不全面,应该在"遗迹、遗物"的后面加上"及其蕴含和反映的精神文化"的内容。当时课堂上支持的、反对的都有,讨论得很热烈,但没有形成一致的看法。

我虽然认为他说的有道理,但总觉得精神领域的东西看不见摸不着不好把握,不敢做出果断的裁决。我对那次课记忆犹新,尽管我没有接受何驽的建议,但正是自那次课之后,我才开始认真思考精神领域考古的问题了。1998 年我发表的《晋穆侯夫人随葬玉器反映的西周后期用玉观念的变化》(原载山东大学考古学系《刘敦愿先生纪念文集》,山东大学出版社 1998 年;后收入《文明探源与三代考古论集》,文物出版社 2011 年)和 10 年之后写成的《中国古代文明演进的两种模式——红山、良渚、仰韶大墓随葬玉器观察随想》(原载《文物》2009 年3 期,后收入《文明探源与三代考古论集》,文物出版社 2011 年)两文,可以看作是我试图从物的研究入手发掘其蕴含的思想观念的努力。从我的研究实践体会到,思想观念、精神文化的东西,是依附于遗迹、遗物的,是由遗迹、遗物蕴含和产生的,因此对它的研究,必须从对物的研究开始,但又不能只停留在这一层面,要在物的研究基础上有一个提升和飞跃,这就需要借助其他学科如哲学、心理学、宗教学、艺术学等的研究理论和方法,提高思辨的能力。例如,对红山、良渚、仰韶大墓随葬玉器,如果只是停留在类别、型、式的划分与描述,比较的结果只能发现三者的不同,而难以弄清为什么不同和反映了什么问题。正是在对三者进行过考古类型学研究之后,又将其放在所处社会大背景下,运用其他相关学科知识、手段,综合比较分析,才知道其间的区别可能是反映了在文明演进道路上所走道路、遵循模式的不同。

精神领域考古涉及范围很广,按照何驽的研究,宇宙观、政治思想、伦理道德、宗教信仰、艺术活动等都应包括在内。根据学者们的建议,"中华文明探源工程(三)"增设了精神领域考古的项目,何驽作为该项目的承担者,总结吸收了国内外有关研究成果,提出了一个精神文化考古理论框架(《精神文化考古理论框架略论》,北京大学震旦古代文明研究中心编《古代文明研究通讯》总第五十四期,2012 年 9 月),内容全面,逻辑严密,富有实践性,可以作为今后进行这方面研究的指导和参考。

十二、聚落考古与社会结构研究

聚落是指在一定时间内由共同的生产生活方式、共同的信仰和风俗习惯的居民有机联系在一起形成的比较稳定的聚居单位，和我们现在的村、镇、城市有相似相通之处。聚落形态是特定社会发展阶段社会结构的物化表现，"聚落考古"就是要求考古工作者从时间和空间角度着眼，通过调查发掘全面揭示聚落的形成、发展、衰落过程和空间分布及内部构成演变，进而剖析其反映的社会结构的状况和变化。尽管 80 多年前开始的殷墟发掘，尤其是建国后 20 世纪 50 年代半坡遗址的发掘，都带有聚落考古的特征，但是似乎还不能说是在明确的聚落考古理论和思想指导下开展的工作。"聚落考古"一词是由国外翻译过来的，改革开放以后，随着考古学界同国外同行交流的增多，特别是 1984 年张光直先生应邀在北京大学所作的《考古学专题六讲》(1986 年由文物出版社出版)第五讲"谈聚落形态考古"的传播，聚落考古的理念逐渐为国内学术界所熟习并运用于实际工作之中。以聚落考古理念为指导所作的聚落考古，给大家留有较深印象的，新石器时代可以举出陕西临潼姜寨、杨官寨，河南邓州八里岗、灵宝西坡铸鼎原、新郑唐户，山东邹平丁公，湖北京山屈家岭，湖南澧县彭头山，江苏张家港东山村，浙江余姚田螺山、杭州良渚，辽宁建平牛河梁等，夏商周三代可以举出河南新密新砦、偃师二里头、郑州商城、安阳殷墟，陕西岐山扶风周原、岐山周公庙、凤翔秦雍城，山西曲沃—翼城天马·曲村，山东曲阜鲁城，湖北荆州楚纪南城，河北中山国都城，北京房山琉璃河燕都等。随着聚落考古的开展，讨论聚落考古的论著日益增多，其中严文明先生 1997 年在《文物》6 期上发表的《聚落考古与史前社会研究》一文，对聚落考古理念与方法的普及，无疑起了推动的作用。2010 年中国社会科学院考古研究所和郑州市文物考古研究院联合还举办了第一次聚落考古学术研讨会，既检阅了以往聚落考古取得的成绩，交流了聚落考古研究的心得体会，也展望了今后聚落考古的远景,大大推进了聚落考古的进展,会议论文集《中国聚落考古的理论与实践——纪念新砦遗址发掘 30 周年学术研讨会论文集》已于 2010 年由科学出版社出版;深受学术界好评的《南方文物》也于 2012 年 3 期开辟了"大型聚落田野考古方法纵横谈"栏目。可以说,在考古学界尤其是年轻考古工作者圈中,很少有不谈聚落考古的。

我对聚落考古是在读了张光直先生《考古学专题六讲》之后才有所认识、引起重视的。我国每年大约有两千多个考古发掘项目,这些项目主要是配合基本建设,较难在聚落考古理念指引下进行,即使为数不多的主动发掘,由于主持者缺乏聚落考古的整体规划或发掘面积小的限制,收效也不很显著。因此,提高对聚落考古重要性的认识,在考古项目中推广聚落考古操作方法,就成为提高国家整体考古水平的一项重要任务。北京大学考古学系作为考古人才的培养单位,理应在引领考古学发展方向的考古学理论、方法教学上走在前面,从 20 世纪 80 年代中期开始,我们在本科生的"考古学概论"和研究生的"考古学理论、方法"课程中即引入了聚落考古的教学,本科生主要是老师讲授,研究生则主要是老师和同学一起讨论。当时商周考古研究生的这个课,一般是由我先开个头算作启发,然后同学们查找相关资料写出发言提纲进行讨论,最后由我在大家一起归纳的基础上进行总结。同学们很认真,发言很有见地,记得孙庆伟在《南方考古》1994 年 3 期上发表的《聚落形态理解与聚落形态研究》一文,就是在那次课上写的发言提纲基础上补充修改完成的。

我自己没有专门做过聚落考古,如果说勉强有点关系,我觉得我在第一次聚落考古会上的发言《关于文明形成的判断标准问题》(收入《文明探源与三代考古论集》,2011 年科学出版社)算是自己的一点体会。现在大家都同意以聚落分化判断文明发展程度,但分化到什么程度,文明才算形成呢? 我提出了十条标准,请大家参考。

通过 20 多年来在聚落考古理念指导下开展的聚落考古的实践、

研究和讨论,大家已经积累了不少经验,有了比较深刻的体会,尽管没有就此问题同其他人交换过看法,但我觉得开展聚落考古研究需要注意以下几个方面:

1. 需在遗址分期的基础上进行研究。聚落不是一朝一夕形成的,随着时间的推移,聚落的内部构成、功能分区、涵盖范围、建筑风格都会发生变化,只有作好遗址分期,才能看出聚落的发展演变及在不同时段呈现出来的特点。

2. 聚落结构是聚落考古的重点。聚落作为居民稳定的聚居单元,通常由居住区、手工业作坊区、政务活动区、公共活动场所、宗教祭祀区、墓地等构成,只有通过调查、勘探、发掘等手段弄清聚落的构成,才能揭示其反映的社会结构及其变化。

3. 聚落所在地区的环境应纳入聚落研究的范畴。聚落是在特定的环境中形成和存在的,环境对聚落有着决定性的影响,聚落居民的生产方式、生活方式乃至宗教信仰、风俗习惯无不打上环境的烙印;只有深刻了解了周围的环境,才能深刻认识你所研究的聚落。

4. 聚落关系是聚落研究的必要内容。聚落不是孤立存在的,聚落与聚落之间,无论在经济上、政治上、文化上或是血缘上,通常有着千丝万缕的联系,这种关系是社会关系的反映,只有对聚落关系有深入研究,才能深刻揭示其反映的社会关系。

5. 从微观研究上升到宏观研究。微观研究着眼于聚落内部各组成要素的研究,一座房子、一座灰坑、一座墓葬、一件器物都是研究的对象;宏观研究是将单个聚落放在其所属的考古学文化之中或者更大范围内的研究。将微观与宏观研究相结合,才能看清该聚落的特点和当时在整个社会中所处的位置,还原当时社会的面貌。

聚落是社会结构的基本细胞,聚落考古方法,是要求以全面的、系统的、发展的、联系的观点为指导,从事对作为聚落遗存的遗址的调查和发掘,揭示聚落所反映的社会结构及其发展演变的历史。学会掌握并运用聚落考古方法于自己的考古实践和研究中,是当代考古学对考古工作者的基本要求。

十三、考古学的区域研究与长时段研究

　　区域是指一定的空间范围。有从自然地理环境角度所分的区域，如青藏高原、四川盆地、华北平原、江淮平原、黄河中游地区、长江下游地区等；有从经济类型所分的区域，如粟作农业区、稻作农业区、牧业经济区、农牧交错地带等；有从行政管理角度所分的各级政区，如省、市、县、乡等；有从族别所分的区域，如藏族为主的地区、蒙族为主的地区、维吾尔族为主的地区、回族为主的地区等；有从民族语系所分的区域，如藏缅语系、孟高棉语系等。除此，也有从文化角度所分的区域，如在苏秉琦先生提出的考古学文化区系类型理论指导下，将新石器时代考古学文化分为六大区系，即是从这一角度所作的分区，我写的《中国青铜文化的分期与分区研究》一文也是在这方面所作的努力。人类的活动是以自然为舞台的，无论是从自然角度还是人文角度所作的分区，二者均有着密不可分的关系。因此，考古学区域研究，不仅仅包括考古遗存在内的人文方面的研究，也要注意自然地理环境方面的研究，只有如此，才能将研究引向深入，发现事物发展演变的规律。

　　当前，大家都比较重视区域文化研究，这当然是对的。但我们心里应该清楚，现在使用的"区域"一词，往往指的是行政区划的区域，行政区划的区域与自然分区不同，与文化分区也不相同。我们做考古学区域研究，既要注意自然分区、行政分区对文化分区可能的影响，但又不能受自然分区、行政分区的限制，既要站在区域之内，又要站在区域之外看问题，总之，要有更为宽阔的视野。

　　无论是自然分区、行政分区还是文化分区，都不是固定不变的。但相较而言，自然分区较为稳定，行政分区和文化分区都是人类行为所致，发展变化的速度则相对较快。考古学区域研究，主要是特定区域内考古学文化的研究，在某种程度上对自然分区特别是行政分区的影响可以忽略不计。

　　特定区域内发现的考古学遗存,时代有早有晚、有先有后,可以是一个考古学文化,也可以不属于一个考古学文化。考古学区域研究,既要注意考古学遗存的年代分期,又要注意考古学遗存的谱系。分期和谱系是两个不同的概念,分期表示的是考古遗存的相对早晚关系,谱系表示的是考古遗存的发展演变关系。同时的考古学遗存不一定属于同一谱系、同一文化,属于同一谱系、同一文化的考古学遗存也不见得都是一个时代。

　　区域不是孤立存在的,无论是自然分区、行政分区还是文化分区,区与区之间总有相互交错的情况发生,总有一个过渡地带。考古学区域研究,既要注意本区内考古遗存的研究,也要重视相邻区域之间,甚至与更远区域之间考古学遗存关系的研究。相邻区域考古遗存研究清楚了,将有助于本区域考古研究的深入:或者是参照其年代分期标尺,校正或细化自己的年代分期标尺;或者是借鉴其文化性质与族属推定的过程与结论,确定自己的文化归属与族属。邹衡先生关于主要分布于豫西、晋南的二里头文化是夏文化的推断,在某种意义上即是他以主要分布于豫北、冀南的下七垣文化是商文化的推断为条件的。我们关于山西灵石旌介晚商铜器墓墓主是属于与商王朝保持友好关系的国族的论断,也是将其与安阳殷墟及石楼、绥德类型同时期、同规格墓葬比较的结果。

　　无论自然分区、行政分区还是文化分区,都有大有小,都是分为不同层次的。考古学区域研究自然也不例外,下一层级区域研究是上一层级区域研究的基础,只有众多下一层级区域研究搞得很扎实,上一层级区域研究才能在众多下一层级区域研究成果基础上作出更高层次的概括。例如,仰韶文化、河南龙山文化、二里头文化都可以分为若干个区域类型,这一认识,正是对各考古学文化分布范围内若干个小区域考古学遗存研究成果综合分析之后所得出的。

　　我看过的考古学区域文化研究论著已有很多,我印象深刻、对我有所启发的可以举出文物出版社 2011 年出版的段宏振主编《邢台商周遗址》一书。在我为该书写的序言中,我说"拜读过书稿之后,深深为其体例所吸引,它不同于《北福地——易水流域史前遗址》,也不完全同于《赵都邯郸城研究》。《北福地——易水流域史前遗址》是一部典型的田野考古发掘报告,《赵都邯郸城研究》是围绕赵都邯郸田野考古成果展开的专题研究。《邢台商周遗址》则是在对邢台及相关邻境地区,从史前到东周遗址总体把握的基础上,选择了东先贤、南小汪、古鲁营三处代表性遗址的发掘收获,并结合有关文献记载展开的综合研究"。"这种围绕特定目的,以特定地区、特定时代遗址发掘成果详细梳理为基础进行综合研究的模式,是从田野考古报告、田野考古学研究过渡和上升到历史学研究整个研究逻辑链条中的一个创造。和现在流行的田野考古发掘报告相比,它有报告要求的自然地理环境、历史沿革、考古简史、地层、分期、遗迹、遗物及结语等基本内容,也可以看作是田野考古报告,但又有较大篇幅的综合研究,独立出来就是一篇考古学论文。而与现在流行的考古学论文相比最大的特点是有分量很大的田野考古报告的内容,属于历史时期的更有大篇幅的相关文献记载的征引和分析。因此,由这种类型的著作做出的论断,当然就具有更大的可信性"。

"现在大家都比较重视区域文化研究,其实每一文化区域之下的遗存还可以分为若干不同的层次,历史时期尤其如此。因此我想,进入历史时期在全国各地陆续涌现出来的都城、郡城乃至县城遗址,如能以对邯郸、邢台两地的研究模式为启发开展工作,则区域文化与聚落演变研究,一定会出现一个新的面貌"。王力之在攻读博士学位期间就很注意区域文化研究,他的博士学位论文《周文化分区研究》和《邢台商周遗址》一样,都属于区域考古一类的论著,可惜至今尚未公开出版。

考古学长时段研究与考古学区域研究一样,最近这些年同样受到学界的重视。所谓长时段研究,主要是对特定考古学文化从起源到衰亡的发展全过程的追踪,这涉及该考古学文化起源的自然与社会背景、考古学文化因素产生的条件与契机、考古学文化的形成与发展、考古学文化的分期、考古学文化的扩张与收缩、考古学文化发展演变反映的社会结构的变化、考古学文化的衰亡及其原因、考古学文化衰亡与族氏流变等,强调的是纵向考察、全过程的考察。学苑出版社 2003 年出版的滕铭予《秦文化:从封国到帝国的考古学观察》和文物出版社 2007 年出版的宋玲平《晋系墓葬制度研究》,都是对特定考古学遗存长时段研究的著作,取得了重要成果。而且我认为,长时段研究还应该包括属于同一谱系但不同时间的若干支考古学文化之间的发展演变的考察,我写的 2012 年出版的《考古学研究》之十中的《从崧泽到良渚——关于古代文明演进模式发生重大转折的再分析》一文,如果不是将属于同一谱系但不是同一文化的崧泽文化与良渚文化打通起来作长时段研究,也难以发现崧泽文化发展演变为良渚文化的过程中,文明演进模式发生了重大转折的事实。正是因为做了长时段研究,我们才能够弄清楚特定考古学文化或相关考古学文化发展演变的前因后果,恢复其原本面貌。其实,考古学长时段研究,不仅适用于对特定的考古学文化,也适用于对特定区域的研究,段宏振的《邢台商周遗址》就具有这样的性质。这时,考古学的区域研究就和考古学长时段研究合为一起了。

十四、中国古代文明演进的模式问题

人类起源、农业起源和文明起源,号称是考古学上的三大学术课题。关于文明的起源与形成,张光直先生 1984 年在北京大学所作的《考古学专题六讲》中专门列了一章,试图用美国考古学家约瑟夫·考德威尔 1964 年提出的文化交互作用圈理论来解释中国文明的起源与形成。诚然,在距今 4 500 年至 4 000 年前,以黄河中游地区为中心,考古学文化之间确有交互作用频繁与加强的趋势,无疑对文明的形成起到了加速作用,但这似乎还不是中国文明形成的根本原因,也还没有找到中国文明区别于其他文明的特点。1999 年他和徐苹芳先生合写的《中国文明的形成及其在世界文明史上的地位》(《燕京学报》第六期,1999 年)一文则明确提出:中国文明的产生是逐渐通过政治程序所造成的财富极度集中实现的,是连续性的;而作为西方文明源头的苏美尔文明的产生则主要取决于科技经济领域的发明和发展,是突破性的。将连续性和突破性作为形成中国文明与苏美尔文明的不同特点是正确的,但将中国文明的形成归结为政治因素、将苏美尔文明的形成归结为经济科技因素却未必正确。纵观从距今6 000年至3 500年中国腹心地区新石器时代文化到初期青铜文化的发展,社会每前进一步都与经济技术的发展、财富的增加密不可分,政治因素对财富的集中可能起到了重要作用,但其前提同样是经济技术的发展,因为有经济技术的发展才带来了可以被"集中"的财富。

苏秉琦先生根据中国考古学的实践与思考提出来的"满天星斗"说、"多元一体模式"、"古国·王国·帝国三阶段"说、"原生型、次生型、续生型"三类型说以及研究程序的"古文化·古城·古国"三个步骤,成为中国文明起源与形成研究的指导理论和方法,极大地促进了该问题研究的进展。限于当时发现的材料,苏先生将红山文化坛、庙、冢为代表的文明称为原生文明,将仰韶文化孕育的文明视为次生文明。后来河南灵宝西坡仰韶文化大型房基和大型墓葬的发现,对中国古代文明起源问题提出了重新评估的可能。苏先生是我们敬爱的导师,根据我对苏先生的了解,苏先生如果还健在,一定也会对灵宝西坡的新发现做出新的评价。

在苏秉琦先生一系列有关文明起源形成理论的启发、指导下,俞伟超、张忠培、严文明诸位先生都围绕这一问题发表了自己的真知灼见。其中,严文明提出的"重瓣花朵"理论,形象而真切地描绘了中国文明的结构,揭示了以中原为核心的文明形成的过程,深受大家尊崇,成为把握中华文明探源工程发展方向的指导思想。

我自己虽主要研究青铜时代考古,但对文明起源形成问题也有浓厚的兴趣,2000年"夏商周断代工程"即将结题前夕,我和朱凤瀚、徐天进在连续召开座谈会的基础上,即曾向断代办公室提出了《关于中国古代文明研究的几点设想》的建议,作为制订随后启动的"中华文明探源工程预研究"课题的参考,并和李学勤、仇士华先生共同主持了预研究阶段的工作。自 2001 年起,我先后发表了《以夏商周断代工程成果为起点深入探讨中原古文明》、《中国古代文明起源与形成研究的回顾与展望》、《夏文化探索与中华文明起源与形成研究》、《考古学视野的三皇五帝时代》、《中国古代文明演进的两种模式——红山、良渚、仰韶大墓随葬玉器观察随想》、《张家港市东山村崧泽文化早中期大墓的启示》、《中国文明起源与形成研究需要注意的几个问题》、《关于文明形成的判断标准问题》、《中国古代文明进程的三个阶段》等文章,这些文章大部分收到了文物出版社 2011 年出版的《文明探源与三代考古论集》,正如我在该书前言所说,"我比较满意的是文明起源问题上突出神权和突出王权两种模式及其不同发展前途的提出。我认为,广布于中原地区的仰韶文化及其后继的河南龙山文化、二里头文化、商周文化因遵循突出王权的发展道路,从而保证了社会的持续发展和文明的延续,成为中华大地上绵延不绝的核心文化,而避免了像红山文化和良渚文化那样,因突出神权、崇尚祭祀造成社会财富巨大浪费而过早夭折"。

　　如果上述观点可以成立,那么,我们常说的"中国五千年文明一直不曾中断"的说法,就要重新分析了。实际上,在相当长的历史发展阶段中,在现在中国版图范围内同时存在着多支考古学文化,我们只能说,作为中华文化核心的分布于黄河中游地区的仰韶文化、河南龙山文化、二里头文化、商周文化这个系统没有中断,而且随着其不断向外扩张和与其他文化的交流融合,像滚雪球一样越滚越大、越来越强,绵延不绝,而像红山文化、良渚文化等则盛极而衰,走上了消亡的道路。

　　在研究中国文明演进道路时,从崧泽文化到良渚文化的转变是很值得注意的,我发表于科学出版社 2012 年出版的《考古学研究》之十上的《从崧泽到良渚——关于古代文明演进模式发生重大转折的再分析》一文,通过对崧泽文化与良渚文化的比较分析,发现从物质文化层面看,良渚文化是由崧泽文化发展演变而来,两者是同一谱系而发展阶段不同的两支考古学文化;但从精神文化层面看,从崧泽文化发展到良渚文化,因通过凌家滩文化为中介接受了红山文化的信仰体系,一改崧泽文化时期崇尚军权、王权而走上了以崇尚神权为主的发展道路,把社会财富大量用于祭祀活动,失去了可持续发展的能力而走向了衰落,这是很值得深思的。总之,对于中国文明的起源和形成,还有广阔的研究空间,细心琢磨材料,就会有意想不到的发现。

十五、考古学与其他学科的关系

要弄清考古学与其他学科的关系,首先要对考古学有个清晰的定位。前面我曾明确指出,无论是从考古学研究的对象、研究的指导思想方法,还是研究的目的,它都应该是历史学的有机组成部分,属于人文学科的历史科学。因此,它和同属人文学科的哲学、文献学、文字学、宗教学、人类学以及社会学科的社会学、经济学、政治学、法学等都有密切的关系,在研究中不仅要借鉴其研究方法,也要参考其研究成果。但我们也要看到,考古学虽属于历史科学,但并不等同于传统意义上的狭义史学。狭义史学主要以文献材料为研究对象,考古学则以古代人们活动遗留下来的遗迹、遗物乃至遗迹现象为研究对象,这就有一个如何处理两者关系的问题。在我看来,人们对古史的认识,可以分为三个不同的认知系统:一个是从口耳相传的传说史学到用文字记述的文献史学的史学系统,一个是考古学兴起以后出现的考古学系统,再一个则是从莫尔根的蒙昧、野蛮、文明到马克思的原始社会、奴隶社会、封建社会、社会主义社会的社会学系统。我认为,三个系统提出和形成的时间不同、观察问题的角度不同、表达的方式不同,但都是对历史发展的一种认识,三者各有自己的优势和不足,三者应该互相借鉴学习,不应该互相否定。当然,传说史学因为出现最早,确有荒诞不经的成分,但不能否认,其中有的也含有某些史实的素地。科学的态度,是对其进行可信性研究,剔除其糟粕,吸收其精华。

考古学的基本方法地层学、类型学是借鉴地质学和生物学的地层学与分类学形成的,当然是科学的,但任何学科都不是固定不变的,而是不断发展的。在人文学科、社会学科、自然与技术学科日新月异变化的今天,考古学也不能固守地层学和类型学两个基本方法以不变应万变,而必须主动积极引进一切可以有助于更科学地去发掘和解析古代信息的自然科学、技术科学方法手段,并逐渐使之融合,成为考古学研究基本方法的有机组成部分。在这方面,中国社会科学院考古研究所考古科技中心为我们带了一个好头,如今在各省考古研究所和博物馆、各高等院校考古系或专业,甚至一些地市级的考古文物机构,都成立了科技考古研究实验室,设置了从事考古科技工作的岗位和研究项目,开设了科技考古的课程。科技手段的运用,科技与考古的结合,极大地推进了考古学科的发展,已经并正在改变着考古学科的面貌。

1996 年国家启动的"夏商周断代工程"可以认为是考古学与其他人文学科以及自然学科密切结合联合攻关的范例。属于人文学科的,除考古学尚有历史学、文献学、古文字学,属于自然科学的有以化学、物理学为基础支撑的碳十四测年和天文学。继"夏商周断代工程"之后开展的"中华文明探源工程",参加的自然科学学科更多。正是因为这些学科的参与,才收到了靠传统考古学根本不可能取得的成果。

十六、考古学如何发展

考古学同其他学科一样,都必须与时俱进,赶上发展的潮流。放眼世界考古发展大势,回顾中国考古学发展历程和现状,我认为中国考古学要不断取得长足发展,须注意以下几点:

1. 牢记田野工作是考古学安身立命的根本。

考古学是历史科学的有机组成部分,研究人类社会发展历史及规律是考古学的根本目的。而通过野外调查、发掘获得人类在各种活动中遗留下来的遗迹、遗物等实物资料予以解析,则是考古研究的基本方法和手段。回顾中国考古学史可以清楚地看到,正是 20 世纪

20 年代以田野调查发掘为特征的考古学传入我国以来,通过对从旧石器时代至历史时期一系列重要遗址的发掘研究,才改变了我们国家远古历史一直处在神话传说中的茫昧混沌状态,理出了基本的发展线索,但这距离恢复历史原貌、理清发展规律、指导今后社会健康发展的使命还差得很远,我们决不能有丝毫的满足和骄傲,在相当长的时间内,坚持野外工作仍然是考古工作的方向。但我们也必须承认,由于时代和认识的限制,过去的野外工作的确存在粗放的现象,加之方法和手段的落后,揭露的面积虽大,获得的信息却少,许多资源白白浪费掉了。我们虽然是文明古国,文化遗产丰富,但也毕竟不是取之不竭,用之不尽,仍然是十分有限的。一切依解决考古上的学术问题为准,能不发掘的就不发掘;能以地面调查代替发掘的,就只作地面调查;能以最小的发掘面积获取最多、最重要的信息解决问题,就尽量控制发掘面积,应当是现在考古工作者尤其是考古领队必须面对、必须坚守的原则。国家文物局作为国家主管部门,对主动发掘项目聆听专家意见、严格审批是完全正确的。在对待发掘问题上,反对必要的发掘和主张无节制的发掘这两种极端取向,都是错误的、不可取的。

2. 大力促进科技手段在考古学上的运用,提高野外工作的质量,是考古学今后发展的方向。

在前面我们讲到考古学与自然科学的关系时,特别从考古学史的角度指出,考古学的两个基本方法地层学和类型学都是从自然科学借鉴过来的,正是这两种方法的引入和运用,才使考古学成为科学。但考古学和其他学科一样,都是在不断发展变化的,随着考古学本身的发展,必然会对也在发展变化着的自然科学、技术科学提出新的要求。试想,如果没有体质人类学的引入,我们怎能判断你挖出来的人骨是男是女、年龄大小? 没有碳十四测年技术,怎么能断定你发掘出的文化层和遗迹、遗物的绝对年代? 没有古动物学、古植物学的运用,我们怎么能知道你发掘出来的动物遗骸是野生的还是家养的,你发掘出来的稻子是栽培的还是野生的? 没有 DNA 技术、成分分析技术的运用,我们怎么能知道你发掘出来的人骨的种属和铜器是红铜还是锡青铜、铅锡青铜？等等。事实表明，无论野外的调查发掘还是室内的解析研究乃至遗迹、遗物的保护，都越来越离不开自然科学、技术科学方法手段的运用，自然科学、技术科学与考古学的融合是考古学发展的必然趋势。当然，我说的是两者的融合，作为考古工作者排斥自然科学、技术科学方法手段的运用是错误的，但误以为自然科学、技术科学方法手段在考古上的运用就是考古学，甚至可以代替考古学也是不对的。

3. 加强国际交流，大兴理论探讨之风，不断引进、借鉴国外考古学理论方法，在我们自己丰富的考古实践基础上总结提高，提出符合中国考古学发展需要的理论方法，指导我们的考古实践，是促进中国考古学跃升国际一流、持续健康发展的重要保证。

中国考古学在自己的发展历程中，因政治环境的原因，曾长期处于自我封闭的状态中，缺乏与国际学术界的广泛交往。随着1978年改革开放国策的开始实施，考古学和其他学科一样，同西方学术界的交流日益频繁，国外考古学理论方法不断引入国内，极大地改变了中国考古学的面貌。但是，这些理论、方法毕竟不是在中国考古学的实践中产生的，它们也分为不同的流派，适用不适用、哪些适用中国考古学发展的需要，都有一个磨合、鉴别的过程。统统排斥，当然不对；一味照搬，也不可取。正像马克思主义中国化一样，国外的考古学理论方法也需要有一个如何和中国的考古实际结合的问题，但更重要的，我认为我们还应该从自己的考古实践上进行总结提升，提出自己的见解。这样的理论、方法，用起来才不会生硬，才能解决实际问题，而且还可以不断修正、补充，做到日益完善。

4. 正确处理考古与文化遗产保护的关系，互相促进，相得益彰。

古代先民遗留下来的遗迹、遗物等文化遗产的存在，是考古学兴起与发展的前提，没有了文化遗产，也就没有了考古学。而考古学的产生和发展，也恰恰是文化遗产保护提出的要求。近代中国考古学之所以兴起，一个原因是建立科学可信的中国历史提出的要求，一个就是看到中国文物古迹不断受到破坏和遭到帝国主义列强肆意盗掠而发出的保护的需要。新中国建立以后,随着基本建设项目和规模的不断增加与扩大,尤其是目前在全国范围掀起的如火如荼的新农村建设、城镇化运动,建设与文化遗产保护的矛盾日益激化,作为国家主管部门的国家文物局,针对文化遗产保护的严峻形势,提出了制订遗址保护规划、开展新的文物普查、建设考古遗址公园等一系列应对措施,发挥了一定的积极作用。作为一个考古部门,作为一个考古工作者,面对如此形势,必须在做好自己的考古工作基础上,发挥特长,积极主动投入文化遗产保护抢救中去,为文化遗产保护贡献力量。十分可喜的是,在长江三峡工程、南水北调工程、西气东输工程、公路和铁路交通网建设工程以及地震等自然灾害破坏抢救工程中,都可以看到考古工作者的身影,对文化遗产保护贡献巨大,精神可嘉。但确实也有做考古的只盯着自己的发掘,对参与遗址保护规划兴趣不大,或者规划部门对考古重视不够甚至排斥考古部门、考古工作者参加的现象。显然,这两种倾向都不利于文化遗产保护事业。我认为,作为个人,无论你是做考古或是做规划都应当提高认识,而作为领导部门,则应当提出要求和明确规定,只有如此才能改变在这方面存在的两张皮的现象。事实上,文化遗产保护得好,考古才有空间和资源;考古做得好,文化遗产保护才能抓住重点,好钢用到刀刃上。

5. 打破自我封闭的藩篱,揭开神秘的面纱,积极开展公众考古,让考古成果服务社会,才能使考古学真正成为人民的事业。

以田野调查发掘为特征的考古学与金石学最大的不同在于,考古学是野外的学问,金石学是书斋里的学问。考古学的特征决定了它必须面对社会、面对公众。我们作野外调查大概都有这样的经历,当我们拿着几块彩陶片或绳纹陶片去请教当地村民,问他们什么地方有这种东西?他们马上会告诉你村北或者村西不远就有,而且还会饶有兴趣地亲自带你去。当我们发掘时,常常会有群众围上来看,边看边议论,而且不时提些问题和你讨论,当你告诉他这是几千年以前老祖宗使用的东西时,他们会很自豪地说:"我们这地方可有历史啦!几千年以前就有人居住了。"有了这样的沟通,你再提什么要求,他们都会支持,因为他们理解了考古工作的意义。回顾中国考古历史,我们很早就有这个传统,每当发掘工作结束,都要在工地上办一次发掘汇报展览,向当地群众讲解发掘的收获和意义。过去没有"公众考古"的名字,但做的就是公众考古的工作。

如果说过去在这方面更多的还是出于自发的话,那随着公众文化水平的提高,随着公众需求的扩大以及学科本身发展建设的需要,作为考古工作者就应该变自发为自觉,主动承担起这份责任。从北京大学古代文明研究中心与科学出版社合作召开首次公众考古学讨论会,至今十年过去了。总结十年来的经验,我认为做好公众考古应从以下几方面入手:

1) 深刻认识公众考古学对考古学科建设的意义,以及对促进社会发展和人民群众文化水平、道德修养提高的意义,积极主动开展公众考古;

2) 在保证文物安全的前提下,有计划地组织公众参加考古调查、发掘作业,培养参加者热爱文物考古事业的兴趣和感情;

3) 及时将调查、发掘成果用公众喜闻乐见的形式展示,并向公众作浅显生动的讲解,随时回答他们的提问,组织和他们座谈;

4) 编写图文并茂、浅显易懂的考古科普读物,设立普及文物考古知识的网站,组织拍摄文物考古影视作品,举办考古公益讲座;

5) 积极参加遗址保护规划编写和考古遗址公园建设,定期召开公众考古研讨会。

十七、寄语喜欢考古的青年朋友

以上所谈这些问题,都是我50多年考古生涯中碰到的、想到的问题,不一定都对,但却是我亲身的感悟。讲出来,是想和读者交流,听取读者的意见,希望对读者有所启发、有所帮助。从我所讲可以看出,考古是一门科学,考古不是没用,而是大有作为,我们学考古干考古,应当理直气壮,决不能妄自菲薄。

考古要求有广博的知识，要求有能够从事野外调查发掘的能力和技术，但考古并不神秘，也并不难学，关键是喜欢、是热爱，喜欢上了，热爱上了，就有了学好的动力，就能学好、掌握好考古学的基本理论、方法和技能，就能在考古实践中发现更多的信息、解析出更多的信息，享受成功的乐趣。

考古学是最讲实证的科学，是要经常和古人留下来的遗迹、遗物打交道的学科，但决不能陷入一大堆"物"中不能自拔，为物所累。要既能"形而下"，又能"形而上"，要学点哲学，学会辩证思维，学会让物质变精神，让精神变物质。

历史是一面镜子。要学点考古学史，要知道以田野调查、发掘为特征的现代考古学与传统金石学的区别，要知道李济、梁思永、石璋如、尹达、夏鼐、裴文中、贾兰坡、苏秉琦、邹衡、俞伟超和现仍健在的老一辈及正活跃在考古第一线的年轻一代考古代表人物，了解他们所处的时代，他们的考古经历和学术贡献、他们的考古活动和论著对自己有哪些启发。

要学好外语，能和国际同行交流，开阔眼界，取长补短，以求相得益彰。中国考古学融入世界考古学的重任，在年轻一代人的肩上。

青年是早晨八九点钟的太阳，要有雄心壮志，要发扬顾颉刚倡导的"古史辨"运动的疑古精神，敢于向权威挑战，敢于和传统决裂，敢于独树一帜。2003 年我在"纪念顾颉刚先生诞辰 110 周年学术座谈会"上发言的题目就是《发扬"疑古"精神，推进学术繁荣》；2005 年我以《科学的挑战精神万岁》为题写给在复旦大学举办的"全国大学生课外学术科技作品竞赛第九届'挑战杯'"的寄语说："每一个大学生，无论你学的是人文社会科学或是自然科学，只要你留意一下自己所学专业的学科发展历程就会发现，每一个学科都有一部充满挑战的发展史，只要你稍加琢磨就会知道，在学术发展史上，没有对传统结论的不断挑战，就没有创新，就没有发展。"

"老骥伏枥，志在千里"，今年我虽已届 77 岁高龄，但我还愿以此自勉。

考古工作者应该具有科学的挑战精神

· 发扬"疑古"精神,推进学术繁荣
· 饶宗颐先生的学术实践对我们的启迪
· 科学的挑战精神万岁

发扬"疑古"精神，推进学术繁荣

今年5月8日是史学大师顾颉刚先生诞辰110周年的纪念日。感谢中国社会科学院历史研究所邀请我参加今天的纪念座谈会。听到上午和下午前面几位先生的发言，很受教益，很受启发。

20世纪是重大变革的世纪，从经济基础到上层建筑，从政治体制到思想文化，每个领域都不断地发生着天翻地覆的变化。汹涌澎湃的变革洪流，造就了一批又一批领导时代潮流、站在时代潮流前列的先行者，顾颉刚先生就是史学领域这样一位当之无愧的伟人。我每次读顾先生主编的《古史辨》第一册自序，都心潮起伏，激动不已，景仰敬佩之情，油然而生。

顾先生小时候读的也是《四书》、《五经》，受的也是旧的私塾教育。但他一旦进入新式学校，一旦接受新的思想，便勇敢地向旧思想、旧文化发起了挑战。1923年他在《与钱玄同先生论古史书》中提出的"层累地造成的中国古史"观和由此兴起的疑古辨伪运动，把两千多年来形成的"自从盘古开天地，三皇五帝到于今"的古史体系打得落花流水，掀起了史学观念、史学方法的大革命，为马克思主义唯物史观在中国的传播扫除了障碍。

顾颉刚先生不仅是旧史学体系的破坏者，也是重建可信的中国上古史的倡导者、拥护者。在他的"层累地造成的中国古史"观遭到刘掞藜、胡瑾人两位先生的批评之后，1923年7月1日他在《读书杂志》第十一期上发表《答刘胡两先生书》，郑重表明自己对古史的态度，他认为"研究古史自应分析出信史和非信史两部分"，至于"信史的建设"，他很同意胡适在致他的信中提出的主旨，认为胡适的主张

"可以做我们建设信史的骨干"。而他"在推翻非信史方面"提出的四个"打破"即"打破民族出于一元的观念","打破地域向来一统的观念","打破古史人化的观念","打破古代为黄金世界的观念",正可作为建设信史应该遵循的原则。重建中国上古史,重建可信的中国上古史,当然离不开考古学。1924 年 12 月李玄伯在《现代评论》一卷三期发表《古史问题的唯一解决方法》一文,提出"要想解决古史,唯一的方法就是考古学。我们若想解决这些问题,还要努力向发掘方面走"。一个半月之后,顾颉刚立即作出响应,他在发表于《现代评论》一卷十期上的《答李玄伯先生》文中,明确表态,这"确是极正当的方法"。认为"我们现在研究古史,所有的考古学上的材料只有彝器文字较为完备,其余真是缺得太多。发掘的事,我们应当极端的注重,应当要求国家筹出款项,并鼓吹富人捐出款项,委托学术团体努力去做"。同一年,顾先生提出研究古史计划书(见《古史辨》第一册下编),在其所列 6 个学程中,第 4 个学程即是在吃透文献史料,并从中剔除伪史伪事之后着力研究古器物学。顾先生是这么说的,也是这么做的。1923 年至 1924 年,他先后赴河南新郑调查郑公大墓出土文物,在北京参观地质调查所陈列室的古代石器、陶器、玉器、铜器以及北京大学文科研究所考古学会从孟津购归的西周青铜车马器,向往喜悦之情,溢于言表,他说"倘使在五六年前见了,我一定要沉溺在里边了"。1931 年顾先生在燕京大学与燕大同仁组成考古旅行团,到河南、河北、山东、陕西四省调查古物古迹,1936 年又在燕大新开"古迹古物调查实习课",率领学生调查北京、涿州及宣化等地的古物古迹。抗战胜利后,1947 年还在上海社会教育学院讲授考古课。1949年新中国成立,1950 年被任命为上海市文物管理委员会委员,1953年以 61 岁高龄还和复旦大学师生一起赴老家苏州做考古调查。顾颉刚先生不是一位专业考古学家,但他对考古学在重建中国上古史中的作用却极其看重,自己始终对考古学怀有浓厚的兴趣。

顾颉刚先生对中国史学的贡献是多方面的。除了他倡导的古史辨运动对旧史学观念、旧史学方法的彻底打击,1927 年,他发起成立

"民俗学会"，主编《民俗周刊》，将过去难登大雅之堂的民俗学纳入了史学范畴。1934年他创办《禹贡》半月刊，继而成立"禹贡学会"、"边疆问题研究会"，创立了中国自己的历史地理学，扩大了史学研究的领域。即使对考古学来说，尽管顾先生本人不是一位专门的考古学家，但他对旧的古史体系的彻底破坏，却为这门原本是外来的学问在中国迅速落地生根、开花结果创造了广阔的空间。正如他在《古史辨》第二册自序中所说，我的工作"是希望替考古学家做扫除的工作，使得他们的新系统不致受旧系统的纠缠"。可以设想，如果当时大家都还笃信书本上的东西都是对的，都还对三皇五帝的古史体系坚信不疑，谁还会把注意力投入野外发掘、调查去寻找史料，哪里还有空间让锄头考古学家去施展功力。陈星灿在他的《中国史前考古学史研究》一书中说"虽然近代考古学的思想早在二十世纪初就已零星传入中国，但真正与中国历史研究的内在要求联系在一起，也只有在'五四'时代疑古辨伪的基础上才能实现。中国近代考古学在二十年代的兴起，古史辨的影响不能低估"，应该是很中肯的评价。

从顾颉刚先生1923年提出"层累地造成的中国古史"观到现在80年过去了，从1926年《古史辨》第一册出版到现在也已有77个年头。顾先生在历史上对中国史学建设作出的卓越贡献是公认的，但在马克思主义唯物史观指导下的新史学居于史学领域主导地位，改革开放以来西方的各种史学理论、史学方法蜂拥而至的今天，他提倡的疑古辨伪精神还有没有价值，对于今天的史学发展还有没有积极意义，这恐怕是不少人关心的问题。

顾先生在史学研究中做出的具体论断，许多是很精辟的、无懈可击的。但也有些结论在今天看来就难以成立了。譬如，他曾经把许多先秦古籍判定为伪书，认为这是一些儒生配合"王莽改制"编造而成的。现在由于考古学的发展，这些书在战国时期的古墓中不断被发现，完全可以证明在东周时这些书已经存在，和"王莽改制"根本没有关系。夏代的历史，尧、舜、禹的历史，当年顾先生都是怀疑的。在这些问题上，文献记载互有矛盾，又掺杂不少神话内容，的确让人难以相信。但以河南偃师二里头遗址为代表的二里头文化为夏文化的确认,学术界似乎没有人再怀疑夏王朝的存在。传为帝尧陶唐氏部落活动中心地带的山西陶寺龙山时代面积达 280 万平方米的古城和大型贵族墓葬的发现,也为证明文献记载含有事实素材提供了重要线索。顾先生在学术上作出的具体结论是否正确,的确可以讨论,甚至可以推翻。但我认为,他提倡的"疑古"精神,却是完全正确的。不仅不能否定,而且还要大力提倡。

什么是"疑古"精神?"疑古"精神就是批判的精神,分析的精神。史学研究必须建立在可靠的史料基础上,中国流传下来的史籍很多,但大多不是当时的实录,或者是经过多代辗转流传下来,难免有缺漏、丢失、误增、误记;或者是后世对前世的追记,难免杂有时人的思想,甚至杜撰的成分。对这些记载只有经过科学的分析,方能辨别哪些可信,哪些不可信,才能在可信的资料基础上揭示真实的历史。古书不可全信,古圣先贤的话不可全信,即使是现代大师级学者的话也要分析分析,看看讲得究竟有没有道理。去伪存真,去粗取精,凡事都要问一个为什么,是做任何研究都应该秉持的态度。现在大家都讲创新,什么是创新?怎么创新?我的理解是,所谓创新,就包含着对旧的、错误的或者已经过时的结论的否定和新说的提出,而新说的提出又常常以对旧说的修正、否定为前提。要对旧说进行修正和否定,首先就要有怀疑精神、批判精神。从这个意义上说,没有怀疑精神就不可能有创新,没有创新,就不可能有学术的发展和传承。在这方面,顾先生为我们做出了很好的榜样。

发扬顾先生倡导的"疑古"精神,推进学术繁荣,我认为是我们对顾先生最好的纪念。

(在"纪念顾颉刚先生诞辰 110 周年学术座谈会"的发言,原载北京大学震旦古代文明研究中心《古代文明研究通讯》总第十八期)

饶宗颐先生的学术实践对我们的启迪

饶宗颐先生是当代中国学术的旗帜,是无人可与比肩的真正的学术大师。这一评价不是我说的,是同样也曾被称为大师的季羡林先生说的。2002 年,季先生让我就聘请饶先生任北大客座教授起草致北京大学校长暨学术委员会报告时对我说:"现在大师满天飞,我不是大师,饶先生才是真正的大师。"

季先生之所以称饶先生是真正的大师,并非人云亦云或溢美之词,而是在阅读并研究过饶先生的大部分著作之后做出的论断。1984 年,季羡林先生在为《饶宗颐史学论著选》所写序①中说"几年以前,饶先生把自己的大著《选堂集林·史林》三巨册寄给了我。我仔细阅读了其中的文章,学到了很多东西。在大陆上的同行中,我也许是读饶先生的学术论著比较多的"。在以下序文中,季先生简要介绍饶先生学术生平之后,根据饶先生自己的归纳,分为敦煌学、甲骨学、词学、史学、目录学、楚辞学、考古学及金石学、书画八个门类,一一列举出各门类的代表性论著,说道:"从上面这个著作表中可以看出,饶宗颐教授的学术研究涉及范围很广,真可以说是学富五车,著作等身。"然后从世界各国学术发展史的高度,根据梁启超、王国维、陈寅恪诸位大师对中国学术发展史规律的总结,特别是援引陈寅恪先生在《王静安先生遗书序》中对王国维学术的评介,认为陈寅恪先生所列举的王国维遗书学术内容及治学方法的三目,即"取地下之实物与纸上之遗文互相释证"、"取异族之故书与吾国之旧籍互相补正"、"取外来之观念与固有之材料互相参证","都可以应用到饶先生身上",并分别以"地下实物与纸上遗文"、"异族故书与吾国旧籍"、"外来观念与固有材料"三节,另加《饶宗颐史学论著选》中未归入此三目的中国史、高僧传记、人物、地志、《太平经》、《说郛》和《梦溪笔谈》六类,详细分析总结了饶先生的学术成就。季先生说"近百年以来,在中国学术史上,是一个空前的大转变时期,一个空前的大繁荣时期。处在这个伟大历史时期的学者们,并不是每一个人都意识到这种情况,也并不是每一个人都投身于其中。有的学者仍然像过去一样对新时代的特点视而不见,墨守成规,因循守旧,结果是建树甚微。而有的学者则能利用新资料,探讨新问题,结果是创获甚多",认为饶先生就是这样一位站在时代学术潮流前列的学者。并引陈寅恪先生在《陈垣敦煌劫余录序》借用佛教"预流"一词形容"得预于此潮流者,谓之预流"的话说"陈先生借用的佛教名词'预流'是一个非常生动、非常形象的名词。根据这个标准,我们可以说王静安先生是得到预流果的,陈援庵先生是得到预流果的,陈寅恪先生也是得到预流果的,近代许多中国学者都得到了预流果。从饶宗颐先生的全部学术论著来看,我可以肯定地说,他也是得到了预流果"。用通俗的话说,在近百年中国学术发展史上,饶宗颐先生和王国维、陈垣、陈寅恪一样,也是站在学术发展潮流前列的一位大师,是集历史学家、考古学家、文学家、经学家于一身,又擅长书法、绘画,在我国和英、法、日、美等国家有极高声誉和广泛影响的伟大学者。

　　饶宗颐先生之所以成为人人景仰的学术大师,绝非偶然。我认为,这里既有客观条件,也有本人的努力。饶先生出生于潮安首富之家、书香之家,从小不愁吃穿,也不愁没有书读、没有老师教,甚至不愁没有古玩去欣赏,客观条件异常优越。但再好的家境也不见得都能成才,正如饶先生在《饶宗颐学述》②中所言,这样的家境,"按理说,似乎可以造就出一个玩物丧志的公子哥儿出来"。但事实是,饶先生没有成为玩物丧志的公子哥儿,却成为一个学人,一代学术大师,这显然是自己努力的结果。从饶先生的学术经历来看,以下几项无疑是他成为学术大师的重要原因。

　　一、自幼在父亲、伯父等的熏陶下,博览群书,习字作画,熟读先秦典籍,打下了国学坚实的基础。饶先生说"我小时候,只是成天浸沉在书籍古画之中,几乎可以一个人一整天待在书楼画室里"。儒家经典、清儒著作、道家著作、武侠神怪小说、王国维、鲁迅、周作人、胡适乃至卡尔·马克思、罗曼·罗兰的书都有所涉猎。他说"我 20 岁以前读书确实很广泛。记得当时香港有一个书局叫新垦书局,这个书局出来的新书,我都整个读完了"。

二、饶先生不是死读书,读死书,而是读有所思,思有所疑,疑有所写,七八岁起就开始写东西,形成了自己学术道路上不断创新的风格。据《饶宗颐学述》,七八岁时,看过《封神榜》后就写了《后封神》;二十岁前,既写骈文,又写新、旧体诗,撰成《郭子奇年谱》,试作《顾炎武学案》,续修《潮州艺文志》,作《广东潮州旧志考》、《楚辞地理考》、《海阳山辨》、《恶溪考》、《韩山名称辨异》等文章;二十岁后,涉猎范围进一步扩大,甲骨、帛书、文学、哲学、诗词、绘画……无所不包,论文一篇接着一篇,专著一部跟着一部,篇篇有己见,部部有新说。

三、既重文献,又重野外调查和考古。1938 年,二十一岁,深入民间调查畲族。1948 年,三十一岁,在汕头主持纂修《潮州志》③期间,亲赴揭阳、潮安、普宁、兴宁、饶平、丰顺等地考古考察,完成《韩江流域史前遗址及其文化》初稿,1950 年在香港出版。1951 年,又撰成《海南岛之石器》,由香港国泰印刷所印行。先生后来虽定居香港,但对家乡考古事业的进展,一直放在心上。1999 年,北京大学成立古代文明研究中心,共推饶先生为学术顾问,2000 年 3 月举行聘请饶先生任北京大学客座教授和古代文明研究中心顾问仪式,请饶先生作《殷代地理疑义举例——古史地域的一些问题和初步诠释》①学术报告,座谈时,饶先生提出,希望中心在粤东揭阳、潮州、汕头一带做点工作,把榕江流域的古代文化梳理一下。饶先生还说,那儿是他的家乡,和当地的领导也比较熟习,可以请他们支持一下。于是,经我与广东省文物考古研究所、深圳博物馆、揭阳博物馆、中山大学历史系与人类学系沟通,2002 年便酝酿提出了《古揭阳(榕江)先秦两汉考古学文化综合研究》课题,组成了以饶先生为顾问的课题组,课题组由我任组长,曾骐、邱立诚任副组长,成员有徐天进、李岩、刘成基、李海荣、徐坚、金志伟、魏峻、林戊源等,接着又成立了揭阳考古队。从2003年至2005年,在饶先生指导和揭阳市市委、市政府领导下,考古队在对揭阳市博物馆和市属各县、市博馆或文管会收藏文物调查基础上,选择了普宁虎头埔、揭东面头岭和宝山岽遗址进行发掘,在揭阳市和揭东、揭西作了调查,先后完成了《揭阳的远古与文明——榕江先秦两汉考古图谱》⑤和《揭阳考古(2003—2005)》⑥两部著作,基本勾划出了从旧石器时代晚期至公元前214年秦统一岭南粤东古文化发展的脉络,受到先生的肯定。2006年我主要依据课题组的成果撰成《粤东地区文明化进程的考古学观察》⑦一文,在当年12月13日香港召开的"饶宗颐教授九十华诞国际学术研讨会"上作了发言。按照课题计划,是继续在潮州、汕头开展工作,我和课题组成员广东省文物考古研究所副所长邱立诚、中山大学教授曾骐专程赴潮州作过联系,市府一位副秘书长接见过我们,答应尽快研究落实,后来在饶先生提议下在潮州"饶宗颐学术馆"还专门成立了"粤东考古研究中心",负责此项事宜,但至今七年过去了,一直未能继续实施,每念及此,对饶先生总有歉疚之感,老觉得未能完成饶先生交代的任务。

对于饶先生重视考古发现,季羡林先生有很深感触。他在《饶宗颐史学论著选序》中写道:"他非常重视国内的考古发掘工作。每一次有比较重要的文物出土,他立刻就加以探讨研究,以之与纸上遗文相印证。他对国内考古和文物刊物之熟悉,简直达到令人吃惊的程度。即使参观博物馆或者旅游,他也往往是醉翁之意不在酒,而是时时注意对自己的学术探讨有用的东西。地下发掘出来的死东西,到了饶先生笔下,往往变成了活生生的有用之物。再加上他对国外的考古发掘及研究成果信息灵通,因而能做到左右逢源,指挥若定。研究视野,无限开阔。国内一些偏远地区的学术刊物,往往为人们所忽略,而饶先生则无不注意。这一点给我留下了深刻印象。"

四、重视域外学术交流,不断获取学术信息。三十岁后,除大陆各省、市,先后赴香港、日本、法国、德国、英国、瑞士、意大利、黎巴嫩、印度、斯里兰卡、缅甸、柬埔寨、韩国、新加坡、台湾、美国、印尼、西班牙、泰国、马来西亚、越南等国家和地区,参加学术会议、考察、执教、讲学,既将自己的研究心得和成果及时介绍到国际学术界,同时也不断拮取吸收国际同行的信息,随时掌握国际学术动态,丰富自己的研究,回答新提出的学术问题,永葆学术青春,稳固屹立于国际学术潮流发展前列。以甲骨文研究为例,饶先生不仅熟悉国内各家所藏,还乘出外考察之便,参观了日本、法国、英国各国研究机构的收藏,出版了《日本所见甲骨录》⑧、《巴黎所见甲骨录》⑨、《欧美亚所见甲骨录存》⑩、《殷代贞卜人物通考》⑪、《甲骨文通检》⑫等著作。

　　饶先生的学术研究,涉及人文领域各个学科,地跨国内、国外的特点和经历,使得他很早就成了华人中少有的国际学者。除在香港中文大学、香港大学任教,1954—1955 年在日本京都大学研究、讲授甲骨文,1956 年赴巴黎出席第九届国际汉学会议,1957 年赴德国汉堡出席第十届国际汉学会议,1962 年获法国法兰西学院以法国 19 世纪著名汉学家儒莲之名命名的汉学儒莲奖,1967 年赴美国纽约出席"楚帛书及古代中国美术与太平洋地区关系可能性"学术研讨会,1968 年出任新加坡大学中文系首位讲座教授兼系主任,1970 年任美国耶鲁大学研究院客座教授,1972 年任法国远东研究院院士,1974 年赴日本出席在神户大学召开的"东南亚考古学术研讨会",1976 年赴法国讲学,1978 年应聘为法国高等研究院宗教学部客座教授,1980 年赴巴黎接受亚洲学会荣誉会员荣衔,1981 年受聘为澳门东亚文学院中国语言与文学专业客座教授,1982 年赴美国夏威夷出席"商代文明国际研讨会",1983 年赴日本出席"第三十一届国际亚洲北美人文科学会议",1984—1985 年在马来西亚举办个人画展,1985 年在韩国汉城举办"选堂韩国书画展览",1986 年赴法国出席巴黎大学宗教研究院成立百年纪念之"社学会议",1990 年赴美于哈佛大学东亚系讲演,1992 年赴越南出席"法国远东学院成立 90 周年纪念学术研讨会",1993 年赴巴黎接受法国索邦高等研究院授予的人文科学博士学位和法国文化部授予的艺术勋章,被聘为泰国崇圣大学中华文化研究院院长,1997 年《文化之旅》由牛津大学出版社出版,2000 年赴巴黎出席远东学院 10 周年纪念盛典……饶宗颐的名字,在国内外学术界无人不晓;饶宗颐的著作和书法作品,在国内外学术界乃至艺术界很少有人没有读过、欣赏过。

五、注重研究方法,敢于推陈出新。1925 年,王国维在清华研究院讲授《古史新证》[13],首先提出的以地下实物与纸上遗文互证的二重证据法,已广为学术界所运用。1982 年 5 月,饶先生在香港召开的夏文化讨论会上致辞,又提出三重证据法[14],将甲骨文单独提出来作为第三种证据。根据我对王国维二重证据法的理解和饶宗颐先生的研究实践,我认为所谓三重证据法,一是纸上之遗文即现存古籍文献,二是地下出土之古代文字资料,甲骨、金文、简帛、陶文、刻符等都包括其中,三是从地下出土的没有文字的古代遗迹和遗物。王国维二重证据法看重的是纸上遗文即文献与地下出土文字资料的互证,而较少注意地下出土的没有文字的东西;饶先生的三重证据法,既有文献和地下出土的文字资料,也有相当多的地下出土的不含文字的遗迹、遗物之间的互证。2005 年上海古籍出版社出版的由沈建华女士编辑的《饶宗颐新出土文献论证》,较全面展现了饶先生《饶宗颐二十世纪学术文集》出版之后运用三重证据法取得的研究成果。

敢于推陈出新,指的是饶先生对自己以往研究结论,敢于用新的研究成果加以修正甚至否定。也敢于以新的研究成果,对别人包括自己崇敬的学术大师的权威论断提出挑战。

关于饶先生敢于否定自己原有研究成果,北京师范大学周少川教授在《饶宗颐教授学术成就管窥》[15]一文中举出两个例子。一是饶先生早年曾撰《新史》,"以王莽入本纪,述新莽一朝史事",是把王莽当作皇帝来写的。后研读《通鉴》,觉得不合传统中国正统史观,遂否定原来主张,未按原貌出版。二是饶先生曾应顾颉刚之约撰《古史辨》第八册"古地辨",并在《责善》半月刊一卷三期上刊出了目录,后因不断自省,遂意识到《古史辨》有些地方是比较草率的,特别是辨伪的方法不成熟,假定太快,而新的考古发现,往往说明古时记载的可靠和某些辨伪是不正确的，因此迟迟未予出版。

关于饶先生敢于以新的研究成果对权威论断提出挑战，周少川教授在上引文中举出了饶先生和陈寅恪先生在梵文对中国文学、音韵影响上的不同看法。陈寅恪是通晓梵文和多国文字的大师，又是饶先生的前辈，他在《四声三问》⑯一文中认为中国音韵中的平、上、去、入四声是来源于印度吠陀三声。但饶先生撰《印度波儞尼仙之围陀三声论略——四声外来说平议》⑰一文，提出异议，"指出吠陀的抑音、扬音、混合音三种诵法在公元前 2 世纪已经失传，不可能在南齐时影响中国的声调"，显然是正确的。

饶先生敢于推陈出新，是缘于他对问题有深刻的研究和真知灼见，是缘于他对什么问题都要问一个为什么的钻研精神。饶先生的这种精神和勇气，在他二十多岁著《楚辞地理考》⑱同钱穆教授讨论屈原放逐地，三十岁主持《潮州志》编纂时对海阳县方位、义安置郡年代的考证已明显表露，在之后的研究中，更比比皆是。

以上五个方面，只是我自己的一些分析和看法，挂一漏万，肯定是不全面的。但即使如此，对我们这些想做学问的后来者说，已有多方面的启迪。

首先，是要打好国学基础。以文、史、哲为核心内容的国学，是几千年来中华传统文化的结晶，今天的文化，是昨天文化的发展；昨天的文化，是前天文化发展。只有真正继承发扬传统文化的精华，我们才能有所发明、有所前进，在自己的研究领域内为建设社会主义先进文化做出自己的贡献。令人担忧的是，现在的一些研究者，包括我在内，还有学文科的大学生、研究生，甚至博士生，很少读经典原著。写文章引古人、古书上的话常常是转引来转引去，不查原文，不求甚解。这种状况不加改变，基础打不牢打不好，很难有大的起色。

再者，是要了解学术史。我们提倡读书，但反对读死书，死读书。只有掌握了学科的发展史、熟习你要研究的问题的来龙去脉，你才能了解这个学科当前的状况和水平，了解你要研究的问题现在的进展，找出症结所在和可能解决的途径。读死书，死读书，可能满脑子都装着知识,但这些知识是孤立的、不连贯的,你从中找不出规律,发现不了问题,当然也就找不到解决问题的方法。

第三,是既要读,又要写。读是累积知识、发现与思考问题,写是整理思绪、解决问题。读和写联系起来,对于解决具体学术问题来说,才是一个完整的过程。有的人,书读了很多,谈起来好像头头是道,但就是懒于动笔,不写东西。一篇论文,一部著作,是你研究成果的结晶,是要给别人看的,是要交给社会评判的,它的价值和意义,是通过这种形式体现出来的。饶先生之所以成为学界公认的大师,难道不是他的等身的著作和著作中精彩的论断为大家所熟知、所肯定吗?

第四,是要力戒封闭,广泛交流。过去,有的读书人喜欢自己关起门来读书,不和人来往。学问学问,既学又问,问老师,问同学,问朋友,问就是交流。交流才能传递信息,交流才能相互启发,互相促进。现在的社会环境、学术环境比过去好多了,各种各样的学术讨论会,国内的、国际的,有的是。你只要有研究文章,便可带到会上去交流,你在会上就会听到对你研究的问题的各种观点、研究方法,甚至新的资料,你的研究成果也才能在这样的平台上得以展示。通过这种广泛交流,你会受到启发,不断提高,增长才干。饶先生从年轻时到现在,可以说是不停地跑,跑国内,跑国外,参加过数不清的考察、出席过数不清的学术会议和讲座。通过这些活动,他把自己最新的研究成果传达给社会,同时他也获得了新的启示和社会的认可。

第五,牢记三重证据法,不断扩展研究渠道,不断推出创新成果。三重证据法是长期研究实践在方法论上的总结,它既增加了证据来源的多样性,也保证了论证过程的严密性,从而也就使得你做出的论断具有更强的科学性、更多的可信性。而这样的研究成果,就像饶先生的许多论文那样,往往是发别人所未发,具有创新的意义。

饶宗颐先生的学术实践和研究成果,对我们的启迪是多方面的,但归结到一点就是“创新”两个字。季羡林先生在《饶宗颐史学论著选序》中,谈到饶先生著作对我们的启发时,着重强调两点:一是“要跟上时代的步伐",跟不上时代的步伐,"就会落伍,就会僵化,就会停滞就会倒退"。能跟上时代的步伐,"就能前进,就能创新,就能生动活泼,就能逸兴遄飞"。二是"掌握材料,越多越好。材料越多,在正确的观点和正确的方法的指导下,从中抽绎出来的结论便越可靠,越接近真理"。

季先生说,面对当前的新形势,"我们从事社会科学研究工作的人,再也不能因循守旧,只抓住旧典籍、旧材料不放。我们必须扫除积习,开阔视野,随时掌握新材料,随时吸收新观点,放眼世界,胸怀全球;前进,前进,再前进;创新,创新,再创新"。这是季先生读《饶宗颐史学论著选》和其他著作的主要感想,也是要我们向饶宗颐先生学习发自内心的最诚挚的嘱托。

注释

① 季羡林:《饶宗颐史学论著·序》,上海古籍出版社,1993 年。
② 饶宗颐、胡晓明、李瑞明:《饶宗颐学述》,浙江人民出版社,2000 年。
③ 饶宗颐编纂:《潮州志》,潮州市地方志办公室印,2004 年。
④ 饶宗颐:《殷代地理疑义举例——古史地域的一些问题和初步诠释》,原载《九州》第三辑,商务印书馆,2003 年。后收入沈建华编《饶宗颐新出土文献论证》,上海古籍出版社,2005 年。
⑤ 揭阳考古队、揭阳市文化局:《揭阳的远古与文明——榕江先秦两汉考古图谱》,香港公元出版有限公司,2003 年。
⑥ 揭阳考古队、揭阳市文化广电新闻出版局:《揭阳考古(2003—2005)》,科学出版社,2005 年。
⑦ 李伯谦:《粤东地区文明化进程的考古学观察》,原载《华学》第九、十辑,上海古籍出版社,2008 年。后收入李伯谦《文明探源与三代考古论集》,文物出版社,2011 年。
⑧ 饶宗颐:《日本所见甲骨录》,香港大学《东方文化》三卷 1 期,1956 年。
⑨ 饶宗颐:《巴黎所见甲骨录》,选堂丛书之三,1956 年香港出版。
⑩ 饶宗颐:《欧美亚所见甲骨录存》,1970 年新加坡出版。
⑪ 饶宗颐:《殷代贞卜人物通考》,香港大学出版社,1959 年。
⑫ 饶宗颐:《甲骨文通检》,香港中文大学出版社,1989 年。
⑬ 王国维:《古史新证》,清华大学出版社,1994 年。
⑭ 饶宗颐:《谈三重证据法——十干与立主》,《饶宗颐二十世纪学术文集》卷 16

之 1,台北新文丰有限出版公司,2003 年。

⑮ 周少川:《饶宗颐教授学术成就管窥》,潮州市地方志办公室《走近饶宗颐》,2005 年。

⑯ 陈寅恪:《四声三问》,《清华大学学报(自然科学版)》1934 年 2 期。

⑰ 饶宗颐:《印度波俪尼仙之围陀三声论略——四声外来说平议》,《梵学集》,上海古籍出版社,1993 年。

⑱ 饶宗颐:《楚辞地理考》,上海商务印书馆,1946 年。

(2013 年 7 月 28 日在"饶学国际学术研讨会"上的发言)

科学的挑战精神万岁

——寄语 2005 年全国大学生课外学术科技
作品竞赛第九届"挑战杯"

每一个大学生,无论你学的是人文社会科学或是自然科学,只要你留意一下自己所学专业的学科发展历程你就会发现,每一个学科都有一部充满挑战的发展史;只要你稍加琢磨你就会知道,在学术发展上,在科学技术发展上,没有对传统结论的不断挑战,就没有创新,就没有发展。我自己是学习考古学的,不妨就拿中国考古学史中的一些例证谈谈"挑战"对学术发展的意义。

我们所说的考古学是以田野调查发掘为特征的现代考古学,现代考古学只有 150 多年的历史,最早产生于欧洲,是工业革命的产物。20 世纪 20 年代开始传入我国,在我国只有七八十年的历史。回顾中国考古学的发展历程,足可用"发展迅速、成绩巨大"八个字来概括。成绩巨大表现在什么地方? 我认为集中到一点,考古学的巨大成绩就在于它以无可辩驳的事实彻底改写了延续两千多年的"自从盘古开天地,三皇五帝到于今"的传统史观,建立了真正科学的中华文明五千年发展史框架。而这个成绩的取得,正是在学科发展过程中不断向传统观点"挑战"、不断有所创新的结果。

传统史观自秦汉时期形成以来两千多年不曾有人怀疑,但到上个世纪初随着新文化运动的兴起,人们开始以新的眼光审视过去,随之以挑战旧的传统史观为宗旨的"古史辨"思潮便应运而生。"古史辨"运动的倡导者顾颉刚、傅斯年当时都是北京大学的学生,过去学的也都是传统国学,但在新文化运动、五四运动的影响下,他们却以大无畏的气概向传统史观发起挑战。顾颉刚说"周代人心目中最古的人是禹,到孔子时有尧舜,到战国时有黄帝、神农,到秦有三皇,到汉以后有盘古","时代愈后传说的古史期愈长",中国的古史是"层累地造成的古史"。此说一出学界哗然,延续两千多年的三皇五帝古史体系就这样被彻底破坏了。旧的古史体系不行了,新的古史体系怎么去建立?"走考古学之路",便成了当时学术界的共识,这就为现代考古学的传入和在中国的迅速发展开辟了广阔的道路。

大家知道,在现代考古学传入中国以前,中国有悠久的古器物学即金石学传统。金石学是士大夫们关在书斋里的学问。1926年从国外学成归来的李济博士毅然同金石学彻底决裂,从书斋走向田野,到野外发掘中去寻找古史问题的答案。李济的"挑战",是新的研究方法、新的研究途径向旧的传统研究方法、传统研究途径提出的挑战。正是这一挑战,促成了一种新学问在中国的诞生,李济不愧是现代中国考古学之父。

现代考古学是从国外移植到中国来的,刚开始基本上是亦步亦趋,一切照搬。1931年梁思永在安阳后岗发掘,一改国外按20公分一层的等深尺度分层发掘方法,而是按自然的土质土色并参考包含物分层下挖,发现了著名的仰韶—龙山—商代三叠层,从而将考古层位学提高到了一个崭新的阶段,大大加强了考古层位学的科学性。梁思永是中国第一位科班出身的在国外学习考古学的学者,1931年他才27岁。如果他没有像父亲梁启超那样敢于向有两千年历史的封建体制挑战的胆识和勇气,一味照搬国外的方法,他也不会在考古学史上有如此重大的贡献。

在现代考古学传入中国以前,在中国搞考古的多是外国人,瑞典人安特生是外国学者中最著名的一位。他于1921年发现了仰韶文化,1925年提出了甘青古代文化发展的六期说,即齐家—仰韶—马厂—辛店—寺洼—沙井。

安特生当时在中国学术界的地位,可谓如日中天,他作出的结论自然也被奉为不变的圭臬。但到了1937年,年仅31岁、只有不到五年考古经历的刘耀(尹达)，即以仰韶遗址发掘之后十几年间陆续发掘提供的新材料，撰成《龙山文化与仰韶文化之分析》一文，批驳了安特生将齐家文化置于仰韶文化之前的错误，指出其错误的根源在于发掘仰韶村遗址时未能将以彩陶为特征的仰韶文化层与以单色陶器为特征的龙山文化层分开。之后1945年夏鼐先生在甘肃发掘齐家文化遗址，在一座齐家文化墓葬填土中发现了仰韶式的彩陶片，遂即撰成《齐家期墓葬的新发现及其年代的修订》一文，并首先译为英文在英国《皇家人类学会会志》第16卷发表，以确凿的证据彻底推翻了安特生齐家早于仰韶的结论。

中国文明的起源是大家都很关心的问题，有关这个问题，首先发端于中原然后向周围扩展的"一元论"观点，曾经长期是中国学术界的主流观点。但基于新中国建立后各地接连不断的重要发现，20世纪80年代，70多岁高龄的苏秉琦先生力排众议提出了文明起源的"满天星斗"多元说，如今，中国文明起源、形成的多元一体格局已成为大家的共识了。

在构建中华文明演进框架的过程中，诸如夏文化、先商文化、先周文化的提出和论证，其间同样充满了对传统观念的挑战。

包括上海在内的广大的中国南方与东南地区，在新石器时代和早期青铜器时代普遍流行几何形印纹陶器，学术界长期以来即据此将其统称为几何形印纹陶文化。1978年我们基于江西吴城遗址的发掘，于庐山召开的江南地区印纹陶问题学术讨论会上首次运用类型学和文化因素分析方法，将我国南方含印纹陶的遗存分为七个不同的区域，认为它们是各有自己的文化渊源，是在发展过程中互相影响逐步走向融合统一的，从而开启了南方考古的新局面。

上述事例表明，在学术史和科学史上，对传统观念和已有结论提出挑战，需要有足够的勇气和胆识。迷信书本、迷信权威，对什么都不敢怀疑，你就不敢对固有的东西提出挑战。当然挑战更需要科学态度，心血来潮、想入非非、随心所欲，想说什么就说什么，想写什么就写什么那不是真正的挑战。顾颉刚如果没有对有关古籍作过深入研究，没有发现其中对古史系统记载的矛盾与破绽，他就不可能作出中国的古史"是层累地造成的古史"的论断，提出来了也很难得到广泛的响应；李济、梁思永、刘耀、夏鼐、苏秉琦及其以后的一批又一批考古学家，他们之所以能对传统结论提出挑战，无一不是有相当深厚的知识积累和对先进的理论方法有深刻的理解和掌握。从七八十年前"三皇五帝古史体系"在学术界的一统天下到今天中华五千年文明进程框架的确立，正是一代又一代历史学家、考古学家对传统结论接连不断提出挑战的结果。

考古学是如此，人文社会科学是如此，自然科学、技术科学也是如此。

大学阶段是青年人积累知识，学习理论方法的时期，在常规学习安排之外，积极投入课外学术、科技作品竞赛是培养学术敏感性、洞察力和锻炼研究、创造能力的极好机会，我真诚地期盼同学们认真学习前辈学者的科学挑战精神，积极参与挑战竞赛，增长才干，完善自我，将来在祖国需要的各条战线上做出自己优异的成绩。

科学的挑战精神万岁！

考古学文化因素分析

试论吴城文化

吴城文化是以江西省清江县吴城遗址的发现而命名的①。

解放前,吴城文化的遗物和遗址已有零星的发现。解放后,对这类遗址进行过不少调查和试掘。由于遗址堆积较薄,出土遗物不多,对它的文化面貌还不十分清楚。一般都根据这类遗址中包含有较多的几何形印纹陶片,称之为"几何印纹陶文化"。

1973—1975年,江西省博物馆、清江县博物馆和北京大学历史系考古专业等单位对吴城遗址进行了四次正式发掘,发现有清楚的地层叠压关系,出土了丰富的文化遗物。《江西省清江吴城商代遗址发掘简报》②(以下简称《简报》)根据某些器物具有中原商文化作风断定为"商代遗址",但对它的文化性质未作肯定结论。唐兰先生在《关于江西吴城文化遗址与文字的初步探索》③一文中认为,"商代遗址"只"是一个时代上的概念",并根据古代越族的活动地域推断它可能是与中原商文化同时的古代越族的文化遗存。其后,有的同志通过对遗址出土陶文的研究则认为吴城遗址的居民与中原"同一语言、文字","是殷人的一支",就是说,属于商文化范畴④。可见大家对吴城遗址文化性质的认识并不一致。

我们认为,进一步确定吴城遗址的文化性质,对于搞清楚江南地区古代文化的系列和它与黄河流域古代文化的关系都具有重要意义,因此,这个问题是需要认真讨论的。本文试从分析吴城遗址的年代分期与文化内涵入手,对它的文化性质等问题进行初步探讨。

一、分期与各期文化特征

《简报》根据地层叠压关系和出土遗物的不同特点将吴城遗址区分为三期，并从鬲、豆、盆、罐等七种主要器物的形制以及陶质、纹饰诸方面论述了各期的变化。我们基本上同意这样的分期，现以此为基础，进一步综合各期文化特征如下：

一期

仅有文化层，未见其他遗迹。

文化遗物中，陶器以夹砂灰色和红色软陶为主，也有少量泥质软陶，依 74 秋 T7⑤、⑥层的统计，总共约占 79.65%，硬陶、釉陶和原始瓷比例较小，分别占 16.28%、3.84% 和 0.23%⑤。纹饰以粗绳纹最流行，主要施于夹砂软陶上，约占 89%，几何形印纹多为小方格纹，主要施于硬陶、釉陶和原始瓷上，约占 7%⑥，其他有 S 形纹、云雷纹、圆圈纹等。云雷纹多卷曲柔和，折棱不明显。圆圈纹皆呈连珠状施于器物的肩腹部或陶刀上，是本期特有的纹饰。炊器主要是鬲和长腹罐两种，也有少量甗、袋足鬶和鬻形器。鬲体型长方，折沿方唇，高分裆，粗绳纹（见图一，28）。盛食器主要有罐、瓮、盆、大口尊、豆、钵、碗、器盖等。盆卷沿鼓腹，凹圜底，无明显颈部，腹施粗绳纹（图一，29）。豆多假腹，亦有高喇叭形圈足者。假腹豆盘较深，盘壁有明显折棱，高圈足，圈足上有"十"字形镂孔（图一，33）。碗、钵多敛口，平底或假圈足底（图一，4）。伞状器盖子口较长，盖面斜直（图一，32）。陶质生产工具有马鞍形陶刀、陶纺轮、陶网坠等。陶纺轮分扁平形、扁凸腹形、算珠形和腰鼓形等多种。

石器有石斧、石磷、石镞等。石斧呈长方形，石磷分有段、无段两种，石镞有的有铤，有的无铤。

青铜器，正式发掘的只有青铜刀一把，直刃，尖上翘（《文物》1975 年 7 期 71 页图一四：12）。另外有采集的凤首铜盖一件，盖面周沿饰勾连云纹一圈，捉手周围有变形云纹构成的图案，纹道较宽，无底纹（图一，6）。

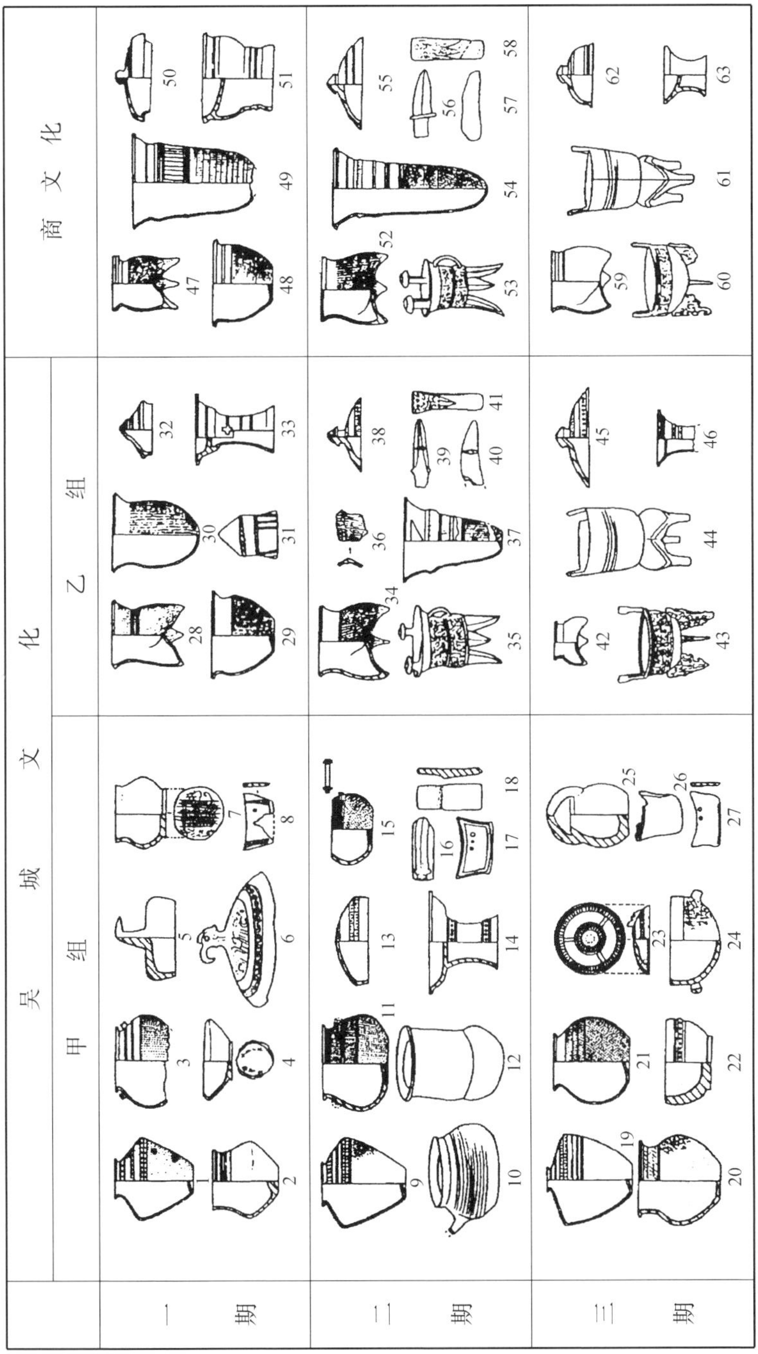

图一　吴城文化与商文化器物比较图

本期发现不少陶文和刻符,一般一器一字,也有一器多达四字、七字、十多字成组刻写的。

二期

文化遗迹有房基、陶窑各 1 座,灰坑和窖穴 16 个,墓葬 10 座。在 10 座墓中 9 座为陶器墓,仅 73 正 M3 为铜器墓,随葬铜器有斝 2、锛 1、凿 1、铜片 1,陶器有罐 3,鬲、盆、钵各 1,另有砺石一块。

文化遗物中,陶器以泥质灰色软陶为主,夹砂灰色或黄色软陶其次,依 74 秋 ET5H4 的统计,共约占 77%,硬陶、釉陶和原始瓷的比例有所增加,分别占 21.81%、3.87% 和 1.21%。本期陶器纹饰与一期的主要区别是素面陶占了多数,约为 63.8%,粗绳纹几乎不见,细绳纹也仅有 12.7%。几何形印纹中方格纹的比例大增,约占 17%,除大量仍为一期流行的小方格外,出现了较大的长方格纹和复线方格纹,其他常见的尚有席纹、叶脉纹、人字形纹、圈点纹、云雷纹和几种纹样施于一器的复合纹饰。圈点纹乃由一期流行的圆圈纹中间加小点而成,是区别于一期的主要纹饰。云雷纹多方折似回纹,与一期的不同。炊器中,一期流行的长腹罐和袋足鬲已不见或少见,主要是鬲和甗形器。鬲体型近方,多有明显的高领,腹施细绳纹,有的领部有一周圈点纹(图一,34)。盛食器的种类基本同于一期。盆一般较深,同鬲的变化规律一样也开始出现明显的领部,腹多施细绳纹。假腹豆仍很流行,一般盘较浅,盘壁有明显折棱,圈足上少见"十"字形镂孔。伞状器盖子口变矮,一般与盖沿齐平(图一,38)。马鞍形陶刀、陶纺轮、陶网坠等仍大量发现,除腰鼓形陶纺轮本期未见外,其他形制与一期基本相同,不过有的施有二期典型纹饰圈点纹。

石器发现较多,新出现的生产工具有半月形石镰、凹刃石斧和凹刃石磷等,武器有石戈等。一期的三角形无铤石镞本期似已绝迹。

青铜器有斝、锛、凿、戈等。除戈外,余均出自 73 正 M3。斝体型较矮,平底短柱,三足截面呈三角形,腰和腹部施圆圈纹、变形云纹和目纹(图一,35)。锛和凿均作长条形,近銎部有饕餮纹和三角形纹(图一,41)。戈出于灰坑,已残,长援,直内,有阑,与石戈同。本期发现很多铸造铜器的石范,均为粉砂岩制成,可看出所铸器形的有斝、戈、镞、矛、钺等。

本期也发现有刻在陶器和石范上的文字与符号。

三期

文化遗迹有灰坑和窖穴 10 个,墓葬 3 座,特征与二期同。

文化遗物中,陶器仍以泥质灰色软陶为多,但硬陶、釉陶和原始瓷已占有突出地位。依 74 秋 ET9H11 的统计,软陶总共约占 58.5%,较二期大大减少,硬陶、釉陶和原始瓷各约占 22.58%、16.6% 和 2.6%,较二期有显著增加。本期素面陶较二期更为流行,约占 71%,细绳纹和方格纹则分别减少到 5.9% 和 10.6%,几何形印纹中其他比较流行的纹饰是席纹、叶脉纹、曲折纹、云雷纹、圈点纹等,复合纹饰的比例较二期有所增加。陶器种类较二期变化不大。鬲的数量仍然很多,但形体明显变小变矮,且多为泥质素面(图一,42),似已不作炊器使用,炊器可能主要由甗形器代替了。盛食器中,盆较二期领部更长,腹更深,领部常施一周圈点纹。假腹豆变为真腹浅盘高圈足豆(图一,46)。伞状器盖一般已不见子口,盖面和二期的一样略微隆起,也常施一周或数周圈点纹(图一,45)。本期还开始出现了较多的圜底器。马鞍形陶刀、陶纺轮、陶网坠等与二期的没有多大区别。

石器与二期基本相同,无明显变化。

青铜器未发现,石范有少量出土。

陶文和刻符发现不多,有的字和一、二期发现的完全一样。

对比以上三期的文化特征可以看出,三期虽有一定的差异和变化,但许多因素是一脉相承发展下来的,它们之间不可能再有大的缺环。这表明,三期的划分只是代表同一文化发展的不同阶段,并不意味着它们是不同的文化。

根据江西省博物馆调查的资料,和吴城遗址相类似的遗存已发现一百多处[⑦],主要分布于赣江、鄱阳湖流域,而以新干、清江往北的赣江下游和鄱阳湖畔最为密集。北界可达皖赣交界的长江两岸，东和东南面约抵怀玉山、武夷山脚下，西和西北约到湘赣、鄂赣边境，南面材料较少，估计不会越出江西省境。

若以吴城遗址所分三期为标尺，衡量这类遗存中经过正式调查发掘的遗址，则可看出：清江县三桥公社横塘大队出虎耳、鸟耳铜鼎的锄狮塅遗址[⑧]、都昌县大港公社出铜甗的乌云山遗址[⑨]约与吴城三期相当，万年县肖家山、送嫁山遗址与墓葬[⑩]，新干县大洋洲公社牛头城遗址[⑪]约与吴城二、三期相当，奉新县几处新调查的遗址[⑫]等约与吴城一期相当。其余也都不超出吴城遗址的年代范围。某些遗存有可能早于或晚于吴城遗址，但因发掘面积不大，文化面貌不清楚，它们与吴城文化的关系尚不能肯定。因此，根据目前的资料，可以认为吴城遗址所分的三期基本上代表了吴城文化的分期。

关于各期的绝对年代，《简报》认为："吴城一期常见的鬲、豆、罐、盆等器物，与郑州二里冈商代遗址的同类器物较为接近。吴城二期的鬲与安阳殷墟早期的鬲近似。""吴城三期的扁体瘪裆鬲与西周初期的典型瘪裆鬲风格基本一致。"唐兰先生根据上述论断则进一步明确提出："第一期相当于郑州二里岗上层文化，时间为商代中期，第二期相当于安阳殷墟文化的早期和中期，第三期约略相当于殷的晚期，可能延续到周初"。[⑬]

我们认为《简报》和唐兰先生对一、二期的估计基本上是符合实际情况的，不过二里岗上层究属商代中期还是早期尚有不同意见，需要讨论。至于三期，《简报》认为三期流行的鬲与西周瘪裆鬲相似，从而推定其时代可能由商晚延续到周初。经过细致的比较研究，我们认为，两种鬲并不相同，吴城三期鬲的裆部并不像西周初期瘪裆鬲那样下凹。弧裆的特点虽有些相似，但这种作风在吴城二期已经出现了。我们知道，吴城二期和三期有些器物很难分别，可以看出是紧相衔接发展下来的。从73正M3出土铜斝（图一，35）来看，形制与藁城台西出土铜斝（图一，53）相似，时代不能晚于殷墟二期[⑭]，那么与二期紧相衔接的三期的年代也不会晚至西周，应与殷墟三、四期相当。这就是说，吴城遗址和以吴城遗址为代表的吴城文化的年代基本上不超出商代。

二、文化内涵分析

吴城文化延续的时间很长，分布又比较广泛，其文化内涵是相当复杂的。现从以下四个方面进行分析。

1. 建筑遗迹

吴城前三次发掘共发现房基、陶窑各 1，均属二期，灰坑和窖穴三十六个，属二、三期。陶窑残破过甚，结构不清，无法比较。

房基为圆角长方形的半地穴式建筑，有门道和灶台，地面和墙壁都经过焙烧，呈青灰色硬面，房基中央和周围墙壁上残留有圆形柱洞，依其排列情况，可能为木骨泥墙。这种房基的形制与郑州、安阳发现的有些相像，但半地穴式结构和木骨泥墙在后者中已很少见。同时，商文化遗址中流行的夯土基址和版筑墙壁在吴城文化中也还没有发现。

灰坑和窖穴以椭圆形和不规则形为主，圆形和长方形的较少见。坑底一般呈锅底状，也有较为平整的。坑的深度深浅不一，浅坑较多，深坑较少。这与郑州、安阳等商代遗址中主要是规整的长方形、圆形深坑有明显不同[15]。

2. 墓葬

发现较多。吴城十三座，属二、三期；万年肖家山、送嫁山六座，与吴城二、三期相当。

从墓葬形制结构看，肖家山 M1 为方形，其他均为长方形土坑竖穴，与中原商墓基本相同，但又不见中原商墓流行的腰坑和二层台[16]。

从随葬器物组合看，吴城墓葬以鬲、罐为主，万年墓葬以鼎、罩、罐、钵、甗形器为主，吴城墓葬以马鞍形陶刀或陶纺轮随葬的现象也很普遍。这些都与中原地区商代后期墓流行的以觚、爵、罐、殷（或盘）、鬲等为主的组合有显著区别。

在江南其他地区也发现有与吴城文化时代相近的墓葬，如广东曲江石峡第四期墓葬[17]、饶平浮滨墓葬[18]、福建闽侯黄土仑墓葬[19]等。这些墓葬的形制结构与吴城、万年墓葬没有什么不同,都是长方形土坑竖穴,但随葬器物及其组合却各有特点。石峡第四期者随葬陶器为缶、豆、壶、鼎等;饶平浮滨者为尊、罐、豆、壶等;黄土仑者为豆、杯、壶、罐等,都和吴城、万年的有很大不同。

由此可见,吴城文化的墓葬既区别于中原地区的商墓,也不同于周围地区其他印纹陶遗存的墓葬,而有其本身的特点。

3. 文化遗物

最能代表吴城文化面貌的是文化遗物,尤其是陶器,特点更加明显。根据我们的初步分析,可把吴城文化遗物区分为甲、乙两组。

甲组

以质料来分,有陶器、铜器和石器等。

陶器 典型器物有小口折肩罐、折腹罐、圆腹罐、高领罐、直腹筒形罐、折肩束腰罐、带把罐、提梁罐、折肩瓮、甗形器、高柄豆、带把鼎、直口盂、钵、鸟喙状捉手器盖、覆钵状捉手器盖、带扉器盖、靴形支垫和马鞍形陶刀等。

小口折肩罐 小口,折肩,凹圜底。见于一、二、三期。肩部常见圆圈纹、圈点纹,腹部常施小方格纹,多为硬陶、釉陶和原始青瓷质(图一,1)。

折腹罐 侈口,折腹,凹圜底。见于一、二期。硬陶或原始青瓷质。74秋 T7⑤:46(图一,2)颈部有刻画文字一组共约12字。

圆腹罐 一般中口、圆腹、凹圜底。见于一、二、三期。软陶、硬陶均有,纹饰有弦纹和小方格纹,有的带双耳(图一,3)。

高领罐 高领,鼓腹,凹圜底。见于一、二、三期,万年肖家山、送嫁山墓葬亦有出土。陶质多为硬陶或原始瓷,纹饰以云雷纹、叶脉纹、席纹为主,肩部常见蝶形钮或小圆饼装饰(图一,20)。

直腹筒形罐 直口,筒腹,凹圜底,口下有双耳。腹部素面或施小方格纹,多硬陶和釉陶。见于吴城二期(《文物》1975年7期66页图九:4;70页图一三:3)和修水山背[20]。

　　折肩束腰罐　侈口,折肩,腹壁内弧作束腰状,平底。见于二、三期。74秋T1③:398(《文物》1975年7期66页图九:6)为一完整器,肩腹部施弦纹和圈点纹,釉陶。

　　带把罐　口微侈,鼓腹,凹圜底,腹部有角状把。仅二期一见,施弦纹,釉陶(图一,10)。

　　提梁罐　二期发现有残提梁,三期有一完整器(图一,25)。敛口,鼓腹,凹圜底,素面。

　　折肩瓮　《简报》称为尊。大口,折肩,凹圜底。见于一、二、三期。肩部多施弦纹和圆圈纹、圈点纹,腹部多施小方格纹,硬陶较多,亦有原始瓷质的(《文物》1975年7期61页图四)。

　　瓿形器　见于一、二、三期,万年肖家山、送嫁山墓葬,修水山背遗址⑳等均有出土。直口或侈口,上腹较深,下腹作半球形,圜底,有的无耳,有的有内附耳或外附耳,内有箅隔,一般为硬陶,施方格纹,也有软陶素面的(图一,12)。

　　高柄豆　浅盘,真腹,高喇叭形圈足。见于一、二、三期。73T4⑧:370(图一,14)为釉陶,圈足上有弦纹和圈点纹。

　　带把鼎　见于万年肖家山墓葬(《考古》1963年12期图版壹:5)。直口,平底,三锥状实足,加一角状把手。

　　直口盂　直口,鼓腹,假圈足。见于一、二期。多素面。74秋T7⑤:58(图一,7)底部有刻画文字5个和三行叶脉纹。

　　钵　见于一、二、三期。一、二期多敛口,平底、凹圜底或假圈足底。74秋T7⑤:51(图一,4)为硬陶,素面,底部有刻文一周共七字;74秋T2⑧:5(图一,15)为釉陶,口部施弦纹,腹部施小方格纹,凹圜底。三期多直口,圜底,也有作假圈足底的。74秋T4②:7(图一,24)有双横耳,腹施席纹;74秋T4②:10(图一,22)腹壁特厚,施弦纹和圈点纹。

　　鸟喙状捉手器盖　见于一期。直口,平盖,盖上有一鸟喙状捉手(图一,5)。

　　覆钵状器盖　见于二、三期,数量较多。直口,盖微隆起,无捉手,盖面上多施弦纹、圈点纹,以泥质红褐陶为多,亦有硬陶、釉陶和原始瓷质的(图一,13)。

带扉器盖,见于三期。体型似乙组的伞状器盖,盖面上有三个突棱,并施有弦纹和圈点纹(图一,23)。

靴形支垫　见于万年肖家山、送嫁山墓葬(《考古》1963 年 12 期图版壹:4)。整体作高筒靴形,上部有凹窝。

马鞍形陶刀　见于一、二、三期。均模制,一面刃,硬陶或原始青瓷质,表面常施圆圈纹、圈点纹、小方格纹、刻画纹等,是吴城文化最主要的收获工具(图一,8、17、27)。

铜器　典型器物有凤首钮器盖、锸、弧刃斧、弧刃锛等。

凤首钮器盖　体呈伞状,捉手为一突目高冠竖颈的凤首,盖面上周边有一圈勾连云雷纹,中央为变形云纹构成的图案,整个体型似一期出土的鸟喙状捉手陶器盖(图一,6)。

锸　体型近方,刃微弧(图一,26),与黄陂盘龙城出土者近似。与锛、斧等一起装在一铜甗(图一,44)内,出土于都昌县大港公社乌云山遗址,属三期。

弧刃斧与弧刃锛　均与锸同出。体型瘦长,方銎,刃弧似扇面(《文物》1977 年 9 期 61 页图六:5、2)。

石器　主要有凹刃石斧、凹刃石锛、有段石锛、马鞍形石刀等。铸造铜器的石范也是富有特色的器物。

凹刃石斧与石锛　见于二、三期。体型长方,刃部明显内凹(《文物》1975 年 7 期 71 页图一四:9、13)。

有段石锛　见于一、二、三期,段部均不甚明显(图一,18)。

马鞍形石刀　数量少,形制与陶刀相同。

石范　见于二、三期。一般为粉砂岩制成,有斧、锛、凿、戈、钺、镞等工具范和武器范(图一,16),也有罃等容器范。

甲组的主要特点是,陶器中硬陶、釉陶和原始瓷占有较大的比例,纹饰以方格纹、云雷纹、席纹、叶脉纹、圆圈纹、圈点纹、复合纹等各种几何形印纹最盛行,陶器种类复杂,形制多样,普遍流行折肩和凹圜底作风。本组最富有特色的代表性器物有甗形器、鸟喙状捉手器盖、覆钵状器盖以及马鞍形陶刀和石刀、凹刃石斧与石磋、凤首铜盖、石范等,基本不见或少见于商文化和周围各省的印纹陶遗存。

乙组

也包含有陶器、铜器和石器等。

陶器　典型器物有鬲、盆、豆、长腹罐、伞状器盖、甗、大口尊、爵、斝、方鼎等。

鬲　见于一、二、三期(图一,28、34、42)。其形制分别与商代二里岗期上层、殷墟早期、殷墟晚期相似(图一,47、52、59)。不同的是,中原地区的鬲都有后加的实足尖,绳纹由细变粗,一般无明显的领部;吴城文化的鬲有的空锥足到底,绳纹由粗变细,从二期开始出现明显的高领,有的领部还施有圈点纹,除泥质软陶外,也有硬陶质的。

盆　见于一、二、三期(图一,29,《文物》1975 年 7 期第 61 页图四)。同鬲一样,其形制变化与中原商代相似(图一,48)。一期数量较多,深腹,卷沿,凹圜底,粗绳纹,多为泥质灰陶,但也有硬陶质的。二、三期数量较少,有明显高领,腹施细绳纹、方格纹或圈点纹。

豆　见于一、二、三期(图一,33、46)。一、二期作假腹,与商代二里岗期上层、殷墟早期假腹豆有相似之处(图一,51),唯圈足较高,二期且常见圈点纹,为中原所不见。三期由假腹豆演变为真腹浅盘豆(图一,46),形制与殷墟晚期出土者相类似(图一,63),唯后者圈足较矮。

长腹罐　仅见于一期(图一,30)。大口,卷沿方唇,深腹圜底,粗绳纹,多夹砂灰陶,与商代二里岗期同类器相似。

伞状器盖　见于一、二、三期(图一,32、38、45)。形制分别与商代二里岗期上层、殷墟早期、殷墟晚期出土者类似(图一,50、55、62),唯二期以后,盖面上常见圈点纹。

甗　未见完整器。从二期发现的腰部残片(图一,36)看,与商文化中常见的袋足甗为一类器物。束腰,腰部有附加堆纹一周,内有箅隔,腹施绳纹,夹砂灰褐陶。这类袋足甗到三期已不见。

大口尊　见于一、二、三期(图一,31、37),皆残,各期出土的肩部残片上均有数行窗棂纹,与郑州白家庄二里岗期上层遗址中出土的相类似(图一,49)。二期的一件基本上能复原,形制也与二里岗期上层者接近,而和殷墟早期者区别较大(图一,54)。

爵　数量极少,一期发现一残器(《文物》1975年7期第69页图一二：3)。平底,锥足,带鋬,夹砂灰陶,素面。

斝　亦少见。仅一、二期发现有断面呈三角形或菱形的斝足(《文物》1975年7期66页图九：15、16),与73正M3铜斝相似。

方鼎　仅三期见一残器,浅腹,四柱足,二竖耳,腹部和足上施饕餮纹,泥质黄褐陶,乃仿铜方鼎制成。

铜器　有斝、鼎、甗、刀、戈、凿等。

斝　一件,出于二期墓葬73正M3(图一,35)。形制与藁城台西村出土者相似(图一,53),但体型矮肥以及腰、腹部的变形云雷纹和中原有别。

鼎　二件,出于清江县三桥公社横塘大队锄狮垴遗址。腹均作盆形,有扉棱。一号鼎(图一,43)立耳上有一虎,三足作变体虎形;二号鼎立耳上有一鸟,三足作变体鸟形。二鼎腹部均施饕餮纹、圆圈纹,皆为单层花纹,但造型类似商代晚期铜鼎(图60)[21],应属吴城文化三期。

甗　一件,出于都昌县大港公社乌云山遗址(图一,44)。深腹,腹壁较直,立耳,口下有弦纹三道,形制与河南温县小南张出土者几乎完全一样(图一,61)[22],应属吴城文化三期。

刀　一期出一件(《文物》1975年7期71页图一四：2),长条形,尖上翘,与商代早期刀形制相同。

戈　二期出一件,已残,长援,直内,有阑,与同期石戈一样(图一,30),形制均类商代直内戈(图一,56)。

凿　一件,出于73正M3(图一,41)。长条形,方銎,銎部施饕餮纹和三角形纹,与安阳武官村大墓出土的锛相似(图一,58)[23]。

石器　有石斧、石磷、石镰、石镞、石戈等。

石斧　多作长方形,亦有呈方形者。

石碐　长方形,无段。

石镰　半月形(图一,40),数量很少,与殷墟所见相同(图一,57)。

石镞　一种呈三角形,底边微内凹,见于一期(《文物》1975 年第 7 期第 65 页图八:12);一种亦呈三角形,有铤(同上,图八:9),各期均有出土。

石戈　二期出一完整器,长援,直内,有阑,似仿铜戈琢磨而成(图一,39)。

该组石器的形制与商文化中的颇相似。

乙组的主要特点是,具有较浓的商文化作风。陶器以夹砂或泥质灰色软陶为主,绳纹最流行,几乎每一种器物都可在商文化中找到同类的。但细加比较,又无一件完全相同,有的是形制上稍有变化,有的是形制基本一样,但质地、纹饰却是甲组中常见的硬陶、釉陶、原始瓷和几何形印纹。铜器与商文化最为相像,但大批石范的出土表明,它是用石范铸造的,而不像商文化那样采用陶范法。石器多和商文化同类器物相似,不过数量极少,在吴城文化中并不占重要地位。

比较甲、乙两组不难看出,甲组地方特点浓厚,器物种类多,数量多,在吴城文化中占有较大的比重。乙组商文化作风较浓,器物种类比较单纯,数量也较甲组为少,在吴城文化中居于次要地位。

4. 文字

吴城遗址出土的陶器和石范上常发现有刻画的文字和符号,迄今见到的已有 50 多个[24]。

分析吴城文字的字形结构,有些字和郑州、藁城、安阳等地出土的商代陶文、甲骨文写法相同,如石范刻文"屮"字同于甲骨文和郑州二里岗 T30 出土的骨臼刻字"屮"字[25],陶文刀字,同于藁城台西村出土陶文刀字[26],陶文土、田、戈等字与殷墟出土甲骨文相同或近似[27]。这说明吴城文字和商代甲骨文同属象形文字,且有一定的关系。但吴城文字多数在商代甲骨文和陶文中没有见到,有些字虽然字形相同或相近,字义是否一样也还不清楚,我们还不能认为它们是完全相同的文字。

有的同志将吴城出土的 74 秋 T7⑤：46 折腹罐颈部刻文中的"罕"字释为上甲二字合文,谓此组刻文乃祭祀殷之先公上甲微的记录⑫。我们对这件陶罐的刻文及其拓本经过仔细审视研究,发现此字的结构不作"罕"形,而作"罕"形,与属于三期的 74 秋 ET9H11：10 陶鬲上的一字(《文物》1975 年第 7 期第 74 页图四)完全相同,证明"罕"形乃摹写之误,实与上甲合文无涉。因之,据此推定吴城文化居民与殷人祭祀共同祖先并进而证明与中原同一语言文字、属于同一文化系统是缺乏科学根据的。

综上所述,吴城文化包含两种因素：

一种以甲组器物为代表,包括墓葬中不同于中原商墓的诸特点、刻画文字中不见于甲骨文系统的文字等,这是主要因素。它具有鲜明的地方特点,与商文化根本不同。个别因素虽和周围各省与之同时的诸文化遗存有些类似,但总的面貌也不一样。

一种以乙组器物为代表,包括墓葬中与中原商墓相似的特点、刻画文字中与甲骨文系统相同的文字等,这是次要因素。它具有较浓的商文化作风,但又和商文化不完全相同。

尽管目前还没有发现吴城文化与当地新石器时代晚期原始文化的直接联系,但一些迹象表明,其中的主要因素可能主要是由当地的原始文化发展而来。而其次要因素则可能主要是和商文化互相交流,在先进的商文化影响下逐步形成的。

三、结　语

吴城文化是分布于赣江、鄱阳湖流域的一种青铜文化。

根据吴城遗址的发掘,吴城文化可暂分为三期：一期相当于商代二里岗期上层,二期相当于殷墟早期,三期相当于殷墟晚期,大约经历了四五百年的发展历程。吴城文化第一期是否吴城文化的开始,第三期是否吴城文化的终结？限于目前的资料,尚难作出肯定的结论,还有待于今后的工作。

吴城文化包含两种因素。主要因素,具有鲜明的地方特色,与商文化存在明显区别;次要因素,具有较浓的商文化作风,与商文化有较为密切的关系。事物的性质主要是由该事物内部占支配地位的矛盾的主要方面决定的,吴城文化的性质也应该由其主要因素来决定。忽略吴城文化的主要因素,只强调次要因素的有较浓的商文化作风而将吴城文化划入商文化范畴是不恰当的。

吴城文化甲组器物是吴城文化的主要因素,它包含有较多的几何形印纹硬陶、釉陶和原始瓷器,这与东南沿海其他各省的印纹陶遗存有相似的特点。但是通过吴城遗址的发掘可知,吴城文化中的几何形印纹硬陶、釉陶和原始瓷器的器形与其他各省基本不同,即使拿几何形印纹相比较,许多纹样也有明显的差别。看来,过去不加分析地将吴城文化和其他各省的印纹陶遗址划为同一个文化即所谓"几何形印纹陶文化",只是看到了它们之间某些因素的相似,而忽略了本质的区别。

我们认为,吴城文化既然有一定的分布地域,有自成系统的发展系列和鲜明的文化特征,而与商文化以及周围其他各省的印纹陶遗存又有本质的不同,在没有弄清其族属和国别之前,可以而且应当按照考古学文化命名的一般原则,将以吴城遗址为代表的这类文化遗存命名为吴城文化。

吴城文化当然不是孤立存在的,在其发展进程中,曾和商文化以及周围各省的其他文化彼此交流、互相影响、不断融合,有着密切的关系。

吴城文化和江苏宁镇地区的湖熟文化以及太湖流域以上海马桥遗址四层[25]、福建闽江流域以黄土仑墓葬、广东潮汕平原以饶平浮滨墓葬、粤北地区以石峡中层与第四期墓葬等为代表的诸文化遗存基本同时或略有先后,都属于几何形印纹陶遗存。如前所述,它们之间有些因素是相似的,如吴城文化的有段石锛见于湖熟文化和马桥遗址四层,凹刃石斧、凹刃石锛见于饶平墓葬和石峡中层,吴城文化的典型器物甗形器在黄土仑墓葬中有仿制的明器,马桥遗址四层出土的三足甗如去掉三个实足和吴城文化的甗形器也十分相像。至于方格纹、云雷纹、席纹、叶脉纹等几何形印纹,除饶平墓葬较为少见,其他各处见到的也看不出太大的区别。这说明,尽管它们的主要特征不同,不属于同一个考古学文化,但它们的关系是十分密切的。

　　至于吴城文化与商文化的关系,从吴城文化乙组器物等因素可以看到,至迟在商代早期偏晚,吴城文化与商文化已发生接触,并受到后者的强烈影响。吴城文化不仅有与商文化十分相像的青铜容器、工具和武器,而且有一群与商文化相似的陶器,其他诸如建筑遗迹、墓葬、文字等也有某些相同或近似的特点。所有这些,无疑都是在吸收商文化先进成就的基础上出现的。同时,不可忽视的是,吴城文化也给了商文化一定的影响。在商代前期都城遗址之一的郑州曾出土过一些硬陶和原始青瓷质的几何形印纹陶器,无论器形还是纹饰都和吴城文化常见的同类器物十分相似,吴城文化流行的圆圈纹也往往见于郑州二里岗期上层的陶鬲上。商文化中这些因素的存在,很可能都是受到吴城文化影响的结果。

　　吴城文化和商文化关系这样密切不是没有原因的。近年来湖北黄陂盘龙城遗址的发掘[30],证明早在商代早期,商的政治、经济和文化势力已经到达长江沿岸,而距此不远的江西修水就是典型的吴城文化遗址分布范围[31],这两种文化的分布地域既然如此接近,那么它们之间发生较为密切的交流关系应该是十分自然的。

　　据文献记载,吴城文化分布的赣江、鄱阳湖流域在西周、春秋时代是古越族的居地[32],同时考古材料表明,吴城文化与当地发现的西周、春秋遗址在文化面貌上有一定的渊源关系,因而吴城文化有可能就是先越文化的一支。

　　居住在赣江、鄱阳湖流域的古越族究竟什么时候开始进入阶级社会?历史文献没有明确记载。吴城文化的面貌表明,当时已经能够铸造和使用青铜礼器、工具和专门的武器,体现死者生前身份地位的墓葬也已有了明显的分化。如果吴城文化确是当地越人创造的文化,那么至少可以说,大体相当于商代前期,居住在赣江、鄱阳湖流域的古越族的某一支系已经进入奴隶制社会,并建立了国家。

吴城文化的年代和性质的确定,生动地说明了早在三千多年以前,在中原地区先进文化的影响下,我国江南地区也先后以较快的步伐进入了文明时代,并不断与中原文化相融合,为以后一个以中原地区华夏族为主体的包括更多部族、更大地域的经济文化共同体的形成,为秦的进一步统一打下了坚实的基础。

注释

①②《江西省清江吴城商代遗址发掘简报》,《文物》1975 年 7 期。

③《关于江西吴城文化遗址与文字的初步探索》,《文物》1975 年 7 期。

④㉘《清江陶文及其反映的殷代农业和祭祀》,《考古》1976 年 4 期。

⑤⑥ 关于吴城各期陶质、纹饰的统计比例均见于《江西地区陶瓷器几何形拍印纹样综述》表二、表三,《文物》1977 年 9 期。

⑦同⑤,表一。

⑧⑨《近年江西出土的商代青铜器》,《文物》1977 年 9 期。

⑩《一九六一年江西万年遗址的调查和墓葬清理》,《考古》1962 年 4 期;《一九六二年江西万年新石器遗址、墓葬的调查与试掘》,《考古》1963 年 12 期。

⑪《新干县发现商周遗址》,江西省博物馆编《文物工作资料》1976 年 6 期。

⑫ 江西省博物馆调查资料。

⑬《关于江西吴城文化遗址与文字的初步探索》,《文物》1975 年 7 期。

⑭ 关于殷墟文化分期尚无统一意见,本文依邹衡:《试论殷墟文化分期》四期分法。《北京大学学报(人文科学)》1964 年 4 期。

⑮ 如在郑州二里岗发掘的 24 个灰坑或窖穴中,长方形坑就占了 15 个,深的达 8—9 米,浅的也在 3 米以上,见《郑州二里岗》;1958—1959 年在安阳殷墟发掘了 118 个灰坑和窖穴,其中圆形的有 57 个,长方形的有 12 个,椭圆形和不规则形只占 48 个,另有方形 1 个,深的多达潜水面以下。见《1958—1959 年殷墟发掘简报》,《考古》1961 年 2 期。

⑯ 腰坑和二层台是中原商墓常见的现象,如 1953 年在安阳大司空村发掘的 122 座较完整的墓葬中,有腰坑的就有 104 座,有生土二层台的有 8 座。见《一九五三年安阳大司空村发掘报告》,《考古学报》第九册,1955 年。

⑰《广东曲江石峡墓葬发掘报告》,《文物》1978 年 7 期。

⑱《饶平县发现新石器时代晚期墓葬》,《汕头文物简讯》第四号。

⑲《福建闽侯黄土仑遗址发掘简报》,《文物》1984 年 4 期。

⑳㉛《江西修水山背地区考古调查与试掘》,《考古》1962 年 7 期。

㉑《殷代铜器》图 34《考古学报》第七册 1954 年。

㉒《温县出土的商代青铜器》,《文物》1975 年 2 期。

㉓《1950 年春殷墟发掘报告》,《中国考古学报》第五册,1951 年。

㉔包括第四次发掘出土的 15 个字。见《吴城商代遗址第四次发掘的主要收获》,江西省博物馆编《文物工作资料》1975 年 6 期。

㉕甲骨文"屮"字见于《铁》九二:三,一一七:二;《粹》187;《前》七、一七:四;《甲》一二八九等。郑州二里岗 T30 骨臼刻字"屮"字见于《郑州二里岗》图叁拾:25。

㉖《藁城台西商代遗址发现的陶器文字》,《文物》1974 年 8 期。

㉗甲骨文土字见于《粹》一七、二〇,《菁》二·一等;田字见于《粹》一二二四、一五四四,《中大》三三等;戈字见于《粹》二二一,《甲》六二二等。

㉙《上海马桥遗址第一、二次发掘》,《考古学报》1978 年 1 期。

㉚《盘龙城一九七四年度田野考古纪要》,《文物》1976 年 2 期。

㉜《古本竹书纪年》有周穆王"三十七年,伐越,大起九师,东至于九江"语(《文选·恨赋注》引)。关于九江地望,说法不一,顾颉刚先生等以为即今湖北省广济、黄梅一带,然据《史记·河渠书》"太史公曰:余南登庐山,观禹疏九江",九江当距庐山不远,大体在吴城文化分布范围左近。"伐越",《路史·国名纪》作"伐纡",朱右曾谓"纡当作纾,形近而伪。纾、舒通用,……古群舒地"。然据《史记·楚世家》《索隐》,杨粤"有本作杨雩,音吁,地名也,今音越"。则雩、纡、越可通。纡不必即为舒。《艺文类聚》、《通鉴外纪》引作"伐楚",如以上对九江地望的推测可靠,则"伐楚"自不可信。因为据《史记·楚世家》熊渠"乃兴兵伐庸、杨粤,至于鄂"的记载,西周末年楚往东的势力尚未到达江西省境。大约自春秋中叶以后,楚的势力才进到江西。

(《文物集刊》3 辑 1981 年;又见《中国青铜文化结构体系研究》,科学出版社,1998 年)

文化因素分析与晋文化研究

　　晋国是东周时期中原地区的头等强国,晋文化是当时中原地区具有代表性的文化。自从 50 年代后期侯马遗址开始发掘以来,特别是经过学者的研究确定其为晋国最后一个国都新田以后,晋文化的研究自然成了大家关注的问题。

　　我们所讲的晋文化不是一般意义上的晋文化,而是指作为考古学文化的晋文化。这就要求我们进行研究时必须运用考古学的研究方法。一提到考古学研究方法,大家很自然会联想到地层学和器物类型学,这当然是正确的。进行田野发掘,如果不能正确运用地层学方法科学地划分文化层次,就无法确定遗迹、遗物的共存关系及其相对年代;进行室内整理,如果不能正确运用类型学方法,就无法确定遗物乃至遗迹之间的内在联系。在此基础上,编写的发掘报告,写出的论文,就会杂乱无章,甚至错误百出,得不出科学的结论。地层学与类型学是近代考古学的基本方法,没有这两个基本方法,近代考古学也就不存在了。但是,考古学像其他学科一样,也是要不断发展的。在现有基础上,如何使考古研究进一步深入提高? 如何通过考古学研究推导出历史学的结论? 我觉得一个重要方面,是要在不断完善地层学和类型学方法的同时,自觉地将文化因素分析方法运用于考古文化内涵的研究。

　　考古学文化是指在一定时间一定地域内具有共同特征的一群遗迹、遗物的总和。一个考古学文化的形成和发展不是孤立进行的,它既有对其先行文化的变革与继承,又有对与其同时的周围其他文化的借鉴、吸收与融合。这就决定了该考古学文化内涵所呈现的面貌不会是单纯的,而往往是十分复杂的;它的来源不会是单一的,而往往是多头的。可见,一个考古学文化包含有不同的文化因素是常见的现象,是客观存在的事实。因此,从考古学文化内涵的不同特点和不同来源即不同文化因素的角度出发对其进行分析,就有可能揭示其起源和形成的奥秘,发现其发展变化的规律。这就是文化因素分析方法得以成立的科学根据。

文化因素分析方法,并不是现在才提出来的,可以说从近代考古学传入中国开始,这个方法就已经在采用了。但是如果客观地对这一方法在考古研究中的运用作一历史的考察,我们便会发现,它如同地层学、类型学一样,也经过了一个由自发到自觉、由不够严密到比较严密的过程,不过这个过程更为迟缓更为漫长罢了。即使现在,以其与地层学、类型学比较,它似乎还没有得到广泛的重视和更为科学的运用。例如,分布于江西赣江流域的吴城遗址一类遗存究竟属于商文化系统,还是一个受商文化影响的地方性文化? 东下冯类型是二里头文化的一个类型,还是一个独立的文化? 夏、商文化是否同源,它们之间有无区别? 研究楚文化的发展及其渊源,能否从大溪文化一直排到东周? 在诸如此类问题上,为什么会产生不同的看法,我觉得,除了材料的限制,当与在研究中是否运用文化因素分析方法和运用得是否恰当有关。

如何正确运用文化因素分析方法? 这是需要大家根据自己的实践来总结的问题。根据我们看到的比较成功的例子和自己的教训与体会,有以下几点提供参考。

第一,文化因素分析,要从一个遗址、一个类型、一个文化的内部结构即文化内涵的剖析做起,而不能像过去常犯的毛病那样把它看成铁板一块的整体。实践证明,一个文化是一个只具有单一文化因素的整体的认识是浮浅的、表面的,是不能触及它的本质的。

第二,文化因素分析,必须引入量的概念。没有量的统计和对比,就很难确定其中各种因素所占的地位,甚至会以点代面、以偏概全,把非主要因素误认作主要因素,对其文化性质作出错误的判断。

第三,正确区分考古文化内涵的不同文化因素,需在与其他有关文化的对比中进行,这样才能更清楚地看出不同因素的不同特点及其不同的来源。

第四,任何考古文化都是不断发展变化的,文化因素分析也必须从发展的角度在分期的基础上进行,这样才有助于考察文化因素构成的发展和变化。

第五,文化因素分析必须以类型学的分析为前提,正像类型学必须以地层学为前提一样。因为只有这样,文化因素的分析才具有科学的依据。认为两者互相排斥或者类型学可以包括文化因素分析方法的看法都是欠妥的。

文化因素分析方法在考古研究中有着广阔的用武之地。例如:

可以在同一个系统的考古文化中依据其文化因素的变化划分出不同的文化期,并进而探讨其源流;

可以依据不同文化因素所占的比重确定考古文化遗存的性质;

可以依据不同文化因素的特点和来源探讨不同文化之间的影响、交流与融合;

可以对考古文化遗存进行多层次的研究,以探讨考古遗存的区系文化类型问题。

文化因素分析方法是手段,是桥梁。通过对考古遗存的地层学、类型学和文化因素分析的逐级研究之后,我们就会得到考古学上的科学结论。然后,以此为起点,进而结合古代文献记载的有关线索作进一步的研究,就有可能从考古学的研究成果推导出历史学上的科学结论,实现考古学与历史学有机的真正的结合。

有关晋文化的遗迹、遗物已有不少重要的发现,但还远远不够。今后还需要进行广泛的有计划有目的的调查与发掘。但另一方面,我们也应该在现在已经积累的材料基础上逐步开展综合研究,去探讨一些诸如晋文化的渊源、晋文化与周文化的关系、晋文化的分期与特征等学术问题。我体会,苏秉琦先生倡议召开这次座谈会,既是要我们对过去的工作作一回顾和小结,更重要的还是要在大家交换意见的基础上,对今后的工作,对晋文化的研究作出新的部署和安排。"工欲善其事,必先利其器"。面对晋文化研究的新课题,如果我们能够总结和探讨一些考古学方法论上的问题,也许是有所裨益的。

(1985 年在晋文化研究座谈会上的发言,见《晋文化研究座谈会纪要》1985 年)

论文化因素分析方法

文化因素分析方法和地层学、标型学方法一样,是考古学基本方法之一。

以田野考古为标志的近代考古学从其产生到现在已有一个半世纪的历史。20 世纪 20 年代近代考古学开始传入中国,70 年来,特别是近 40 年间,中国的考古事业有了长足的进步。从考古方法论的角度来看,随着大规模田野考古调查和发掘工作的开展,考古地层学和标型学越来越为广大考古工作者所掌握,并在不断总结自己实践经验的基础上有新的发展和提高,从而建立起了比较符合实际的考古年代分期标尺和器物发展演化谱系。然而与此相比,适用于对考古遗存更深层次研究的文化因素分析方法则尚未得到普遍推广和运用,这不能不在一定程度上影响中国考古学发展的速度。考古遗存直接反映古代人类生产、生活等各种活动,是当时社会关系的缩影。考古学作为历史科学的有机组成部分,决不能将自己的研究范围局限于年代分期和器物排队,而应该通过对考古遗存文化内涵的全面剖析,揭示其反映的社会状况和社会发展规律。

文化因素分析方法和地层学、标型学方法一样都是在考古实践中逐步形成的。早在 1939 年,梁思永在《龙山文化——中国文明史前期之一》的论文中关于三个区域的划分已经明确含有文化因素分析的内容。1965 年苏秉琦《关于仰韶文化的若干问题》对仰韶文化半坡类型、庙底沟类型及其与邻境同期文化关系的科学论断,实际上也运用了文化因素分析的方法。这个方法至 70 年代末 80 年代初逐步趋于成熟。

　　文化因素分析是指对考古学文化构成因素的分析。考古学文化作为对考古遗存的最基本概括，作为特定的文化共同体，是由在同一时间同一地域内具有共同特征的一群遗迹、遗物构成的。它的形成和发展，既有对其先行文化的变革与继承，又有对同时期周围其他文化的借鉴、吸收和融合，同时还会受到自然地理环境的影响和制约。这就决定了某一特定的考古学文化尽管整体面貌基本相同，但局部特征又会有这样那样的差别；就其形成渊源而言，更不会单一化，而往往极其复杂。可见，一个考古学文化只具有一种文化因素的情况几乎是没有的，而一个考古学文化包含多种不同的文化因素则是常见的现象，是一个组合的整体，这正是文化因素分析方法得以成立的科学依据。

　　作为一种科学方法论，文化因素分析方法在考古研究中有着广泛的用途。如对某一考古学文化的性质的确定、发展阶段的划分、源流的考证，与其他考古学文化关系的探讨，它在整个中国考古学文化区系类型体系中地位的推断以及所反映的社会结构的研究等，都要借助于对其文化因素的科学分析。可以这样认为，没有认真的、实事求是的文化因素分析，就很难对上述问题作出正确的回答。

　　正确运用文化因素分析方法应该特别注意以下几点：

　　考古学文化的构成因素既然错综复杂，我们首先就要着眼于考古学文化内部结构的剖析。回顾对仰韶文化、龙山文化的研究实践可以看出，现在人们的认识比以往已经有了很大的进展。过去有较长一段时间，将凡是包含彩陶的遗存统统归入仰韶文化；凡是包含黑陶的遗存统统归入龙山文化。仰韶文化和龙山文化的范围越搞越大，几乎包括了黄河流域和长江流域的大部分地区。但随着研究的深入，尤其是运用了文化因素分析方法，目前部分包含彩陶的遗存和部分包含黑陶的遗存已分别从仰韶文化和龙山文化中分化出来，单独命名为若干独立的考古学文化。即使在今天被称为仰韶文化和典型龙山文化的内部，也已因局部特点的差别被分为几个不同的类型，显然，这是由于有了文化因素的分析，才得到了这样新的认识。

考古学文化所含诸文化因素既有质的不同，又存在量的差别，考古学文化的性质正是由其中占主导地位的因素决定的。进行文化因素分析，既要对其所含不同文化因素定性，即确定这些不同文化因素原来所属文化系统；又要引入量的概念，做量的统计和对比，即定量分析，从而分清各不同文化因素的轻重主次，正确判定该考古学文化的性质。例如分布于江西赣江、鄱阳湖流域的吴城文化遗存发现之后，有的学者据其中含有类似商文化的鬲、甗、假腹豆、大口尊等认为应属商文化系统，经定量分析的结果，类似商文化的因素仅居次要地位，且越来越少，而以几何形印纹陶、原始瓷为主要特征的具有鲜明地方特色的因素则占主要地位，且越来越多，可见吴城文化还应该是一支早期土著青铜文化，只不过是受到了某些商文化影响而已。

考古学文化不是僵死的、静止的，而是不断发展变化的。在它形成、发展、消亡的历史过程中，其所含文化因素，有的变化快，有的变化慢；有的发展壮大了，有的由兴盛而衰亡了；同时由于各种原因，也会不时产生一些新的文化因素。进行文化因素分析，必须从发展的角度出发，在分期的基础上进行。这样才有助于考察各不同文化因素的构成变化和消长情况，才可以划分出在一定意义上能反映某种社会变化的不同发展阶段，弄清该考古学文化的整个发展演化过程。

考古学文化的形成和消亡不是偶然的，而是在一定基础上发生的，它既有自己的文化来源，又有自己的发展去向。进行文化因素分析，只有通过对该考古学文化诸因素和与它在时间上早晚相衔接的其他有关考古学文化诸因素的比较研究，才可能确切地探明其源流。当前，在探讨诸如夏文化、商文化、周文化、楚文化等的来源时，普遍存在的一个倾向是，往往将考古年代上的衔接关系误认作是文化传统上的传承关系，把本来十分复杂的问题简单化了。事实上，一个考古学文化并不一定是由当地早于它的考古学文化直接衍变而来。在它的形成过程中，可能主要继承当地早于它的考古学文化因素，也可能接受当地和邻近地区早于它的多种考古学文化因素，甚至不排除由其他地区迁移而来。例如关于楚文化渊源问题，比较流行的观点是将其源头直接追溯到大溪文化,好像从大溪文化、屈家岭文化、石家河文化直至东周楚文化是一脉相承发展下来的。但江陵荆南寺、沙市周梁玉桥等夏商时期遗存的发现,证明它们同当地早于它的石家河文化缺乏直接联系,同当地晚于它的迄今所知最早的西周中期楚文化亦大异其趣。可见楚文化的形成十分复杂,如果能在排出年代序列的基础上,加强其间文化因素的分析比较,也许能得出一个较为符合实际的结论。

考古学文化的发展不是孤立的、封闭的,而是在同周围同时期其他考古学文化的错综复杂交往中实现的。进行文化因素分析,必须在分析该考古学文化和其他有关考古学文化各自文化内涵基础上进行横向、纵向,甚至交叉比较,才能够弄清楚它们之间在相互交往中的影响、传播、融合乃至同化的具体过程和情景,揭示其间的真实关系。在夏文化问题讨论中,以偃师二里头遗址为代表的二里头文化和豫北冀南以新乡潞王坟下层和磁县下七垣第三层为代表的遗存的关系是个有争议的问题。分析两者的文化内涵可以看出,二里头文化器物群中以长腹罐和鼎为主要炊器,后者则以鬲和甗为主要炊器。但二里头文化中流行的大口尊、长腹罐、鼎以及盉等在后者遗址中也有一定数量,作为后者典型器物的鬲、甗、素面盆等在二里头文化中也有少量发现。两者虽然文化性质不同,不属于同一个考古学文化,但在相互交往中,都从对方汲取了一部分文化因素,不过二里头文化对后者的影响较为强烈,后者对二里头文化的影响则微乎其微。这种状况与二里头文化是夏文化、后者是夏时期受夏王朝节制的商族创造的先商文化的推测是基本契合的。

作为考古学研究对象的古代遗存是分为不同层次的,从不同的研究范围出发,文化因素分析也应该在不同层次上进行。当研究对象是一个考古学文化时,该考古学文化内的一个遗址甚至是由某些遗址构成的一个类型就是一个文化因素单位;当研究范围从一个考古学文化扩大到一个特定地区内诸考古学文化时,一个考古学文化也可以被看作是一个文化因素单位。经过这样多层次的分析,才有可能揭示错综复杂的古代遗存的结构体系,苏秉琦提出的中国新石器时代至早期青铜时代考古学文化区系类型体系,正是建立在对广大地域内的考古遗存进行文化因素的逐级科学分析基础之上的。

文化因素分析方法作为考古学基本方法之一,它同考古地层学、标型学是互为补充的,而不是相互排斥的。正像标型学研究必须以地层学研究为前提一样,文化因素分析也必须以标型学研究为前提。只有这样,文化因素分析才具有科学的依据。

如前所述,随着大规模田野考古工作的开展,考古地层学和标型学方法已得到基本普及。如能进一步有计划地采用和推广文化因素分析方法,对考古遗存进行地层学、标型学和文化因素分析的逐级研究,将有助于考古研究更向前发展。

(《中国文物报》1988 年 11 月 4 日;又见《中国青铜文化结构体系研究》,科学出版社,1998 年)

考古学文化的变迁

- 从对三星堆青铜器年代的不同认识谈到如何正确理解和运用"文化滞后"理论
- 关于早期夏文化

从对三星堆青铜器年代的不同认识谈到如何正确理解和运用"文化滞后"理论

　　四川广汉三星堆第一、二号坑出土的青铜器,在中国青铜时代考古学上揭开了新的一章。这批青铜器数量多、形体大、造型奇特。许多器物,诸如高达 262 厘米的青铜立人像、眼球凸出如柱的大型青铜人面具、发式各异的青铜人头像、枝干花果齐全上附攀龙的青铜树,以及青铜车轮形器、青铜眼睛、青铜带齿戈等,都是过去从未见到过的,一出土,便在中外学术界引起了极大的轰动。从 1986 年发现至今十年来,围绕着年代、性质、来源、意义以及铸造技术、文化关系等问题所展开的讨论一波高过一波,迄未停息,其中争论最大分歧最多的就是年代问题。

　　发掘者依据地层关系、器物形制花纹的比较研究并参考碳十四测年数据,推断第一、二号坑分别相当于殷墟一期和二、三期①。这一结论获得了学术界的广泛认同,笔者也是基本赞成的。但也有的学者认为三星堆青铜器不可能早到商代,甚至不可能早到西周,更大可能是属于春秋早、中期。将这样一种观点发挥得淋漓尽致的是澳大利亚学者诺埃尔·巴纳德教授②。在他的长篇论文中,除了对《发掘简报》提供的地层关系和碳十四测年数据表示怀疑外,支持他论点的主要根据便是他所谓的"文化滞后"理论。

　　诺埃尔·巴纳德教授所说的"文化滞后"理论,指的是文化传播过程中传播主体、传播中介和传播受体三者之间的关系。某些文化因素从传播主体出发,经中介地区传播到受体,不仅文化特征会发生某些变化,而且空间上会发生位移,时间上也将经历一个过程,因此,在传播受体发现有和传播主体相似的文化因素,乃是"文化滞后"的表现,它们的实际年代可能已经很晚很晚了。这种"文化滞后"现象,何驽称为"文化因素在受体中的历史沉淀性"③,我们通常则习惯称之为文化传播过程中的"时间差"。毫无疑问,"文化滞后"现象是客观存在,"文化滞后"理论在考古学研究中对探讨文化关系、考察文化传播过程是一个有用的重要的方法。诺埃尔·巴纳德教授在论文中关于"文化滞后"概念的解说,我们是同意的。但是无论多么正确的理论方法也有一个如何正确运用的问题,如果不能将正确的理论方法与实际相结合,具体问题具体分析,而是把它当作万能的法宝到处套用,也往往容易导致错误的结论。我觉得,在对三星堆青铜器年代的断定上,诺埃尔·巴纳德教授等一派学者正是在如何正确运用"文化滞后"理论方法上出了问题。

考古学遗存之间的关系是异常复杂的,一个考古学文化是传播受体,同时也可能是传播主体,这就要求对其进行细致的文化因素分析,看一看哪些是该文化作为受体接受其他考古学文化的影响而出现的因素,哪些是该文化作为主体所固有的在一定条件下可以向外传播的因素。三星堆青铜器群的文化因素并不单纯,其中虽有尊、罍(或曰罍、瓿)等,一望便知是来自中原商文化影响的因素,但大量的以大型青铜立人像、大型青铜人面具等为代表的一些基本不见于其他文化的因素就很难说也是其他文化影响的产物。三星堆青铜器群的造型、花纹、铸造工艺技术等是否曾影响过楚文化,我们没有做过深入研究,也没有看到有这样的迹象,不敢妄言。但诺埃尔·巴纳德教授下述一系列关于三星堆青铜器与楚文化关系的论断使我们很难苟同:

三星堆器物坑出土的罍和瓿"器身上中原风格的纹饰是从南楚地区本地设计者、铸造者对中原纹饰的仿制中衍生而来的,外部轮廓呈凹曲线的高圈足亦源自楚地"(引自诺埃尔·巴纳德论文,本文注②,下同)。

"剔芯铸造的器物如青铜跪人像(K1:293)和青铜立虎(K1:62)

显示了与南方铜鼓文化和楚文化在铸造技术上的相似之处"。

三星堆无身铜头像眼球隆起和"将上下眼睑位置颠倒的表现手法无疑构成了一个不寻常的特征","但是更为重要的是,在楚帛画中的十二神话动物轮廓图中也存在着倒置的眼睛与隆起的眼球的结合","基于这个观察,我认为广汉铜器上眼球隆起,上下眼睑倒置"这一现象的艺术根源应向东方寻找,"楚帛画中神话动物眼睛的表现形式影响到了巴蜀工匠对青铜铸像眼睛的设计"。

方颐下颌"构成了青铜头像独特的造型风格"。"古代楚国出土的木俑(用于镇墓、避邪)中常见其下颌呈方形者","在楚帛画中,十二神话动物图中有五幅像的下颌是方形或近似方形,整个面部轮廓也因此使人感到是方形的","它说明这类艺术表现形式是由楚地向巴蜀地区传播,对三星堆青铜头像的制作风格产生了直接影响"。

"寻找中国境内汉代以前人物造型中眼睛外凸的考古实物最重要的地区应是楚文化的分布地区。图十四列举的木雕(和石雕)人像眼球向外突出,三星堆头像的柱状凸眼可能就是将这种突状眼球向外延伸成圆柱状,以强调圆形眼睛(或眼球)的夸张"。

"通过本文第二节对三星堆出土器物的描述和与楚文化有关器物的比较,可以发现三星堆文化与繁荣于公元前 500—前 400 年间的楚文化有着密切的联系","三星堆青铜器最生动地并非意外地证明了其制作者对楚国文化因素的借用"。

这一系列论断的核心和最后的结论是:楚文化影响了三星堆青铜器群,三星堆青铜器群是楚文化影响的产物。

正如诺埃尔·巴纳德教授正确指出的,楚文化是繁荣于公元前 500—前 400 年间。如果上述论断准确无误,可以成立,那么再考虑到文化传播过程中的时间和空间因素导致的"文化滞后"现象,三星堆青铜器群的年代当然就不会早到西周,更不会早到商代,而只能是在春秋甚至更晚了。

撇开与以上论断有关的具体学术见解的正确与否不谈,应该说这一论证的逻辑过程是颇为严密的,无可挑剔的。但遗憾的是,他的前提错了。诺埃尔·巴纳德教授在论证这一文化传播过程之前,并没有告诉大家为什么楚文化一定早于三星堆青铜器群,为什么中原地区文化一定是传播主体,楚文化一定是传播中介,三星堆青铜器群为代表的三星堆文化一定是传播受体。实际上,三星堆青铜器群的具体年代虽有争论,但早于楚文化在学术界已是不争的事实,在这里我们已没有必要再来加以论证。看来,诺埃尔·巴纳德教授对围绕三星堆青铜器群讨论的进展情况并没有真正掌握,在思想深处似乎也受到中国文化和文明起源问题上中原中心论的影响,认为所谓荒蛮服地的文化总比中原地区或靠近中原地区的文化落后。前提既然靠不住,当然再严密的逻辑也不能推导出符合实际的正确结论。因此,研究文化关系,考察文化传播过程,首先要弄清楚诸相关文化之间的时间早晚次序,明确何者是传播主体,何者是传播中介,何者是传播受体。只有如此,才能真正揭示其相互关系的实质。

相邻考古学文化之间文化因素的传播是可以直接进行的,但在相隔遥远中间尚分布着其他考古学文化时,不同考古学文化之间文化因素的传播,就必须通过中介地区。这就是说,在没有确定传播中介、没有找到传播路线的情况下,将相隔遥远的不同考古学文化之间的某些因素进行类比,作为一种猜想也许无可厚非,但由此要作出某种结论便只能引起混乱,毫无科学意义。遗憾的是,诺埃尔·巴纳德教授在认定三星堆青铜器群只是三星堆文化被动接受其他文化传播的产物的前提下,在对某些器物例如青铜车轮形器从中国本土找不到渊源的情况下,尽管也担心"这种研究方法可能不会完全为人们所接受",但为了证明表现在三星堆青铜器上的"文化滞后"现象,毅然将目光投向了遥远的中东,大胆地作出了"三星堆青铜'车轮'显然就是一种外来文化的产物,或许可以在公元前第一千年中期古代中东曾一度向西繁荣的某种文化中找到其文化的源头"的论断。从中东到中国成都平原,究竟是怎样的一种地理环境,其间分布有哪些不同的考古学文化,走什么样的传播路线,在两地之间有没有发现可以将两者联系起来的物证,这些他全然不顾,而仅从形似一点出发便浮想联翩。其实,三星堆发现的青铜"车轮"形器从一开始就有争论,是不是车轮还大成问题。美国学者埃玛·邦克即是否定说的代表之一,她在自己的论文中同意童恩正教授对车轮形器不可能真正用作车轮的分析,明确表示对三星堆车轮形器"必定要作出其他的解释,或许是某种崇拜象征"①。诺埃尔·巴纳德教授在论文中摘引了埃玛·邦克的观点,并表示"就其提到的功能而言,我是十分赞成的",但接着却又说"目前的当务之急是在古代蜀地范围以外寻找产生制造这种器物的灵感"。既然连青铜车轮形器是否真是车轮,其真正的功能究竟是什么,都还不能肯定,怎么可以从遥远的中东公元前第一千年中期出现的车子图像上寻找创作的灵感呢? 在这里,不同类不能比的原则显然已经不起作用了。

　　文化传播是文化的功能之一,无时无刻不在发生。文化传播不是单向的,而是相互进行的。就文化传播的表现形式而言,可以分为渐进的浸润式的传播模式和急进的暴风骤雨式的传播模式。渐进的浸润式的传播模式一般来说是自然而然发生的,在相邻文化之间这种文化因素的传播可能比较容易,会在较短时间内实现。在相距较远且其他文化阻隔的情况下,这种传播就较费周折,往往需要较长的时间。在漫长的传播过程中,来自传播源的因素,有些因不符传播中介地区和传播受体文化的需要逐渐被淘汰,有些因适应当地的要求不断改变着自己的面貌,另一些则以自己本来的面貌积淀下来并融入传播受体之中而成为其有机组成部分绵延下去。例如,最早产生于良渚文化之中的玉琮,逐步被中原文化接受以后,一直到东周才渐渐消失。又如,最早见于关中地区西周早期墓的柳叶形铜剑,传播到成都平原及邻近地区以后,一直到战国时期仍然流行,成为巴蜀文化重要特征之一。即使在三星堆器物坑中也可以看到这种情况,大家知道牙璋最早出现于龙山文化,夏代和商初臻于繁荣,但在中原地区至商代晚期已基本消失,而在这里却仍然是最重要的礼器之一。文化传播中的"文化滞后"现象在这些地方表现得异常鲜明。

　　急进的暴风雨式的传播模式与渐进的浸润式的传播模式不同,

它往往是传播主体因其某种明确的目的采取政治的、军事的手段向外扩张引发的。其特点是：速度快，时间短，来自传播源的文化因素的面貌基本保持不变，极易与传播受体文化因素相区分。通过这种模式实现的传播，尽管空间上也曾发生移位，时间上也有一个传播过程，但在传播主体和传播受体发现的相同或相似的文化因素之间却很难截然区分其早晚，"文化滞后"现象在这里可以说是基本上看不到的。我们知道，商代早期是商王国最为强大的时期，与此相适应，作为早商文化的二里岗文化向外的传播也最远、最为强烈。从考古发现来看，往北它一度突袭到河北宣化盆地壶流河流域夏家店下层文化分布区和内蒙古河套地区朱开沟文化的分布区，往西其分布范围直推进到关中平原，往东直推进到淄、弥河流域，往南则到达了长江沿岸，在其涵盖范围内并以郑州亳都为中心先后建立了尸乡沟商城、垣曲商城、东下冯商城和盘龙城商城等军事重镇与军事堡垒。但时间不长，至殷墟一期，以上许多地方商文化因素便因商王朝的中衰而急剧衰落，甚至难以寻觅了。可见商文化向这些地方的传播和在这些地方的大起大落都是在很短的时间内发生的。西周初年的分封和与之相适应的西周早期文化的向外传播可能更说明问题。根据文献记载，西周武、成时期为巩固新兴的政权、镇抚殷遗及其同伙的反抗，曾先后分封了许多同姓和异姓诸侯国，像东方的齐、鲁，北方的燕、晋，都是这些封国中的佼佼者。这些封国所在的地区，在商代有的是商文化分布区，有的是商之与国甚至商之敌国文化分布区，根本不见周（先周）文化的踪影。那么，考古学上得到公认的，在这些地区出现最早的西周文化，自然是因周王室大封功臣子弟由宗周带来的。它们是刚刚建立的西周王朝向外军事殖民的产物，而不是周文化对外自然而然浸润式传播的结果。在这些地区出现的文化突变，据文献明确记载都是在短短几年内完成的，所以我们就很难援引"文化滞后"理论，将这些地区发现的与宗周相同或相似的西周早期文化的年代成几十年、甚至几百年地向后推延了。

在三星堆青铜器群中，大量的器物是过去我们没有见到过的，但罍和瓿却是我们熟悉的,它们从形制到花纹都与商文化中的同类器十分相似,具有浓厚的商式作风,不过细审其造型和纹饰,仍有不同于商文化之处。有学者认为他们是在当地铸造的,我们同意这个观点。但要特别强调的是,它们模仿的原型应该是当时流行的商式器物,而不是如诺埃尔·巴纳德教授所说的西周时期在湖北铸造的。除此之外,在三星堆青铜器群中,我们就很难找到可资与周邻同期文化相比较的器物了。那么,在此情况下,发掘者依据器物标型学原理,通过将三星堆青铜罍、瓿与商文化同类器物比较研究,推定其年代应在商代,便是情理中事,没有不妥之处。从考古发现来看,早商文化向西已推进到华山脚下,从早商到晚商并一直强烈影响到陕南汉水上游的城固地区,当地发现的一大批从二里岗上层到殷墟晚期的商式铜器即是证明。通过对城固地区出土的商时期铜器和陶器的整体面貌分析,其和南面以成都平原为中心的三星堆文化应更有着密切的关系。有学者推测城固地区商时期文化可能是三星堆文化的一个地域类型,不是没有道理的。学者们多倾向认为三星堆文化是早期蜀文化,而且三星堆古城址是早期蜀国都城遗址。蜀国的"蜀"字,不仅出现于周原周初甲骨文,也出现于从商王武丁至帝乙、帝辛时期的商代晚期甲骨文,商代甲骨文中且有商王卜问"至蜀"、"伐蜀"、"在蜀"的内容,可见商至周初,商、周王朝均曾与其有过不少的交往。商王朝既与早期的蜀国有政治、军事的接触,商文化的一些因素在较短的时间内迅速传播到三星堆文化腹心地区,并为三星堆文化所接受改造,铸造出像罍、瓿一类具有浓厚商式作风的器物便极易理解,而像诺埃尔·巴纳德教授那样援引"文化滞后"理论,将这一过程的完成向后推迟几百年,将三星堆青铜器的年代定为春秋早、中期,就很难令人信服了。

　　通过以上分析可以看出,援引"文化滞后"理论,将三星堆青铜器的年代从商代推后到春秋是缺乏科学根据的。文化的传播,可以有渐进的浸润式的传播模式,也可以有急进的暴风雨式的传播模式,实际情况究竟如何,关键是要具体问题具体分析。只有如此,我们才能从纷繁复杂、千变万化的现象中找出规律,抓到实质,得出正确的结论。

注释

① 四川省文物管理委员会等:《广汉三星堆遗址一号祭祀坑发掘简报》,《文物》1989 年 10 期;《广汉三星堆遗址二号祭祀坑发掘简报》,《文物》1989 年 5 期。

②④ 诺埃尔·巴纳德:《对广汉埋藏坑青铜器及其他器物之意义的初步认识》,《南方民族考古》第五辑,1992 年。

③ 何驽:《考古学文化因素分析法与文化因素传播模式论》,《考古与文物》1990 年 6 期。

（《四川考古论文集》1997 年;又见《中国青铜文化结构体系研究》,科学出版社,1998 年）

关于早期夏文化

—— 从夏商周王朝更迭与考古学文化变迁的关系谈起

　　夏商周三代是中国古代文明形成与发展的重要时期,研究其建立与更迭过程及其与考古学文化变迁的关系,对于深入认识三代文明的特质具有重要意义。

　　根据史籍记载,夏、商、周三个王朝建立的模式是不同的。

　　关于夏朝的建立,司马迁在《史记·夏本纪》中是这样记述的:

> 十年,帝禹东巡狩,至于会稽而崩。以天下授益。三年之丧毕,益让帝禹之子启,而避居箕山之阳。禹子启贤,天下属意焉。及禹崩,虽授益,益之佐禹日浅,天下未恰。故诸侯皆去益而朝启……于是启遂即天子之位,是为夏后帝启。

　　由这段记载不难看出,传说中的尧、舜、禹时代还处在部落联盟阶段。部落联盟首长职位的更迭,采用的还是"选贤与能"的禅让制。按照常规,禹本是把部落联盟首长职位传给了东方部落的益,只是因为参加联盟的部落诸侯拥戴禹的儿子启,启才继承父位,建立了夏朝。尽管《古本竹书纪年》对此有不同说法,认为启是强行继位,"益干启位,启杀之"。但不论哪种观点,都不能抹杀这样的事实,即启的继位结束了部落联盟首长职位的禅让制,开始了王权的父死子继或兄终弟及制,从而导致了部落联盟的解体和新型王国的诞生。这一重大变化无论采取和平方式还是武力方式,都是在原来部落联盟内部实现的,并非异族入侵的结果。

　　如果司马迁《史记·夏本纪》等史籍的记载不违事实,那么,夏王朝的建立便只能看作是社会历史自然发展的必然。这种政治事件固然不排除后来历代改朝换代时常有的"易服色"、"改正朔"等涉及某些礼仪制度的改变,但毕竟仅限于上层少数人,范围不大,不可能造成广大民众生活的巨大变化。而作为特定人们群体生产、生活等各种活动的物质遗留的考古学文化,当然也不大可能突然中断、发生突变。夏王朝的建立,不会在"夏"文化和作为其渊源的"先夏"文化之间划出明显的界限。

相比之下,商王朝的建立却是另一种情形。商族原居豫北冀南,夏族本在豫西晋南,二者的地域不同,族系亦别。夏代末年国势渐衰,商族则日益强盛,遂生代夏之心。《孟子·滕文公》云:"汤始征,自葛始,十一征而无敌于天下。"《诗经·商颂·长发》写汤伐桀之进军路线是"韦、顾既伐,昆吾、夏桀"。显然,夏、商王朝的更迭,商王朝的建立是"枪杆子里面出政权",是一个部族大规模武力征伐另一个部族的结果。其震动之大、变化之快,必然会在考古学文化上强烈地反映出来。

由武王伐纣带来的商、周政权的更迭,十分类似夏、商王朝的废兴,周王朝的建立,也是大规模武力征伐的结果。

《史记·周本纪》详细、生动地记述了这一惨烈的过程:

> 武王即位,太公望为师,周公旦为辅,召公、毕公之徒左右王,师修文王绪业。

> 九年,武王上祭于毕。东观兵,至于盟津。……诸侯不期而会盟津者八百诸侯。……居二年……遂率戎车三百乘,虎贲三千人,甲士四万五千人,以东伐纣。十一年十二月戊午,师毕渡盟津,诸侯咸会。……(第二年)二月甲子昧爽,武王朝至于商郊牧野,乃誓。武王左杖黄钺,右秉白旄,以麾。……誓已,诸侯兵会者车四千乘,陈师牧野。

> 帝纣闻武王来,亦发兵七十万人拒武王。武王使师尚父与百夫致师,以大卒驰帝纣师。纣师虽众,皆无战之心,心欲武王亟入。纣师皆倒兵以战,以开武王。武王驰之,纣

兵皆崩畔纣。纣走,反入登于鹿台之上,蒙衣其珠玉,自燔
于火而死。

西周王朝建立的过程,虽如同汤伐桀建立商朝一样,是异族入
侵,是经过激烈的大规模的战斗而实现,但细细分析起来,两者之间
在大同之中还有小异。汤伐桀灭夏之后,商族全部、彻底地占据了夏
族原来居住的地区,商汤所建的国都——亳,无论是指考古上发现的
郑州商城还是偃师商城,均在原来夏族统治的中心。而武王伐纣灭
商之后,却"罢兵西归",仍将统治中枢安在偏远的镐京。为控制新夺
得的庞大的国土,武王和成王虽也曾营建东都成周,实行封邦建国,
"以藩屏周",但毕竟不同于商王对夏遗民直接的统治。商、周政权更
迭和夏、商政权更迭之间这种大同之间的小异,不能不在各自的考古
学文化变迁上打上不同的烙印。

综合以上分析,我们认为,夏王朝的建立是发生在本部落联盟内
部,虽也有小的武力冲突,但不超出本族的范围。而商和西周王朝的
建立却是异族入侵,是通过族际间的战争实现的,但在统治方式上也
还有所区别。这种不同的政权建立和更迭模式,对于其考古学文化
变迁究竟有什么不同的影响呢?

首先,让我们来考察夏、商王朝更迭对考古学文化变迁的影响。
经过考古工作者几十年的辛勤探索,特别是 1996 年"夏商周断代工
程"启动以来对偃师二里头遗址、郑州商城遗址、偃师商城遗址新的
发掘和研究,学术界在以下几个重要问题上已基本取得共识:第一,
以偃师二里头遗址一、二、三、四期遗存为代表的二里头文化是夏文
化。第二,分布在豫北冀南以河北磁县下七垣遗址为代表的一类遗
存,是与夏文化基本同时的先商文化。第三,以郑州二里岗遗址为代
表的二里岗文化是早商文化,郑州商城与偃师商城基本同时或略有
先后,均是早商都邑遗址。郑州商城宫殿区的始建和偃师商城小城
的始建可以作为夏、商分界的界标。

以上述论断为依据,比较二里头文化、下七垣文化、二里岗文化
三者之间的关系可以看出,作为夏文化的二里头文化主要分布于豫

西晋南一带,作为先商文化的下七垣文化主要分布于豫北冀南地区,两者以沁河为界,分处东西,虽存在文化交往,但面貌基本不同,是两支各自独立的考古学文化。

作为先商文化的下七垣文化和作为早商文化的二里岗文化,两者虽有一定的内在文化传承关系,例如均以鬲、甗为主要炊器,反映出基本的生活习俗没有改变。但从总体来看,两者之间的文化构成因素还是发生了重大变化。尤其是文化分布的地域,二里岗文化已大大超过了下七垣文化分布的范围,覆盖了包括下七垣文化、二里头文化在内的更为广大的区域,两者应是存在文化蝉联关系的不同的考古学文化。

至于作为夏文化的二里头文化和作为早商文化的二里岗文化之间,多处地点包括郑州商城宫殿区在内,均发现了两者在层位上的地层叠压关系,表明二者在时间上一早一晚,紧相衔接。在文化内涵上,二里岗早商文化确也从二里头夏文化吸收了诸如铸铜、琢玉技术等先进因素,但整体面貌大不相同,很难认为二里岗早商文化是二里头夏文化的自然延续。

显然,无论是从下七垣先商文化到二里岗早商文化,还是从二里头夏文化到二里岗早商文化,都出现了文化中断现象,产生了文化性质上的突变。出现这种夏文化急剧衰亡、先商文化飞速膨胀转化为早商文化并取代夏文化的原因,只能是实现夏、商王朝更迭的大规模战争行为。正是从汤开始的十一征到夏桀被推翻的激烈战争,才造成了如此空前的文化突变。二里头遗址是夏王朝最后一位国王夏桀的都城所在地,偃师商城是汤灭夏后最早建立的商城之一,相距仅十多华里,两者一兴一废,其间反映的文化变迁之剧烈,给人留下了深刻的印象。

商、周政权的更迭如同夏、商政权的更迭一样,也是通过大规模战争实现的。但分析其对考古学文化变迁的影响,却不像夏、商政权更迭对考古学文化变迁影响之强烈。

河南安阳小屯殷墟,是"盘庚迁殷至纣之灭二百七十三年更不徙都"的商后期国都遗址,从1928年至今已进行了半个世纪以上的考古工作,其文化面貌早已为大家所熟知。引起大家关注的是,在殷墟迄今尚未发现西周早期的遗存。有人认为,殷墟文化第四期偏晚遗存的绝对年代有可能已进入西周纪年。如果事实的确如此,则表明武王灭商,商都并未被毁,《史记·殷本纪》所云武王"释箕子之囚,封比干之墓,表商容之闾。封纣子武庚禄父,以续殷祀"是确有其事。即使武王死后,武庚叛乱被诛,成王也只是砍了武庚的头,另封微子启于宋,以续殷后,对商都未"扫穴犁庭",也未派周人武装彻底占领。这应该是殷墟范围内迄今没有发现西周早期周人遗存的根本原因。

在其他地点,除了叔虞所封的晋,通过天马—曲村遗址的发掘,证明晋文化是西周文化的有机组成部分之外,成王在洛阳兴建的东都成周,召公封燕的北京房山燕都,康叔所封的淇县卫都,周公之子所封的邢台邢都等,却是另一种情形,与殷墟颇有某些相似之处。考古资料显示,在发现的贵族墓地中,虽可以分辨出代表典型周人礼制和习俗的因素,但居址和手工业作坊遗址中占主导地位的则是由商代延续下来的代表商人习俗的因素或当地土著的因素。代表周人的西周宗周文化在这些封国中,并不像商灭夏后代表商人的早商文化彻底排斥夏文化、到处居于统治地位那样,而是星星点点,与后商文化因素及其他土著文化因素共处一域,看不出占有特别突出的地位。这种文化格局是怎样形成的? 我认为,一方面可能是灭商前先周文化发展水平远低于商文化发展水平,但更为重要的,恐怕是与灭商后周人未将统治中心直接建在殷人的腹心地区有关。夏商王朝更迭和商周王朝更迭,都是通过异族入侵和大规模战争而实现的,但政权建立后,推行了不同的统治方略,却对考古学文化变迁产生了不同的影响,这是很值得细细玩味的。

由汤代桀、武王伐纣引发的夏商王朝和商周王朝更迭对考古学文化带来的不同影响,对于我们认识夏王朝建立与考古学文化变迁的关系将十分有益。二里头文化一、二、三、四期遗存是夏文化,二里头遗址可能是夏桀的都城遗址,现已成为学术界多数人的共识。但二里头一期文化是否是最早的夏文化，学术界仍存在争论。过去我曾提出，二里头文化是"后羿代夏"、"少康中兴"后形成的夏文化，以临汝煤山二期为代表的河南龙山文化晚期遗存有可能是早期夏文化。现在重新予以审视，这种看法似乎仍有一些道理。

考古发现的层位关系证明，二里头一期遗存常常叠压在河南龙山文化遗存之上，二者在时间上紧密相接，其间不可能再有什么缺环。但比较它们的文化面貌，却有着明显的区别，这一点许多人都有觉察，我们在文章中也有具体的罗列。事实情况是：从河南龙山文化到二里头文化出现过文化中断现象，产生过突变。二里头文化不是河南龙山文化的自然延续，河南龙山文化也不是形成二里头文化的全部来源。

考古学文化演进过程中产生的这种文化突变现象，原因可能很多，但从夏商王朝更迭、商周王朝更迭对考古学文化变迁带来的影响来看，恐怕只有大规模的战争、部族迁徙等重大社会变动才能如此。而正如前面我们曾经指出的，根据《史记·夏本纪》等史籍记载，夏王朝的建立是社会历史发展的必然，是部落联盟首领职位由禅让制过渡为世袭制实现的，即使曾经发生过矛盾和斗争，也是本族内部的事情，没有出现过大规模的异族入侵和战争。因此从这一角度分析，由河南龙山文化到二里头文化之间发生的文化突变，不会是夏王朝建立引发的结果。而更大可能则是我们曾经主张的是由"后羿代夏"这一夏初历史上最重大的政治事件所引起，二里头文化不是最早的夏文化。

否定了二里头文化是早期夏文化，唯一的可能就只有从河南龙山文化中去寻找了。河南龙山文化从早到晚一脉相承，以划分考古学文化的标准，我们很难将河南龙山文化一刀两断，像区分二里头夏文化与二里岗早商文化、商文化与西周文化，甚至下七垣先商文化与二里岗早商文化那样，将其区分为两个不同的考古学文化。但河南龙山文化在发展过程中，确实不断出现了许多新事物，聚落分级趋势愈演愈烈，冶金术逐步得到推广，大型显贵墓葬和设防的城市不断涌现,每一位研究者都强烈地感到,龙山时代正处于社会重大变动时期。在这里我们不能不重视在众多新现象中,位于登封告城镇王城岗龙山城堡的发现,这座城堡在同时代出现的城堡中的确不能算大,但其所处的地理位置十分重要,因为这正是先秦古籍中"禹居阳城"的所在地,而且恰恰就在其东不远处发现了战国时期的阳城城址。过去安金槐先生首倡王城岗龙山城堡"禹都阳城"说,不少人以该城面积太小、时代过早而加以否定。不过细细研究有关文献记载,说的都是"禹居阳城"、"禹都阳城"、禹避商均于阳城,还没有一处是说"禹筑阳城"。因此,我们不能排除禹受舜禅之前阳城已经存在的可能。如果允许作这种推测,那么,将王城岗古城使用期的晚期遗存作为最早的夏文化便不无道理。作出这一推论,从夏王朝的建立与考古学文化变迁的关系角度考虑,可能是更符合实际情况的。

(原载北京大学古代文明研究中心编《古代文明研究通讯》总第二期,1999 年 8 月。正式刊于《中原文物》2000 年 1 期;又见《文明探源与三代考古论集》,文物出版社,2011 年)

考古学文化的互动

- 考古学文化互动关系研究

考古学文化互动关系研究

搞考古研究,应该树立一个基本观念,那就是:考古学文化的本质是运动的[①]。考古调查、发掘所发现的所有遗迹、遗物乃至遗迹现象,你看着它是死的、静止的,其实它都是人们当时所从事的各种活动遗留下来的,是当时人们所从事的各种活动的物证,是当时人们所从事的各种活动的记录。

作为特定的时间、特定的地域内具有共同特征的遗迹、遗物的总和所构成的考古学文化,不是突然出现的,也不是孤立存在的,它既有自己的先行文化,也有自己的后续文化;在它存在的时间内,周围也往往会有其他的考古学文化。因此,在其产生、发展直至衰亡的过程中,同其他的考古学文化发生互动关系是司空见惯的,并无什么奇特之处。

一般来说,考古学文化是和特定的人们共同体相对应的,考古学文化之间的互动关系,其实反映的就是人们共同体之间的互动关系。开展考古学文化互动关系研究,实际上就是通过考古发现的遗迹、遗物乃至遗迹现象探讨当时人们共同体之间的互动关系。这里所说的人们共同体,相当于中国古代文献中记述的有着一定血缘关系,具有共同的生产、生活方式和共同的信仰、风俗的古族。因此,考古学文化互动关系研究也可以说是通过考古遗存去开展古代族与族关系即族际关系的研究。

考古学文化之间存在互动关系,很早就有学者注意到了。就我们国家来说,可以说从以野外调查、发掘为特征的现代考古学传入开始,便不断为学者们所注意。1921 年,安特生发掘河南渑池仰韶村遗址,1923 年出版《中华远古之文化》一书②,通过仰韶彩陶与东南欧和中亚的特里波里及安诺彩陶的比较,认为两地彩陶图形相似之处颇多,遂首倡仰韶文化彩陶西来说。此后,不同意此观点的裴文中等中国学者则根据自己的分析提出仰韶文化西渐说,以与西来说相抗衡③。1928 年,中央研究院史语所考古组开始发掘殷墟,从 1928 年至1937 年共进行了 15 次发掘。主持发掘的考古组组长李济博士在他所发表的研究殷墟陶器、石器、青铜器乃至版筑技术的论文中④,凡涉及其来源时,几乎都谈到了殷商文化与其他文化的关系问题。1931年参加过安阳后岗、山东历城城子崖发掘并主编《城子崖》考古报告的梁思永先生于 1939 年发表《龙山文化——中国文明的史前期之一》论文⑤,将以黑灰陶为特征的"龙山"文化分为山东沿海区、豫北区和杭州湾区,在谈到山东沿海区即现在我们所指的典型龙山文化区出土的少量拍印纹陶片时,即指出"像是从豫北传入的"。在谈到"地理上处在山东沿海区与豫北区之间的城子崖时"即指出其"有着一批似乎是文化接壤地区所生成的陶器",在谈到地理位置上处在山东沿海区、豫北区和杭州湾区"三角地带之中"的豫东永城和安徽寿县一些遗址时,即指出"这个位置也在陶器上反映出来,豫北陶器的印纹饰、杭州湾陶器的圜底和圈足、山东沿海区陶器实足的众多,在这里都有显著的遗存"。1951 年,夏鼐先生对早年安特生发掘的渑池仰韶村遗址重新作了发掘⑥,在分析其文化内涵之后,提出了仰韶村遗址所代表的仰韶文化是"混合文化"的论点,认为是以黑陶为特征的山东龙山文化向西发展,以彩陶为特征的主要分布于陕西和河南西部的仰韶文化向东发展在此发生碰撞产生混合的结果。以上所引各位先生关于考古学文化关系的具体论述,限于当时的学术背景和条件,容或有不确切之处甚或错误,但他们从动态的角度看待考古学文化和认为考古学文化在发展过程中会同其他文化发生某种互动关系的思想还是弥足珍贵、值得肯定的。

考古研究中,注意考古学文化之间的互动关系,将其作为重要课题研究并取得较好成果则是较后的事情。

1965年苏秉琦先生发表《关于仰韶文化的若干问题》一文⑦,在共十个小节中,以第九节整个一节的篇幅专门探讨了仰韶文化与周邻其他原始文化的互动关系。他认为仰韶文化向西边的传播从早到晚一直处于主导地位;对东边和南边,前期看不出哪一方对另一方的影响更多一些,文化面貌差异比较大;而在它的后期,则显然是东边的大汶口文化、南边的屈家岭文化对中原的影响更大一些。而考古学文化上表现出来的这种进退消长则是原始社会晚期中原与周边诸族族际关系的反映。

1968年张光直以英文写成《古代中国考古学》(*The Archaeology of Ancient China*)出版,其中的第五章《中国相互作用圈与文明的形成》1989年译成中文刊于《庆祝苏秉琦考古五十五年论文集》⑧。张光直认为,自公元前4000年左右开始,有土著起源和自己特色的几个区域性文化,由于彼此影响和碰撞相互连锁成为一个更大的相互作用圈,这个作用圈不仅形成了历史时期的中国的地理核心,而且这个圈内所有的区域文化都在中国古代文明的形成中扮演了一定的角色。在这里,张光直不仅在更广阔的地域范围内探讨了新石器时代各区域文化的互动关系,而且明确指出了文化之间互动关系的发展与文明产生的内在联系,这已经由考古学文化互动关系的个案研究上升到理论探讨的层面了。

进入八九十年代,考古学文化互动关系研究已成为大家普遍关注的热点问题,苏秉琦先生在燕山南北长城地带考古、晋文化考古、环渤海考古等区域考古和专题考古会议上的讲话⑨、邹衡⑩、俞伟超⑪、张忠培⑫、严文明⑬、任式楠⑭等先生在自己的论著中均有涉及,陈星灿《文化变迁的历史考察》⑮、高蒙河的《试论“漩涡地带”的考古学文化研究》⑯更是具有理论色彩的探讨。而就考古学文化互动关系的个案研究来说,严文明先生的《碰撞与征服》一文,堪称研究大汶口文化和良渚文化互动关系的杰作。该问题的提出,缘于江苏新沂花厅墓地的发掘。该墓地分为南、北两区,南区23座墓葬,均属于大汶口文化;北区62座墓葬,有的时代和南区相当,有的则略晚,相当于大汶口文化晚期前段和良渚文化早期,文化内涵除有少量大汶口文化因素,占较大比例的则是良渚文化的因素,应属良渚文化。南区墓葬虽有规模大小之别,但悬殊不大;北区墓葬分别明显,其中 10 座大型墓葬中,8 座带有殉人,有意思的是,两处文化性质完全不同的墓地,相距仅 600 米。严文明先生对造成这种情况的原因逐一进行分析,在排除了同一部族内部阶级对抗、不同文化居民之间因贸易或相互馈赠而出现的交流影响等可能之后,以丰富的论据和严密的逻辑论证得出了令人信服的结论,此乃两个文化发生激烈碰撞的结果,良渚文化的一支武装力量北上远征,打败原住花厅村的大汶口文化居民并进行占领,作战中自己一方阵亡的战士不可能运回老家,只有就地安葬。他们不用大汶口文化居民原有的墓地(南区),而在其北约 600 米的北区另设墓地。为了缅怀这些在异乡战死的英雄,特地给他们随葬了最能反映本族特色的玉器和陶器等物品,同时也随葬一些原属大汶口文化的战利品,甚至把敌方未能逃走的妇女儿童同猪狗一起埋葬!

在我自己发表的论文中,例如载入《中国青铜文化结构体系研究》[17]一书的《论造律台类型》、《二里头类型的文化性质与族属问题》、《东下冯类型的初步分析》、《夏文化与先商文化关系探讨》、《论夏家店下层文化》、《张家园上层类型若干问题研究》、《试论吴城文化》、《城固铜器群与早期蜀文化》等多多少少也都涉及了考古学文化互动关系的研究。而《从对三星堆青铜器年代的不同认识谈到如何正确理解和运用"文化滞后"理论》一文则是专门讨论文化互动关系中的文化传播问题的。

根据考古学文化互动关系研究的实践,我们可以得出哪些具有一定理论色彩的认识呢? 我认为至少可以归纳出以下几点:

一、考古学文化不是孤立存在的,考古学文化之间的关系是互动的关系。其间的互动,可能会有快慢、强弱之别,主动、被动之别,而不存在一方动一方不动或井水不犯河水、互不相涉的情况。特定的考古学文化常常与特定的人们共同体或曰族团相对应。一个特定的人们共同体,一个特定的族团,为了维持自己的生存,在对外攫取生产与生活资源拓展生存空间的过程中，难免会同周邻的人们共同体、周邻的族团发生这样那样的冲突。强势族团往往借助自己强大的实力在此过程中推行自己的文化，弱势族团除为了自身的需要接受外来文化，一般总要尽力抗拒外来势力包括外来文化的侵入，用各种方法维系自己的传统。它们之间没有真空地带，作为反映它们各种活动遗迹的考古学文化之间当然也不会有什么真空地带。研究考古学文化之间的互动关系，既要从强势文化一方，也要从弱势文化一方各不相同的角度去观察问题。

二、考古学文化之间的互动，从强势文化来说，可能发生对弱势文化的同化甚至替代，这往往由强势文化目的明确的扩张行为造成。但也有以强势文化为主导的两者之间的融合，导致一种新的文化相的出现，这往往是强势文化在两者交往中对弱势文化无意识的影响的结果。前者是急风暴雨式的，在较短时间内可以完成的，由"汤革夏命"而引发的夏、商文化的更递，"武王伐纣"而引发的商、周文化的更递即是如此。后者是浸润式的，需要较长的时间才能实现的，仰韶文化西渐形成石岭下类型，石岭下类型再逐步发展形成马家窑文化的过程，可以认为是这种模式的最好的证明。

三、考古学文化之间的互动，从弱势文化来说，对强势文化的同化替代政策是抵抗的、全面抵制的。但在同强势文化和平交往中，对强势文化自然产生的并无明确政治军事目的影响，则采取分别对待的态度，不符合自己需要的不予接受，符合自己需要的则往往主动吸收或加以改进成为自己文化的一部分。大家知道，玉琮本来是良渚文化盛行的礼器，但在千里之遥的中原龙山文化乃至远在西北的齐家文化中都有发现，只是形制略有不同；牙璋本来最早出现于山东龙山文化，但远在南海之滨的香港甚至越南都有发现，只是时代要晚。这种现象显然是文化传播受体根据自己的需要精心选择的结果。

四、考古学文化之间的互动，在势均力敌的各文化向同一地区实行扩张的情况下，往往会形成一个多文化的交汇区。在这个多文化交汇区里，各种文化因素的融合和发展往往会形成一个有自己特点的新的文化区块,既与甲文化有联系,又与乙、丙、丁……诸文化有联系,但又不完全等同于甲、乙、丙、丁……诸文化。分布于豫东、鲁西南、皖西北的造律台类型文化遗存很可能就是这样一个由多种文化因素融合而成的一个新文化。我在《论造律台类型》一文中[18],将其所含文化因素分为甲、乙、丙三组,指出甲组因素"包括造律台类型多见,周围其他文化稍少见以及造律台类型虽不多见但周围其他文化更少见或基本不见的器物";乙组因素"包括王湾三期文化多见,后岗二期文化、造律台类型少见,龙山文化更少见或基本不见的器物";丙组因素"包括造律台类型和龙山文化多见而王湾三期文化、后岗二期文化较少见,以及龙山文化多见、造律台类型少见、王湾三期文化和后岗二期文化更少见或基本不见的器物"。认为"包括与周围其他文化相似的因素,正是造律台类型的重要特征之一"。正是由当地大汶口文化直接发展下来的因素与王湾三期文化,后岗二期文化等外来因素的相互融合,形成了独具特征的造律台类型。

五、考古学文化之间的互动,往往通过文化传播的形式,文化传播有直接的,也有通过传播中介间接实现的。直接的文化传播,一般来说,会保留较多原有文化的面貌,而通过传播中介实现的传播,则往往会经过传播中介的筛选和改造,原有的文化因素不仅在数量上会有很大的减少,在面貌上也会因经过改造而与前大异其趣了。由内蒙古文物考古研究所研究员田广金主持发掘并被研究论证确认的朱开沟文化[19],是广泛分布于内蒙古中、南部的一支土生土长的早期青铜文化,一共分为连续发展的五段。到第五段时,却突然出现了包含有商式器物的灰坑和随葬商式器物的墓葬,灰坑 H5028 出土有典型商代二里岗上层时期的青铜鼎、爵礼器残片和戈、刀、镞等青铜武器,墓葬 M1052 则随葬有典型商代二里岗上层时期流行的陶簋、陶豆和青铜戈。这显然是早商文化由晋南沿汾河谷地向北越过层层山峦直接影响朱开沟文化所致。甚至不排除有商人曾远征抵此,死后即埋于此地。通过传播中介实现的传播,可以举出吴城文化中发现的具有商文化特色的因素说明。吴城文化以江西清江吴城遗址为代表,目前在原来我们所分三期[20]的基础上,已被细分为三期七段。[21]在第一期一、二两段有相当数量的鬲、盆、豆、甗、大口尊,乃至爵、斝残片具有浓郁的早商文化作风,但细加分析又不全同。例如鬲折沿方唇、分裆、粗绳纹的特点确与郑州二里岗上层的鬲类似,但袋足下往往为空足,即使有实足根,也是又小又矮;盆的整体形制虽很相像,但却有明显的较长的颈部;豆虽为假腹但豆柄却比郑州商城见到的普遍要长,表明它们都是仿同类商式器物在当地制造而成,而非直接由远在 800 公里之外的郑州商城直接传来。根据考古发现的线索,实现这种传播的中介应该就是湖北黄陂的盘龙城[22]和江西瑞昌商代遗址[23]。实际情况可能是,以郑州商城为首都的商人为攫取铸造铜器的铜料,挥军南向至长江北岸的盘龙城建立军事据点,再沿江顺流而下至瑞昌开采铜矿,复溯赣江而上波及吴城。商文化南向的影响并未到吴城而终结,在分布于粤东闽南的浮滨文化[24]中发现的青铜戈和无阑石戈仍有商式戈的余风。通过商文化向南传播过程的考察可以看出,每经过一个中介商文化因素便要递减一些,经过中介的多少和传播的远近是和商文化因素保有的数量成反比的。

六、直接的文化传播,特别是强势文化向弱势文化的传播,在特定情况下,会导致“文化飞地”的出现。所谓“文化飞地”,是指在一个考古学文化分布范围内,存在另一个考古学文化的小区块。在这个小区块内,文化面貌与其母体文化类似,而与包围着它的考古学文化的面貌却有明显区别。这方面可以北京房山琉璃河董家林发现的西周初年始建的燕国都城为例[25]。根据考古调查和发掘可知,该城址北城墙长约 829 米,东、西城墙的北半段长约 300 米,南城墙和东、西城墙的南半段已被水冲毁,推测城址平面应为方形或长方形,是一座面积达六十多万平方米的城址,东城墙外发现有燕国国君和一般贵族及平民的墓地,迄今已发掘西周早、中期墓葬数百座,从墓葬形制、墓主人葬式及随葬品组合来看,是典型的中原系统的西周文化的特征。其主要为“召公封燕”到此开疆拓土的姬姓周人的墓葬,学术界无异议。但以董家林古城为中心 30 公里开外,考古发现上属西周早期的遗址却仍然保留着或主要保留着属于北方文化系统的张家园上层文化的特色。1995 年北京大学考古系和北京市文物研究所在城址内又作过发掘,遗址早期地层中出土的遗物甚至有相当一部分还是张家园上层文化的东西㊲。至西周中晚期,随着燕文化势力的壮大,燕文化的分布范围才逐渐扩展到 70—90 公里以外,至春秋中期,才越过燕山山脉,基本上排挤并融合了张家园上层文化。可见西周初年随着"召公封燕"而来的姬姓周人数量不会很多,他们在政治上以军事力量为后盾控制着较大的区域,但在文化上还不能在很短的时间内实现对张家园上层文化的融合、同化和替代,因而出现了我所说的"文化飞地"的现象。

当然,所谓"文化飞地"并不是真的从天上掉下来的,它也应有一定的传播路线。只是出现"文化飞地"这种情况都是在短时间内快速实现的,在传播过程中不易留下痕迹,考古学上很难发现而已!

七、直接传播和通过传播中介的间接传播,在速度上是不一样的。直接传播可以在较短的时间内实现,通过传播中介的传播则往往需要较长的时间。在直接传播情况下,由甲文化传播至其他文化中的文化因素,可以看作是与甲文化中的同类因素基本同时,但在通过传播中介看到的与传播主体中相同或相似的文化因素,之间可能会有一定的时间差,即所谓的"文化滞后"现象。发生在两个相邻考古学文化之间的直接传播,例子很多。我在《论造律台类型》一文中㊳,将其文化构成因素分为甲、乙、丙三组,指出在其中占有很大比重的乙组因素的出现,正是王湾三期文化和后冈二期文化向豫东地区直接传播影响的结果。我在《夏文化与先商文化关系探讨》一文中㊴,有一小节是专门探讨二者交往关系的,指出二者"长期毗邻错居,它们之间的关系是异常密切的",由于以二里头一类为代表的夏文化是当时中原及其邻近地区发展水平最高的一支考古学文化,其对以下七垣一类遗存为代表的先商文化的影响是主要的,但处于弱势的先商文化在主要接受夏文化影响的同时,也或多或少地给了夏文化一定的影响,尤其是在两者毗邻错居的沁水东西两岸地区更是如此。

关于通过传播中介的间接传播和由此引发的"文化滞后"现象，我在同澳大利亚学者诺埃尔·巴纳德教授讨论三星堆器物坑出土青铜器的年代的论文中②，曾有所涉及。我虽然不同意他对三星堆青铜器年代的推断，但我同意他关于"文化滞后"理论的论述，我认为"文化滞后"现象是客观存在的，"某些文化因素从传播主体出发，经中介地区传播到受体，不仅文化特征会发生某些变化，而且空间上会发生位移，时间上也将经历一个过程，因此，在传播受体发现有和传播主体相似的文化因素，乃是'文化滞后'的表现，它们的实际年代可能已经很晚了"。文中我举出玉琮和柳叶形铜剑的例子以作说明，最早产生于良渚文化之中的玉琮，逐步被中原文化接受以后，一直到东周才渐渐消失。又如，最早见于关中地区西周早期墓的柳叶形铜剑，传播到成都平原及邻近地区以后，直到战国时期仍然流行，成为巴蜀文化的重要特征之一。在这里需要提及的是，通过传播中介的传播在时间上固然有一定的时间差，表现为"文化滞后"，但很多情况是传播受体接受来自传播主体通过中介传播来的文化因素之后，稍作改造而保存延续下来，因而在时间上比一般在传播过程中产生的时间差要长得多，上面两个例子大概都属于这种情况。

八、构成考古学文化内涵的既有反映当时人们经济生活、生产技术、社会组织的遗迹和遗物，也有反映人们的风俗习惯、思想观念的遗迹和遗物。考古学文化的对外传播，一般来说，生产技术的传播又快又远。以铜器铸造技术为例，我曾请教过从事这方面研究的周卫荣先生，我问他，从划分考古文化的标准来看，像四川盆地的三星堆文化、赣江中游地区的吴城文化等，和中原地区的商文化相比，其区别一望而知，但在铜器铸造技术方面，它们之间是否也有根本的不同？他告诉我，在铜器铸造工艺技术水平上，可看出高低、精粗之别，但铸造技术方法，都是由中原地区传入的。我认为他的分析是对的，但相较而言，社会组织、风俗习惯、思想观念的东西则较为保守。虽然对外也有传播，但不像技术层面的东西传播起来那么顺畅。我想，这有传播主体方面的原因，但更主要的还是传播受体方面的原因。

我们说,传播受体接受来自传播主体传播来的因素是要经过筛选的,像技术方法这类因素,对于促进自己本身的发展有积极作用,当然乐意接受,而社会组织和风俗习惯、思想观念这些因素,有的可能不符合自身的需要,有的还可能会威胁到自己传统的延续乃至社会的稳定,当然就要竭力排斥。但也有例外,前面我们曾经谈到,最早出现于良渚文化的玉琮,向北最远已传播到中原龙山文化,向西北已传播到齐家文化,2001 年,居然在成都金沙遗址也发现了典型的良渚文化的玉琮⑩。玉琮作为沟通天地的神物,当然是观念的产物,但它能传播至数千里之外,一定是传播受体文化的居民和传播主体文化的居民在此一观念上有相通之处。再如,流行于山东大汶口文化中的🜨形刻符㉛,或其简化形式,亦见于良渚文化㉜、石家河文化㉝;🜨形符号㉞,在良渚文化㉟中亦有发现。这种刻符是不是文字,学术界还有争论,但它有某种含义是大家公认的。不用说它也是一种观念的东西,它能传播如此之远,表明它蕴含的某种思想超越了大汶口文化、良渚文化、石家河文化的界限,并在不同文化的居民中得到了一致的认同。

九、当社会的演进发展到社会开始分层的阶段,表现在考古学文化上固然仍会保持统一的面貌,但也不可避免地会出现上层和下层的分野。社会上层既处于物质财富的垄断地位,也处于精神财富的垄断地位,代表着文化发展的水平和文化发展的方向。考古学文化的传播,主要是社会上层所控制的这部分内容的传播,而作为文化传播的受体,在自己也已经出现社会分层的情况下,往往是社会的上层最乐意、最先接受来自异文化传播来的这部分因素。西周时期,分布于江苏、上海、浙江、安徽、福建部分地区的土墩墓和土墩石室墓是很有特色的一种考古遗存㊱,根据发掘可知,在一墩一墓的大型土墩或土墩石室墓中,除了随葬富有本地特色的印纹硬陶和原始瓷器,还常常发现器形和纹饰明显具有中原风格的青铜礼器,这显然是受中原文化的影响所致。较小的一墩多墓的土墩墓或土墩石室墓中,随葬品则几乎是清一色的具有本地特色的印纹硬陶和原始瓷器,较少看到中原文化影响的痕迹。能否随葬青铜器是死者身份地位的标志,尽管是在当地铸造,但其原型显然是模仿中原王朝贵族阶层一般才有的青铜礼器而来的。无独有偶,中原地区商周贵族墓葬中有时可以见到的原始瓷器,却是由南方辗转运来的贡物。有学者认为也可能是北方地区自己烧造而成,但即使如此,也是为贵族阶层所垄断,难入寻常百姓家,并且是学习、模仿了南方同期文化的技术,而非自己的创造。

十、考古学文化互动关系研究,涉及的方面很广,就研究步骤来说,我认为以下三点应予特别注意:

首先,必须确定其分期和年代,不同期的文化一般是不能进行比较、不能进行所谓互动关系的研究的;

第二,考古学文化之间的互动关系不是固定不变的,必须以发展的观点看待考古学文化之间的互动;

第三,考古学文化的构成是十分复杂的,必须在对考古学文化各自作过文化因素分析的前提下才能进行互动关系研究,这样才能看到不同文化因素的来源,从而进一步追索其不同的传播途径和不同的传播特点;

第四,在社会已发生分层的情况下,必须在其综合反映的考古学文化进行社会结构解析的基础上进行互动关系研究,这样才能更加深入地揭示其互动关系的实质。

正像我们强调的,考古学文化是特定的人们共同体从事的各种活动遗留下来的具有共同特征的遗迹、遗物的总和,考古学文化互动关系研究实际上是通过特定的人们共同体同其他人们共同体相互交往中遗留的遗迹、遗物来研究其交往的原貌,揭示其交往的内涵、形式、途径和实质,恢复其交往的历史。目前,考古学文化互动关系研究,已越来越受到大家的重视,如何认识其重要性,如何理解这种互动关系,如何开展互动关系研究,在这方面,有什么经验值得借鉴,有什么教训可以汲取,希望通过讨论在认识上有所提高,在研究实践上能再前进一步。

以上所讲,只是自己的点滴体会,不全面,不完整,甚至还会有错误。讲出来是想起个抛砖引玉的作用。

注释

① 苏秉琦：《在中国考古学会第四次年会闭幕式上的讲话》，《苏秉琦考古学论述选集》，文物出版社，1984年。

② 安特生：《中华远古之文化》，袁复礼译，北京京华印书局出版，1923年。

③ 参看李水城：《半山与马厂彩陶研究》绪论之"较量——彩陶'西来说'与'西渐说'"，北京大学出版社，1998年。

④ 这些论文可举出1930年发于《安阳发掘报告》第2期的《小屯与仰韶》、1933年发表于《安阳发掘报告》第四期的《安阳最近发掘报告及六次工作之总估计》、1933年发表于《庆祝蔡元培先生六十五岁论文集》的《殷墟铜器五种及其相关问题》、发表于1933年《国立中央研究院历史语言研究所集刊》第23本之《殷墟有刃石器图说》等。

⑤ 此文1939年以英文首刊于《第六届太平洋学术会议志》第四本，1954年译为中文，发表于《考古学报》第七册。

⑥ 夏鼐：《河南渑池的史前遗址》，《科学通报》第2卷第9期，1951年。

⑦ 苏秉琦：《关于仰韶文化的若干问题》，《考古学报》1965年1期。

⑧ 《庆祝苏秉琦考古五十五年论文集》，文物出版社，1989年。

⑨ 苏秉琦：《苏秉琦考古学论述选集》，文物出版社，1984年。

⑩ 邹衡：《夏商周考古学论文集》，文物出版社，1981年。

⑪ 俞伟超：《三星堆蜀文化与三苗文化的关系及其崇拜》，《文物》1997年5期。

⑫ 张忠培：《研究考古学文化需要探索的几个问题》，《文物与考古论集》，文物出版社，1987年。

⑬ 严文明：《碰撞与征服》，《文物天地》1990年6期；又见《史前考古论集》，科学出版社，1998年。

⑭ 任式楠：《长江黄河中下游新石器文化的交流》，《庆祝苏秉琦考古五十五年论文集》，文物出版社，1989年。

⑮ 陈星灿：《文化变迁的历史考察》，《东南文化》1989年1期。

⑯ 高蒙河：《试论"漩涡地带"的考古学文化研究》，《东南文化》1989年1期。

⑰ 李伯谦：《中国青铜文化结构体系研究》，科学出版社，1998年。

⑱ 李伯谦：《论造律台类型》，《文物》1983年4期；又见《中国青铜文化结构体系研究》，科学出版社，1998年。

⑲ 内蒙古文物考古研究所：《朱开沟——青铜时代早期遗址发掘报告》，文物出版社，2000年。

⑳ 李伯谦：《试论吴城文化》，《文物集刊》第3辑，1981年；又见《中国青铜文化结构体系研究》，科学出版社，1998年。

㉑ 江西省文物考古研究所等：《吴城——1973～2002年考古发掘报告》，科学出版社，2005年。

㉒ 湖北省文物考古研究所：《盘龙城——1963～1994 年考古发掘报告》，文物出版社，2001 年。

㉓ 江西省文物考古研究所：《铜岭铜矿遗址发掘与研究》，江西科学技术出版社，1997 年。

㉔ 邱立诚、曾骐：《论浮滨文化》，《潮学研究》第 6 辑，汕头大学出版社，1991 年；又见《揭阳考古》，科学出版社，2005 年。

㉕ 李伯谦：《北京房山董家林古城址的年代及相关问题》，《北京建城 3040 年暨燕文化国际学术讨论会会议专辑》，1995 年；又见《中国青铜文化结构体系研究》，科学出版社，1998 年。

㉖ 北京大学考古系等：《1995 年琉璃河周代居址发掘简报》，《文物》1996 年 6 期。

㉗ 李伯谦：《论造律台类型》，《文物》1983 年 4 期；又见《中国青铜文化结构体系研究》，科学出版社，1998 年。

㉘ 李伯谦：《夏文化与先商文化关系探讨》，《中原文物》1991 年 1 期；又见《中国青铜文化结构体系研究》，科学出版社，1998 年。

㉙ 李伯谦：《从对三星堆青铜器年代的不同认识谈到如何正确理解和运用"文化滞后"理论》，《四川考古论文集》1997 年；又见《中国青铜文化结构体系研究》，科学出版社，1998 年。

㉚ 成都市文物考古研究所：《成都金沙遗址 2001 年度考古发掘》，《2001 中国重要考古发现》，文物出版社，1986 年。

㉛ 王树明：《谈陵阳河与大朱村出土的陶尊"文字"》，《山东史前文化论文集》，齐鲁书社，1986 年。

㉜ 林华东：《良渚文化研究》页 368—392 第五章第一节，浙江教育出版社，1998 年。

㉝ 湖北省荆州博物馆等：《肖家屋脊》上页 220—221 图一六八、一六九，文物出版社，1999 年。

㉞ 王树明：《谈陵阳河与大朱村出土的陶尊"文字"》，《山东史前文化论文集》，齐鲁书社，1986 年。

㉟ 南京博物院：《北阴阳营——新石器时代及商周时期遗址发掘报告》页 87 图四十九，1；图版五〇(L)1，文物出版社，1993 年。

㊱ 杨楠：《江南土墩遗存研究》，民族出版社，1998 年。

（根据历届研究生"商周考古学理论与方法"课程授课提纲和课堂讨论小结补充修改而成。2006 年 9 月附记。后发表于北京大学震旦古代文明研究中心编《古代文明研究通讯》总第三十一期，2006 年 12 月）

考古学文化与族属

· 考古学文化的族属问题

考古学文化的族属问题

考古学文化族属问题是考古学研究中经常遇到又不容回避的问题。当然这里讲的考古学文化主要是指新石器时代和青铜时代的考古学文化。对这个问题我认为可以从四个方面来讨论。

一、如何理解考古学文化的族属

考古学上,构成某一考古学文化的具有共同特征的遗迹、遗物及遗迹现象,一般来说,是在特定时空范围内具有内在有机联系的人们共同体在生产、生活活动中遗留下来的。这些具有共同的生产、生活方式,共同的语言、风俗习惯和宗教信仰并通过某种交流方式联系在一起的人们共同体,在中国古代历史典籍中往往称为族(或族系)。所谓考古学文化族属问题,实际上是指通过对考古学文化遗迹、遗物及遗迹现象的研究,由物及人,由物见人,揭示创造和使用该考古学文化的人们共同体即族(或族系)的真实情况,从而尽可能地恢复其历史原貌。

在这个问题上,有两种倾向是我们不能同意的。

一种倾向,认为考古学只能研究物,不能研究人,考古学文化研究不应该也没有必要涉及族属问题。这种见物不见人的倾向,在1955—1956年北京大学进行的教学改革中,曾被考古专业的高年级同学作为资产阶级学术思想加以批判。现在看来,当时的批判存在无限上纲和简单武断的毛病,但同学们的本意、出发点还是好的,同学们提出考古研究要见物见人、由物及人的要求还是积极的。时任北大历史系考古教研室主任的苏秉琦先生，三十多年后对这一段历史曾有过深情的回忆，他在 1987 年发表的《给青年人的话》①的文章中说，同学们"意见一大堆，言辞尖锐，而且火气很大。乍听起来，很不舒服，细想起来又感到发人深思……同学们讲的'见物见人'这个'人'究竟是什么意思？……50 年代末，我思想上有点开窍。同学们说我们'见物不见人'，这'人'不就是社会的人吗？……考古学文化就是属于人们共同体（社会）的遗存。透过遗存不就可以见到人吗？……如果我们把考古学文化停留在静态的定性描述，我们又如何能见到那个社会的运动发展呢？解决问题的钥匙还得从考古学方法论中去找，从一种运动的物质（考古学文化）定量分析着手，找到它的运动规律，这就是我 1965 年发表的一篇《关于仰韶文化的若干问题》写作的指导思想，也是向 50 年代同学们提出的问题的第一份答卷。"苏先生《关于仰韶文化的若干问题》②这篇名著，大家看过不止一遍，他从具体剖析考古材料入手，在将仰韶文化进行了类型划分、期别划分、发展阶段划分、特征归纳并探讨了两个类型之间、仰韶文化和其他周临文化之间的关系之后，集中归结到对其族属的讨论。苏先生对仰韶文化族属的推断是否能够成立，学术界会有不同意见，但他力求"见物见人"、"由物及人"的指导思想则是完全正确的。

　　另一种倾向则恰恰相反，其表现是不对考古材料作具体研究，随意拿文献中只麟片爪的记载甚或神话传说和考古学文化挂钩，往考古学文化上贴标签，而不管时代是否对应，两者之间是否真的有什么内在联系。例如，在我们看到的已发表的一些论文和专著中，径直将某某考古学文化说成是伏羲氏文化、神农氏文化、太皞氏文化、轩辕氏文化，甚至把东北兴隆洼文化等新石器文化中常见的筒形罐上的之字纹，说成是商族的图腾玄鸟展翅飞翔的写照，认为以拍印之字纹的筒形罐为代表的文化是先商文化等等。他们想从文献和考古的结合上复原中国远古历史的愿望无可厚非，但既未对文献记载作可信性研究，又不对考古材料进行认真分析，不管条件是否具备，成熟不成熟，硬将两者随意拼合，在方法论上是有欠严谨的，不可取的。

二、族属研究是考古学文化研究的重要内容

作为一名考古工作者,你调查、发掘的遗迹、遗物包括人们衣、食、住、行等各个方面遗留下来的东西都是物质的,即使像红山文化中的玉猪龙、良渚文化的琮与璧、商周铜器上的兽面纹、三星堆文化中的青铜神树等精神领域的东西也都是通过物来表现的。因此,任何考古学研究都是实实在在的对这些"物"的研究,都要实实在在地通过对这些物的研究上升到更高的层次。在考古工地,面对层层叠压的灰土、黄土、褐土……文化层,深浅不一、形状有别的灰坑,一块一块相互叠压打破的夯土,一触即碎已糟朽不存的漆木器痕……便容易犯迷糊,不知所措;到整理现场,一遇到一堆一堆七零八碎需要拼对复原的陶器、铜器碎片就头痛、就反感,不愿和它们打交道,不愿做艰苦细致的基础工作,是做不好考古研究的。在考古发掘过程中,磨炼多了,开窍了,将复杂的地层叠压和遗迹打破关系理顺了;在整理过程中,拼对陶片拼出兴趣了,能够分型分式,掌握陶器发展的规律了;将地层与遗物演变特征相结合,能够搞出一个遗址完整的分期了;再联系到对其他相关遗址的分析,可以独立确定一个新的考古学文化了;也不断有文章见诸专业考古杂志,甚至已经有不小的名气了……,达到这个水平,当然已经是很优秀的考古工作者了。但能不能就此止步,以此为满足呢? 我认为这是不可以的。一个好的优秀的考古工作者,决不能就此止步,决不能以此为满足,决不能以搞清一个遗址的分期、确定一个新的考古学文化为最高追求目标。从考古研究的逻辑发展过程来看,这些都是考古研究的基础研究,在做好这些基础工作之后,我们还应该更上一层楼,学会"由物及人"、"由物见人",通过对"物"的研究去及人、见人,去见由人组成的社会,再进一步开展考古学文化族属研究,由考古学研究上升到历史学研究,做出历史学上的结论,这才是我们的目的。族属研究是考古学文化研究的重要内容,族属研究是考古学文化研究的有机组成部分,这是我们不应该忘记的。

三、考古学文化族属研究的复杂性

一般来说,特定的考古学文化往往是和特定的族相对应的,但考古学文化和族毕竟是两个不同的概念,考古学文化并不等同于族,并不能和族直接画等号。我们知道,一个考古学文化的内部结构是十分复杂的,包含着多种来源各不相同的文化因素,有时又可以分为不同的类型。历史文献中记载的族和考古学文化一样,内部结构也并不单纯,有的也可以分为若干不同的分族,从而成为一个复杂的族系。而且,无论是考古学文化或族,都是处在不断的变化当中,都是处在同其他考古学文化、其他族错综复杂的交往当中,在此期间,考古学文化的分化,考古学文化之间的融合、同化、替代,族的分化、族与族之间的融合、同化、征服,都是有可能发生的。因此,在考古学文化与人们共同体、与族的对应问题上,有时也会出现十分复杂的情况,甚至在特殊情况下,一个考古学文化可以为两个或两个以上的族所使用,一个族也可以使用两个或两个以上的考古学文化。

以河南省偃师二里头遗址得名的二里头文化可以分为二里头和东下冯两个类型,邹衡先生提出的二里头文化是夏文化的观点[③],目前已是学术界基本一致的看法。那么,二里头文化的两个类型是怎么形成的呢?按照我的想法,以河南偃师二里头遗址为代表的主要分布于豫西地区的二里头类型是二里头文化的原生类型,以夏县东下冯遗址为代表的主要分布于晋南地区的东下冯类型是二里头文化向晋南拓展、与当地原居文化融合而形成的一个派生类型[④]。二里头类型所属的居民当主要为夏族人,东下冯类型所属的居民当是由少数迁徙至此的夏族人和多数接受了夏文化并受夏王朝控制的当地土著人所构成。

在先商文化讨论中,我们支持邹衡先生的观点[⑤],认为以磁县下七垣遗址为代表的分布于豫北冀南地区的下七垣文化是先商文化[⑥],赵芝荃先生虽认为这类遗存的主人可能是商人,但却又将其视为二里头文化的一个地方类型[⑦]。为什么会出现这种认识上的差异？我认为问题很可能出在如何理解考古学文化与族的对应关系及如何对应上。下七垣文化与二里头文化基本同时或略晚，赵芝荃先生看到下七垣这类遗存有和二里头文化相似的因素是正确的，但却忽略二者构成因素上的主要区别而将之归入二里头文化，显然与事实不符。实际情况是，商族在夏时期是附属于夏王朝的，文化上受到夏文化的一些影响是可能的，但基本的东西并没有变。在此情况下，将这类遗存单独命名为下七垣文化，并将之与先商族相对应，似乎更顺理成章。

山东、苏北是文献上讲的东方夷人的居地，夷是一个庞大的族系，被称为"九夷"。无独有偶，分布于该地区的山东龙山文化和继起的岳石文化也各自可以分为几个不同的类型，根据目前的研究，虽然还不能将"九夷"中的诸夷与山东龙山文化或岳石文化中的诸类型一一对应，但山东龙山文化、岳石文化是夷人文化，其内部的复杂结构和文献中说的夷有九种的复杂情况是恰相一致的。

鲁是周初周公旦的封国，鲁文化是广义的周文化的一部分。20世纪七八十年代，在鲁城内发掘了一百多座周代墓葬[8]，主持发掘的张学海先生将其分为甲、乙两组。甲组墓葬墓圹相对较宽，多有葬狗的腰坑，墓主人头朝南，随葬品一般置于棺椁之间，陶器流行圜底和圈足；乙组墓葬墓圹相对较窄，不见腰坑和殉狗，墓主人头多向北，随葬品一般置于头前二层台上，随葬器物不见圜底器和圈足器，组合亦和甲组不同。甲组墓和乙组墓各有各的墓地，互不混淆。张学海推断甲组墓是已归顺且部分被同化的土著夷人的墓葬，乙组墓是随鲁之分封而来的姬姓周人的墓葬[9]。同样的情况，亦见于同为周初分封的齐国。但在齐、鲁分封时周文化尚未波及的沿海一带，世居此地的夷人却仍保持着被称为珍珠门文化的自己的传统，而和鲁城发现的已被周化的夷人墓葬（甲组墓）反映出有明显周、夷融合特点的文化大不一样[10]。可以举出的例子还有很多，但切不可用一种模式到处乱套。具体问题具体分析，这是我们在面对考古学文化族属研究复杂状况时，必须牢记的原则。

四、如何进行考古学文化族属研究

考古学文化族属研究是一项系统工程,将某一考古学文化与文献记载中的某族对应起来,能毫无漏洞,成为学术界认可的科学结论,是一项艰苦细致的研究工作,至少涉及年代、地域、社会发展阶段、文化特征及文化关系等几个方面的研究内容。这就是说,在年代上,考古学文化存在的年代和文献记载的该族在历史上活动的年代要基本契合;在地域上,该考古学文化分布的地域和文献记载的该族活动的地域要基本重合;在社会发展阶段上,该考古学文化和文献记载的该族要基本处在同一发展水平;在文化特征上,该考古学文化的特征和文献记载的该族在生产、生活方式、风俗习惯、宗教信仰、思想观念的某些方面能够互相印证;在文化关系上,该考古学文化与周临文化的关系和该族与周临诸族之间的关系要有相合之处,没有矛盾。只有在这些方面两者都对上了,没有抵触了,我们才能够说,某某考古学文化很可能是文献上记载的历史上某某族的文化。如果以上所说各项,有一项发生矛盾,我们就很难做出这样的论断。

说着容易,做起来难,回顾夏文化探索的历程我们就会知道,得出"二里头文化是夏文化"的结论是多么曲折,多么不易。司马迁的不朽名著《史记》有殷本纪、夏本纪,通过从 1928 年开始的对河南安阳小屯殷墟的发掘,及以后对郑州商城、偃师商城、小双桥遗址、河北邢台曹演庄、东先贤遗址、安阳洹北商城以及湖北黄陂盘龙城、山西垣曲商城、夏县东下冯商城、河南焦作府城等遗址的发掘,迄今已经确知以安阳小屯遗址为代表的考古遗存即盘庚迁殷至纣之灭时期的商代晚期文化,以郑州二里岗遗址为代表的文化即汤建国前后至大戊时期的商早期文化,以郑州小双桥、洹北商城、东先贤等处遗址为代表的遗存是仲丁迁隞至盘庚迁殷前的商代中期文化。考古学上,商文化的确定证实了《史记·殷本纪》的可信,商史成为信史。这就为从考古学上探索夏文化奠定了基础,提供了契机。那么究竟何种考古学文化是夏文化呢？最早将文献中提到的夏和考古发现的遗存联系起来的是徐仲舒先生。徐先生在1931年发表的《再论小屯与仰韶》一文中⑪，以仰韶文化的分布与文献上所记载"虞夏民族分布的区域"有重合，仰韶文化又早于殷墟文化为据，率先提出仰韶文化可能即夏文化。1931年，小屯殷墟开始发掘不久，殷墟文化刚刚得到证实。当时知道的早于殷墟小屯文化的只有仰韶文化和山东龙山文化，仰韶文化究竟比殷墟小屯文化早多少，谁也不知道，尽管现在清楚了仰韶文化不仅比商文化早，也比二里头文化、龙山文化早，和文献上所载夏族存在的年代相差很多，仰韶文化根本不可能是夏文化。但从学术史的角度来看，限于当时的条件，徐先生提出仰韶文化即夏文化是很有学术胆识的，对推动从考古学上寻找夏文化是有积极意义的。后来范文澜先生在他的《中国通史简编》⑫中将山东龙山文化考证为夏文化，山东龙山文化在年代上虽和文献中所载的夏王朝存在的年代很接近，但其分布地域却和文献中关于夏族活动地域的传统说法相距甚远；他以文献上说"夏族尚黑"与山东龙山文化流行黑而光亮的黑陶相比附，更缺乏说服力。因此，山东龙山文化即夏文化说，在学术界也没有得到多少响应。20世纪50年代在郑州发现了介于河南龙山文化和郑州二里岗期商文化的洛达庙类型文化遗存，1958年李学勤在他发表的《近年考古发现与中国早期奴隶制社会》⑬一文中，提出洛达庙一类遗存"早于二里岗下层，最可能是夏代的"，这一推测在年代上、分布地域上应该说是契合的，惜因材料发表太少，未能展开论述。在从文献与考古材料相结合角度推定夏文化的问题上，比较多的观点主张河南龙山文化即夏文化，安志敏、安金槐等先生都是这一观点的拥护者。河南龙山文化的年代虽与文献记载的夏族活动的年代接近，文献记载的夏族活动的地域也在河南龙山文化分布范围之内，但河南龙山文化分布很广，河南省全境几乎都被河南龙山文化所覆盖，根据现在的研究，河南龙山文化可以分为不同的类型，其间也有不小的差别，将整个被称为河南龙山文化的分布范围与文献记载的夏族的活动地域挂钩，似太过宽泛。有目的、有计划地从考古学上探索夏文化,是从1959年中国科学院考古研究所研究员徐旭生先生率队赴豫西、晋南调查夏墟开始的。徐先生在豫西的调查,发现了偃师二里头遗址,当年即进行试掘。1961年在《考古》杂志2期发表简报[14],将二里头遗址分为三期(后增加一期为四期),自此,二里头遗址及以其为代表的二里头文化,和1977年开始发掘并于1983年在《文物》3期发表发掘报告的登封王城岗龙山文化城址[15],便成为探索夏文化的主要对象。在20世纪60年代夏文化探索活动中一个十分活跃的人物是许顺湛先生,他不仅组织了多个遗址的调查、试掘,且连续发表了多篇探索夏文化的文章,对夏文化研究起到了积极的推动作用[16]。夏文化探索的第一个高潮是因1977年登封王城岗龙山文化遗址发掘而召开的现场会。会上夏鼐先生作了《谈谈探讨夏文化的几个问题》[17]的报告,将夏文化定义为夏王朝时期夏族的文化,统一了大家的认识。而邹衡先生《关于探索夏代文化的途径》[18]的发言,则论证了郑州商城为汤都亳,否定二里头为西亳并推定二里头文化各期俱为夏文化。以致在何种考古学文化是夏文化的论战中形成了多种观点长期对峙、各不相让的局面,这些观点主要有二里头一、二期为夏文化,三、四期为商文化;二里头一期与河南龙山文化为夏文化,二、三、四期为商文化;二里头一至三期为夏文化,四期为商文化和二里头一至四期俱为夏文化。夏文化探索的第二个高潮,是1983年偃师商城的发现[19]。偃师商城是商灭夏后所建的具有都邑规模的城址,由于此城的发现,原来持二里头西亳说,二里头二、三期,一、二期或三、四期为夏商分界的学者转而主张偃师商城为西亳。而邹衡主张的二里头文化四期俱为夏文化说,则一下子成为主流观点。邹衡先生在其长篇论文《试论夏文化》[20]中从年代、地域、文化特征、夷夏商关系及社会发展水平诸方面对二里头文化即夏文化作了全面、系统的论证,遂成为无懈可击的不易之论。但问题并没有到此完结,因为二里头文化是不是整个夏王朝时期的夏文化还有不同意见;夏、商分界也没有最后解决。1996年启动的"夏商周断代工程"将"二里头文化分期与夏商分界"和"早期夏文化研究"列为研究专题,将夏文化研究又推向了一个新的阶段。二里头文化为夏文化虽然已为多数学者所认可,但根据碳十四测定,二里头文化一期的年代约在公元前 1800 至公元前 1700 年之间,二里头一至四期的年代跨度只有 200—300 多年,这与文献上所说夏有 14 代 17 王共 471 年(或 431 年)的说法相差约有七八十年。这就是说尽管在分布地域、文化特征、社会发展阶段、文化关系等方面,二里头文化与文献有关夏族的记载相符合,二里头文化确属夏文化,但年代上也确有一定差距,断代工程设立“早期夏文化研究”等专题正是想在这个问题上有所突破。“早期夏文化研究”专题选择密县(今新密市)新砦遗址重新进行了发掘,并采集了大量测年标本㉑重新发掘证实,确实如赵芝荃先生于 20 世纪 70 年代末试掘新砦遗址时提出的、在二里头文化和河南龙山文化之间存在一个过渡阶段,即所谓新砦期㉒。关于新砦期遗存的性质,有的认为可以归于二里头文化,有的认为仍属河南龙山文化,杜金鹏则直称其为新砦文化㉓。我同意杜金鹏先生的意见,我认为新砦文化即文献所说“后羿代夏”至少康中兴时期的夏文化,因为它融入了一定数量的来自东方夷人的文化因素,所以表现在文化特征上,既不同于河南龙山文化,又不同于二里头文化,而带有自己的特点。据碳十四测定,新砦期遗存的年代约从公元前 1900 年至公元前 1800 年之间,尽管比二里头文化一期要早,但与一般估计的夏的始年仍有一定距离。2000 年“断代工程”结束,“中华文明探源工程预研究”启动。为进一步解决早期夏文化问题,接续以前的工作,对河南登封王城岗遗址又作了新的钻探和发掘,令人惊喜的是在该遗址发现了一座总面积估计超过 30 万平方米的大城㉔。大城北城壕还打破了原来发现的小城的西北城角,时代较小城要晚,属河南龙山文化晚期城址。而根据碳十四测定,河南龙山文化年代的下限已到了公元前 20 世纪末。过去安金槐先生推测王城岗遗址可能就是文献上所说的“禹都阳城”㉕,因小城的面积过小,只有 1 万平方米而难以得到大家的认同,如今大城面积不仅超过小城几十倍,年代也比小城要晚,从而大大增加了其为“禹都阳城”说的分量。参加 2002 年启动的对王城岗遗址重新发掘的方燕明先生，即以新发现的大城为据对其可能为"禹都阳城"做了新的论证⑧。以王城岗龙山晚期大城始建开始，至二里头文化四期二里头遗址作为夏朝晚期都邑废弃止，以伊洛平原为中心的河南龙山文化和二里头文化俱为夏王朝时期的夏文化，便成了有大量考古材料佐证、有碳十四测年结果支持、考古材料和文献材料能相互印证的科学结论。

　　回顾得出这一论断的过程使我们看到，考古学文化族属研究是严肃的科学研究工作，一环紧扣一环，不能有一点马虎，不论在哪一个环节上出了问题，都会影响其结论的正确性。在这里我还想强调，将考古学文化和有关文献记载进行比较，开展族属研究，是建立在对该考古学文化的论断可信，及对有关文献记载作过可信性研究基础上的。如果对该考古学文化能否成立还有较大争议，对文献记载上的歧义、矛盾之处没有经过考证取舍，那是不会得出科学的让大家信服的结论的。

注释

① 苏秉琦：《给青年人的话》，《文物天地》1987年4期；后收入苏秉琦《华人·龙的传人·中国人——考古寻根记》，辽宁大学出版社，1994年。

② 苏秉琦：《关于仰韶文化的若干问题》，《考古学报》1965年1期；后收入《苏秉琦考古学论述选集》，文物出版社，1984年。

③⑤⑳ 邹衡：《试论夏文化》，见《夏商周考古学论文集》，文物出版社，1980年。

④ 李伯谦：《东下冯类型的初步分析》，《中原文物》1981年1期；后收入李伯谦《中国青铜文化结构体系研究》，科学出版社，1998年。

⑥ 李伯谦：《先商文化探索》，见《庆祝苏秉琦考古五十五年论文集》，文物出版社，1989年；后收入李伯谦《中国青铜文化结构体系研究》，科学出版社，1998年。

⑦ 赵芝荃：《关于二里头文化的类型与分期的问题》，见《中国考古学研究——夏鼐先生考古五十年纪念文集》（二），科学出版社，1986年。

⑧ 山东省文物考古研究所等：《曲阜鲁国故城》，齐鲁书社，1982年。

⑨ 张学海：《论鲁城周代墓的类型、族属及反映的问题》，《张学海考古论集》，学苑出版社，1999年。

⑩ 刘延长：《珍珠门文化初探》，《华夏考古》2001年4期。

⑪ 徐仲舒：《再论小屯与仰韶》，《安阳发掘报告》第三册，1931年。

⑫ 范文澜:《中国通史简编》第一编,人民出版社,1953年。

⑬ 李学勤:《近年考古发现与中国早期奴隶制社会》,《新建设》1958年8期。

⑭ 中国科学院考古研究所洛阳发掘队:《1959年河南偃师二里头试掘简报》,《考古》1961年2期。

⑮ 河南省文物研究所等:《登封王城岗遗址的发掘》,《文物》1983年3期。

⑯ 许顺湛:《许顺湛考古论集》第207—238页,中州古籍出版社,2001年。

⑰ 夏鼐:《谈谈探讨夏文化的几个问题——在"登封郜成遗址发掘现场会"闭幕式上的讲话》,《河南文博通讯》1978年1期。

⑱ 邹衡:《关于探索夏代文化的途径》,《河南文博通讯》1978年1期。

⑲ 中国社会科学院考古研究所洛阳汉魏故城工作队:《偃师商城的初步勘探和发掘》,《考古》1984年6期。

㉑ 北京大学考古文博学院等:《1999年河南新密市新砦遗址1999年的考古新收获》,北京大学古代文明研究中心编《古代文明研究通讯》总第四期,2000年3月。

㉒ 中国社会科学院考古研究所河南二队:《河南密县新砦遗址的试掘》,《考古》1981年5期;赵芝荃:《略论新砦期二里头文化》,《中国考古学会第四次年会论文集》文物出版社,1983年。

㉓ 杜金鹏:《新砦文化与二里头文化——夏文化再探讨随笔》,《中国社会科学院古代文明研究中心通讯》第2期,2001年7月。

㉔ 北京大学考古文博学院、河南省文物考古研究所:《河南登封市王城岗遗址2002、2004年发掘简报》,《考古》2006年9期。

㉕ 安金槐:《试论登封王城岗龙山文化城址与夏代阳城》,《中国考古学会第四次年会论文集》,文物出版社,1983年;后收入《安金槐考古文集》,中州古籍出版社,1999年。

㉖ 方燕明:《登封王城岗城址的年代及相关问题探讨》,《考古》2006年6期。

(北京大学考古学丛书《考古学研究〈七〉》,科学出版社,2008年)

精神领域考古

- 关于精神领域的考古学研究
- 中国古代文明演进的两种模式
- 从崧泽到良渚

关于精神领域的考古学研究

考古工作，无论调查、发掘，你看到的不外乎陶器、铜器、玉器、骨器等遗物，城址、房基、窖穴、墓葬等遗迹，这些都是有形的、物质的东西。因此搞考古研究，无非是分清地层，看这些遗物、遗迹所属的层位，然后按照类型学方法把遗物、遗迹进行分类、分型、分式，作形制描述，最后搞出分期。20世纪50年代，我进入北大历史系学考古，就是这么认识的。当时在考古圈子里，恐怕不少人都这么想，也是这么做的。能把一个遗址、一批墓葬搞出一个分期成了考古工作者很高的追求，成了衡量一个考古工作者学术水平高低的标志。分清地层，搞好遗物、遗迹的分类和型、式划分，并依据其地层叠压关系，排出其先后演化序列，分出期别，当然是重要的，是一个合格的考古工作者应具备的基本功，也是开展进一步考古研究的基础，舍此去谈什么研究，都是空中楼阁，都靠不住。但是冷静地思考一下，便都会提出这样一个问题，考古学作为历史学的有机组成部分，难道它的最高追求、最高目标就是搞地层，搞器物排队，搞分期吗？1958年，学校里掀起资产阶级学术思想批判运动，北大历史系考古专门化高年级同学对考古提的最多的批评是盆盆罐罐，器物排队，繁琐哲学，见物不见人。有两篇文章都发表在当时的《考古》杂志上。批判的首要对象是时任考古教研室主任的苏秉琦先生。不用说，这场运动的大方向是错误的，同学们的批判也是过火的，不实事求是的，伤了不少老师的感情。但苏秉琦先生作为当时考古教研室首当其冲的批判对象，却从同学们过火的上纲上线的批判中发现了积极的合理的东西，苏先生是怎么想的呢？大家读一读《苏秉琦考古论述选集》所附俞伟超、张忠培写的编后记就会知道,苏先生的胸怀是多么宽广,站得是多么高,看得是多么远。他以此为契机,系统地、深刻地思考了考古教学中存在的弊病和考古学科建设中的问题。认为在强调考古基本功训练的前提下,引导学生去思考更深层次的问题,让学生"见物又见人",通过物去"见人"是学科发展的方向,也是考古教学中应该鼓励学生去追求的目标。苏先生之所以会欣赏、会肯定学生们提出的批评,是因为他在自己的考古实践中早就意识到了问题的存在,并试图通过自己的示范去调整学科发展的方向。《洛阳中州路(西工段)》这本考古发掘报告是大家都读过的,请有时间再看一看苏先生写的结语部分,在结语这一章里,苏秉琦先生不仅通过在对洛阳中州路(西工段)出土墓葬随葬器物类型学研究基础上作了很好的分期,而且从墓葬的分期和墓葬随葬品组合的变化探讨了东周时期社会结构的变化。在这里我们看到,经过苏先生的研究,这批墓葬资料不仅有了前后衔联、演化有序的规律,而且由此映衬出了当时社会的发展。一批死的不会说话的材料,变成了活的社会演进的物证。见物又见人,通过物见了人。这样的例子还有很多,俞伟超先生对秦汉墓葬研究提出的秦制、汉制问题,严文明先生对新石器时代聚落研究提出的聚落演进阶段问题,都是通过对具体考古材料的研究,在考古分期的基础上,进一步探讨社会结构演进规律得出的学术界公认的优异成果。当然,不必讳言,经过20世纪50年代那场批判,以及以后的历次运动,考古学界和其他学界一样,也出现过拿马克思主义社会发展学说到处乱贴标签的教条主义倾向,但在改革开放的今天,这种倾向基本上被扭转了,不成为主流了。是否可以这样说,中国考古学在几十年的发展历程中,经过反反复复正反两个方面的教育,今天绝大多数考古工作者已经认识到了通过考古材料去研究社会结构包括其发展规律的可能性和重要性,已经摒弃了乱用马克思主义社会发展学说教条主义的乱贴标签的倾向,并在自己的考古实践中做出了不少新的研究成果呢?

　　我认为,的确如此。现在如果还有谁还把考古研究仅仅局限于划分地层、器物排队和分期,不去考虑考古材料反映的社会问题,那恐怕是又在上演唐·吉诃德同风车作战的故事了,只是笑话而已!但是,社会问题是多方面的,是十分复杂的。通过考古材料研究社会结构及其发展演变规律,固然十分重要,但是并非考古研究的全部。正像俞伟超先生已多次提出的那样,通过考古材料去研究精神领域的问题同样应该引起考古工作者的重视。今天我们讨论与精神领域考古学研究有关的问题,正是要再次强调其必要性和重要性。

那么,我们强调通过考古材料研究精神领域的问题,在理论上有没有依据呢? 我认为是有依据的。

首先,考古调查、发掘出来的遗物、遗迹,尽管都是物质的,但都是人们有目的的精神活动的产物。无论是制作一件石刀、烧制一件陶器,拟或是修筑一座城堡,建造一座陵墓,事先总要想一想为什么要造它,造成什么样子;在造的过程中,总要想一想采取什么方法、经过什么程序才能造出合乎自己要求的东西;如果中途用的方法不对劲或者程序走错了,还得想一想,该如何补救才不至于前功尽弃。西方考古界不是很流行行为考古学吗? 根据我的理解,所谓行为考古学,也是要通过“物”的研究去探索制造这个物、使用这个物时人们的思想和行为,从而见物见人,由物及人。

第二,考古调查、发掘出来的遗物、遗迹,除了一大类是人们专门为进行物质生产、生活而制造的诸如生产工具、生活用具、居住的房屋、出行的马车、储物的窖穴乃至御敌的城堡、进攻的武器等物质产品,另一大类则是单纯为人们的精神生活而制造的产品,诸如举行祭祀活动的祭坛、仪仗、服饰,盛放祭品的器具以及仅具审美功能的艺术品、装饰品等。这类产品虽然是可以看得到、摸得着的物质的东西,但它却是特定的精神、思想的载体,其本质是精神产品而非物质产品。这类考古学上常见的材料,不仅和前一类一样是精神活动的产物,而且它本身所代表的就是精神的东西。

第三,按照马克思主义的观点,社会是由生产力、生产关系构成的经济基础和由政权实体及相应的思想、文化等上层建筑构成的一个统一体。就是说,思想、文化等精神领域的东西也是社会不可或缺的有机组成部分。考古材料既然是特定社会的人们生产、生活(包括精神生活)活动的遗留,那么通过考古材料去研究当时的社会,也必然要研究包括作为社会有机构成的精神领域的东西。

由此可见,提出和强调通过考古材料研究精神领域的问题是有根据的,将其作为考古学研究的重要内容的确应该引起大家的高度重视。

现在的问题是,一方面固然仍然需要提高开展精神领域考古研究重要性的认识,但更重要的则是要探索如何开展这方面的研究,通过什么途径、采取什么方法去进行这方面的研究。

我在自己的考古活动中,基本上没有从事过这方面的尝试,当然也就没有什么成功的经验可谈。不过,有几点考虑还是想说出来和大家讨论。

第一点考虑是,我们所谈的是考古学研究,首先就应该依据考古学的研究方法,将考古发现的精神领域的遗物、遗迹进行分期。通过分期考察其形成、发展直至衰亡的演化过程,以揭示其原生形态及其变化,为考察其内在含义及其变化奠定基础。譬如,中国青铜时代考古常见的青铜礼器,许多人都有兴趣,都写过文章探讨其意义。但如果不进行考古分期的研究,就难以找出其最原始的形态,找不出其最原始的形态,它是怎么出现的,是在什么社会背景下形成的,其喻义究竟是什么,恐怕就很难讲明白。

第二点考虑是,考古学上所见的精神领域的遗物、遗迹和单纯物质领域的遗物、遗迹,其演变规律有其相同的一面,但也可能有其不同的一面。考古学上所见的单纯物质领域的遗物、遗迹,例如,日用陶器、生产工具、陶窑、房基等,其考古学分期上的早晚基本上可代表其演化规律上的先后。但精神领域的遗物、遗迹,例如青铜器上的饕餮纹,依据考古学方法即地层学和类型学方法作出的分期和其演变规律上实际的逻辑先后可能并不一致。商代早期郑州商城出土的青铜器上的饕餮纹,一般都比较简单、抽象,商代晚期安阳小屯出土的青铜器上的饕餮纹一般就比较复杂、具象，如果我们单纯依据考古学上的分期就必然会作出饕餮纹的演变规律是由抽象到具象、由简单到复杂这样的结论。但根据我的观察，铜器上所见的饕餮纹的原型，很可能是藏在日本泉屋博物馆的一件商代铜鼓上的神人像。神人像头部呈骷髅状，上戴羽冠，双手曲臂上举，双腿屈曲下蹲，和其相似的是江西大洋洲铜器墓出土的双面青铜人首形神器，人的头部也做成骷髅状，双手也是曲臂上举的姿势。这种图像最早的来源很可能是良渚玉器上的神徽，大家比较一下便不难发现其间的联系。将这种图像加以简化、改造，只取其头部作为代表便成了常见的饕餮纹。如果这个推测符合实际情况，那就说明对精神领域的遗物、遗迹进行研究，就不能简单地只用考古分期的早晚来总结其演变规律。除此，还应该考虑其逻辑上的先后蝉联关系。

　　第三点考虑是，考古发现的作为古代社会先民精神生活遗留的精神领域的遗物、遗迹，是支离破碎的、静止的、死的东西。要通过它的研究复原当时人们的精神生活，使这些静止的死的东西活起来，就有必要参考和借鉴古籍中有关的记载和文化人类学的研究成果。三星堆器物坑发现那么多铜面具，究竟是干什么用的，如果不了解西南各省现在还存在的傩戏中戴假面的习俗和其原始意义，要深入探索三星堆出土的铜面具的用途恐怕是无从着手的。三星堆还出土有三棵所谓的"神树"，如果不联系《山海经》中有关"建木"、"若木"的记载，恐怕也很难凭空了解其喻义。

　　第四点考虑是，在社会生活中，属于精神领域的观念形态的文化要比物质文化更为活跃，传播的速度更快，路途更远，范围更广。因此在研究文化交往时，就不能用物质文化传播的规律和模式来看待精神文化的传播。我们知道，玉琮这种礼器最早是良渚文化的先民创制的，但它在北方的龙山文化、齐家文化中也有发现，如果仅用日常生活中盆盆罐罐等陶器类的物质遗存的传播模式来看待玉琮的传播，就很难理解。

　　第五点考虑是，作为精神载体的遗迹、遗物，有时候是会和其承载的精神内涵产生矛盾的。时代变了,尽管作为某种精神载体的物质的形式没有变,但其承载的精神的内涵已经不同了。例如在新石器时代充作礼器的玉琮到了西周,我们在晋侯墓地发现的已经是当作阳具套在使用了。因此,研究精神领域的东西,必须将其放在特定的社会背景和文化背景中去考虑,孤立的、静止的研究是很容易导出错误结论的。

第六点考虑是,精神领域的遗物、遗迹,有许多都是艺术品,因此,对这类文物的研究,如何与艺术史的研究相结合,如何借鉴艺术史的研究方法,也是开展精神领域考古研究需要注意的。希望能将考古与艺术史两者的理论、方法融会贯通,对这类文物的研究,在方法上有所改进,有所创新。

开展精神领域的考古学研究并非新近才提出来的,它已经有了较长的历史。我们希望借鉴历史的经验,总结现在的实践,找到切实可行的方法,把精神领域的考古学研究提高到一个新水平。

（根据历届研究生"商周考古学理论与方法"课程授课提纲和课堂讨论小结补充修改而成　2007年3月讨论）

中国古代文明演进的两种模式

——红山、良渚、仰韶大墓随葬玉器观察随想

在大约距今 5 000—4 500 年的新石器时代晚期,中国大陆各地的考古学文化面貌均先后发生了重大变化。红山文化的坛、庙、冢,良渚文化的高大祭坛、贵族坟山和去年刚发现的面积达 290 万平方米的城址是最为世人称道的,原先不被学术界注意的仰韶文化也因河南灵宝西坡大型建筑基址和大型墓葬的发现而令人刮目相看。种种迹象表明,当时的社会结构正处在激烈的新旧转型当中,文明化进程发展到了一个关键时期。在当时这种转变是普遍的、激烈的,但是不同地区、不同文化变化的形式、内容和侧重点又是有所差别的。比较和分析这些差别,笔者感到这绝非表面上的不同,而可能反映了更深层次的、涉及文明化进程中不同模式的问题。以下仅以红山文化、良渚文化和仰韶文化大墓随葬玉器的情况做些比较,谈些不成熟的意见,请学界同仁批评指正。

一、红山、良渚、仰韶墓葬随葬玉器的基本情况和实例

红山文化因 1935 年最早发现于内蒙古自治区赤峰红山后而得名[①]。主要分布于今内蒙古东南部和辽宁省西部,并波及河北省北部,而以老哈河中上游到大凌河中上游之间最为集中。红山文化的年代跨度在距今 6 000—5 000 年间,当地早于它的是兴隆洼文化,晚于它的是小河沿文化。20 世纪 70 年代至 80 年代初,辽宁省考古工作者对辽西红山文化遗址的调查和在东山嘴、牛河梁等遗址的发

掘[2],是红山文化考古的重大突破,在考古学界广为传颂的坛、庙、冢等重要遗迹都是在这次调查和随之进行的发掘中发现的。据牛河梁遗址发掘简报和郭大顺《中华五千年文明的象征——牛河梁红山文化坛庙冢》[3]的介绍,在牛河梁地区已发现 20 多处遗址点,其中有编号的 16 个地点中 13 个都是积石冢,经过发掘的有 3 个地点,即第二、三、五地点。每一地点积石冢数量不等,第二地点在中心祭坛(牛2Z3)两侧,西边分布有 1、2 号两冢,东边分布有 4、5 号两冢。圆坛正北一片积石,扰动较大,性质难辨,但可看出是另一独立单元。每冢内墓葬数量不一,1 号冢在东西轴线上发现 2 座并列的大型石棺墓,东西轴线以南为 4 排共约 20 余座中、小石棺墓群,再往南还分布着零散的墓葬;2 号冢的正中心部位有一座大型石椁石棺墓,遭严重盗扰,大墓以南也有等级较低的零散墓葬;4 号冢与 5 号冢的形制与前述两冢有异,4 号冢平面呈前方后圆形,5 号冢则呈南北长、东西宽的椭圆形,中部砌一东西向石墙,两冢内墓葬数量不详。第三地点位于第二地点正北,相距约 200 米,仅发现一冢,冢的中心部位有一座土圹石棺墓,东西长 2.9、南北宽 1.35—1.85 米。冢之南侧有 8 座小墓,不随葬玉器或仅有少量玉器。第五地点在第三地点以西 882 米,中间一石砌方坛,应为祭坛,在其东、西两侧各有一冢。东侧一冢经过发掘,总范围直径在 20 米以上,中心位置有一座土坑竖穴大墓,墓口长、宽各约 4、深约 3 米,墓下部已凿入风化基岩,穴底砌一东西向石棺。大墓正东处发现一圆形石堆,是否为墓葬尚不得知。第二、三、五地点积石冢内的墓葬已发掘数十座,多为用石板构筑的石棺。墓葬大小有别,但各冢至少有 1 座主墓,墓坑大,构筑讲究,随葬器物丰富。墓内一般只随葬玉器,同时葬陶器者极少,尤其是大墓,这是和其他红山文化生活聚落遗址发现的墓完全不同的。例如,第二地点 1 号冢(牛2Z1)M4 人架头骨下出一玉箍形器,胸骨上并置二猪龙形玉饰;M14人架胸前置一勾云形器,腕部各戴一玉环;M15 人架头顶下方出玉箍形器 1,腰部左侧置璧环 1,两器相叠,双腕各置环 1;M21 随葬玉器 20件,计有龟壳、兽面形牌饰、琮形器、璧、双联璧等多件[4]。第三地点中

心大墓 M7 人架头下枕玉箍形器 1,胸部置玉琮形器 1,右腕戴玉镯 1;
南侧小墓 M3 出玉璧、环各 1,玉镯 2;M9 除出玉镯 1 件外,胸右侧出
饰瓦纹弯板状玉器 1,当为臂饰[⑤]。第五地点东侧一中心大墓(牛
5Z1M1)随葬玉器 7 件,人架头骨两侧各置大璧 1,胸部置勾云形佩和
鼓形箍各 1,右腕戴镯 1,双手各握玉龟 1[⑥]。

　　此外,在阜新胡头沟墓地 M1 出有玉勾云形佩饰 1、玉龟 2、玉鹗
2、玉鸟 1、玉璧 1、玉环 1 及玉珠 3、玉棒形饰 4;M3 为分室多人葬墓,
出有鱼形玉坠 2、三联玉璧 1[⑦]。在喀左东山嘴遗址出土双龙首玉璜、
绿松石鹗各 1 件[⑧]。而传世的亦应为红山文化墓葬出土的,尚有神人
玉雕、兽形玉雕、玉蝉、玉蚕、玉虎以及耳饰玦、玉管等[⑨]。

　　红山文化墓葬随葬玉器,在组合上有鲜明的特点,除延续使用兴
隆洼文化时期流行的耳饰玦、珠、管、长条匕形饰等生活装饰用玉[⑩],
占主流地位的则是马蹄状箍、勾云形佩、猪龙、鸟、蝉、蚕及神兽、神人
像等一批充满神秘意味、与宗教祭祀活动密切相关的玉器,而少见玉
质的钺、斧、戚、牙璋等富有权力象征意义的玉器。

　　良渚文化得名于 1936—1937 年杭州良渚遗址的首次发掘[⑪]。良
渚文化主要分布于长江下游太湖地区,往南大体以钱塘江为界,西北
可达江苏宁镇地区以东的常州一带,长江以北的苏北地区也有发现,
而以太湖周围最为集中,其中杭州以西良渚遗址所在的安溪、瓶窑一
带尤为其核心地区。当地早于良渚文化的是崧泽文化[⑫],晚于良渚文
化的是广富林文化[⑬],再后是马桥文化[⑭]。良渚文化的年代跨度大约
在距今 5 300—4 300 年的范围之内,其起始年代或略晚于红山文化。
良渚文化墓葬在浙江、江苏和上海市均有发现,浙江杭州良渚反山墓
地[⑮]、瑶山祭坛[⑯]、江苏苏州草鞋山[⑰]、常州武进寺墩[⑱]、上海青浦福泉
山[⑲]等地发现的墓葬可以作为代表。良渚文化墓葬随葬玉器和早于
它的崧泽文化墓葬随葬玉器相比,也发生了明显的变化,崧泽文化墓
葬已有墓室大小和随葬器物多少的区别,但无论大墓或者小墓,只要
随葬玉石器者一般除了生产工具斧、锛、凿之外,便是装饰用的玉璜、
珠、管、坠等,个别墓有玉璧、琀[⑳]。良渚文化墓葬等级森严,且有一类

像红山文化中专门葬于祭坛旁边而直接葬于祭坛顶上的墓，这些墓一般只随葬玉石器，而很少有陶器。但无论哪个级别的或者如上所说比较特殊的墓，只要有玉石器随葬，除了管、珠、坠、镯、环、锥形饰等玉质装饰品，多见的则是玉璧、琮、冠状饰、三叉形饰、牌和玉石钺等。例如，反山墓地北排大墓之一的 M20 除 2 件陶器和串挂饰及管、珠等饰品，出有与宗教祭祀活动仪规有关的玉琮 4、璧 41、冠状饰 1、半圆形冠饰 4、三叉形冠饰 1、柱状器 12，另有军权、王权象征意义的带端饰玉钺 1 及石钺 24；反山墓地南排大墓之一的 M12 出有玉璧、琮、半圆形冠饰、三叉形冠饰、琮形管、坠饰、带榫卯杖端饰、由管穿缀而成的串挂饰及玉、石钺等；瑶山祭坛南排大墓 M9 除随葬陶器 4、石钺 1、嵌玉漆器 1，以及由玉管、珠、锥形器组成的串挂饰，主要有玉冠状器、三叉形冠状器、带盖柱形器、琮、小琮等，这些玉器上多有繁简不一的"神人面"雕刻纹；瑶山祭坛北排大墓 M11 除陶器及玉管、珠、锥形器组成的串挂饰，主要有玉冠状饰、带盖柱形器、璜、圆牌饰、镯形器、手柄等，玉器上也多有"神人面"雕刻花纹；福泉山 M9 除 2 件陶器及玉管、珠、坠、镶嵌玉粒等装饰品，主要有玉璧 4、琮 1、琮形镯 2、琮形管 2、玉柱形管 2、锥形器 4、杖端饰 1、钺 1 及石钺 5、斧 4；寺墩 M3 除陶质的簋、豆、壶、盘各 1，玉管、珠等装饰品，主要有玉璧 25、琮 33、镯 4、镯形器 1、锥形器 2 及钺（简报原称斧）3，以及石钺 4、锛 4、刀 1、厨刀 1。

仰韶文化因 1921 年瑞典人安特生发现并发掘河南渑池仰韶村遗址而得名[㉑]。仰韶文化主要分布于黄河流域的陕西、河南、山西、河北、甘肃等地，而以陕、晋、豫交界地区周围最为集中。仰韶文化的年代跨度大约从距今 6 000—4 500 年，可分为半坡类型—庙底沟类型—庙底沟二期文化早、中、晚三个发展阶段。仰韶文化早期聚落和社会结构分化尚不明显，墓葬随葬器物除了陶器便是似玉材质的绿松石珠、管一类装饰品和斧、锛、铲、凿等石质生产工具，个别也有玉质者[㉒]；到了中期特别是中期后段，聚落和社会结构均发生激烈分化，中心聚落、大型建筑纷纷涌现，高等级墓葬也应时而生。2005—2006 年中国社会科学院考古研究所和河南省文物考古研究所在河南灵宝西坡遗址发掘的仰韶文化中期(约距今约 5 300 年)墓地,令学术界耳目一新,迄今累计已发掘墓葬 34 座。其中最大的 M27 为带生土二层台的长方形竖穴土坑墓,墓口约长 5、宽 3.4 米,墓室位于正中,宽约 0.7 米,其底部上距墓葬开口约 1.5 米,墓室东部通连一近圆角方形的脚坑,墓主人为一成年男性,奇怪的是墓室中未见任何随葬器物,仅在脚坑内发现大口缸、篦形器、釜灶、壶、钵、杯等 9 件陶器;M29 距离 M27 大约 6 米,亦为带生土二层台的竖穴土坑墓,墓口约长 4、宽 3.3 米,墓室宽约 0.9 米,底部上距墓葬开口约 1.85 米,墓室东部也有一脚坑与之相连,随葬陶器 6 件,1 件钵倒扣在胸部上方填土中,其余 5 件均置于脚坑内,墓主人男性,和 M27 一样,也无玉、石器等随葬㉓。伴有玉器者,墓葬规模较之略小,属于中型或中型偏大墓葬,2005 年发掘的 22 座墓,有 6 座除陶器外,尚随葬有玉器,M6、M8、M9 各 1 件,M17 有 2 件,M22 为玉钺、环各 1 件,M11 是一未成年的小孩墓,竟有玉钺 3 件。这些墓葬亦多带生土二层台和脚坑,形制与大型墓一致㉔。

二、不同的特点,不同的类型

红山文化、良渚文化、仰韶文化庙底沟类型,均是我国新石器时代的考古学文化,虽然它们基本都处在距今 5 500—4 500 年这一范围内,但正如上述材料所表明的,表现在墓葬随葬玉器上,却是各有特点。

首先看随葬玉器的组合。

红山文化墓葬随葬玉器,常见组合有马蹄状箍、勾云形佩、璧、环、猪龙、龟、鸟、蝉、蚕等动物形玉器,少见钺、斧等兵器仪仗类玉器,基本不见镂刻有"神徽"的琮、三叉形器、璜形器等玉器。

良渚文化墓葬随葬玉器,常见组合有琮、璧、冠状饰、三叉形器、璜形器、锥形器、镯、环、钺及石钺,不见或少见红山文化中常见的箍形器、勾云形佩及龟、猪龙等动物形玉器。

仰韶文化庙底沟类型墓葬随葬玉器,既不同于红山文化,也不同于良渚文化,正像灵宝西坡大墓呈现的情况,种类非常单一,只有玉钺一种,根本谈不上什么组合。

再看随葬玉器的数量。

红山文化大墓随葬玉器的数量,如上举牛河梁、胡头沟积石冢发现者,数量不等,既有2—3件的,6—7件的,也有多至20件者。

良渚文化大墓随葬玉器,与同时、同等规模的红山文化、仰韶文化墓葬随葬玉器数量相比,无疑是最多的,连同装饰品在内,一般几十件,多的上百件。如上举良渚反山墓地M12、M20,瑶山祭坛M9、M11,寺墩M3等,随葬玉器以单件计都在100件以上。良渚反山墓地M23仅玉璧就出土了54件,常州武进寺墩M3仅玉琮就出土33件,1983年余杭县文管会在横山清理的一座良渚文化墓葬M2仅石钺就出土了132件[25]。

仰韶文化庙底沟类型墓葬随葬玉器数量,与良渚文化大墓相比不可同日而语,与红山文化大墓相比也略逊一筹。灵宝西坡规模与红山文化、良渚文化大体相当的仰韶文化墓葬,一般只随葬玉钺1件,M11最多,也仅3件。而墓室规模大于红山文化和良渚文化大墓的M27、M29,除了陶器,什么玉器都没有。

三看随葬玉器的雕琢工艺。

红山文化墓葬随葬玉器有圆雕也有片雕。在勾云形器、动物形器等玉器上一般有雕刻的花纹,纹道稀疏粗放,少则数道,多者十多道甚至二十几道,以表现出想要凸显的物象的大体轮廓为标准。

良渚文化墓葬随葬玉器,在琮、冠状器、璜形器、三叉形器、圆牌饰、锥形器等器上几乎都细密地雕出"神人兽面"纹,有的纹道细如发丝,甚至在一些玉璧、玉钺上也能见到这样的纹饰。

仰韶文化墓葬随葬玉器,主要是圆雕,如常见的钺,厚重而朴拙,除了材质不同,其形制和石斧几乎没有什么区别,且无纹饰,这与红山文化玉器尤其是良渚文化玉器不同。

　　其实,除了以上所列这些不同,在各自的埋藏环境和方式方面区别更大。如上所述,红山文化大墓如牛河梁、胡头沟等地,往往是墓在冢内,一冢多墓,冢分三级,层层叠砌,形状不一,或方或圆,旁有烧土、石堆祭祀遗址,多冢中间更有石砌祭坛高高耸起,类似如此布局的地点在牛河梁已发现十多处,种种迹象表明,这些墓葬不是一般生活聚落遗址的有机构成部分,而是特殊的举行某种宗教祭祀活动仪式后的遗留。良渚文化大墓如瑶山祭坛,形式、性质与牛河梁红山文化大墓完全相同。良渚反山墓地、福泉山墓地与之相比,虽有一些区别,但墓葬也是葬于人工堆筑的高台之上,墓地前后或左右也有祭祀的遗迹,则是与之相通的。仰韶文化大墓不葬于人工堆筑的高台或祭坛之上,旁边也未见与祭祀有关的遗迹,而是按一般规律和其他墓葬埋在一个墓地,不同的只是大型墓、偏大型墓较为集中而已。

　　通过比较可以看出,红山文化、良渚文化、仰韶文化庙底沟类型发现的这些大型墓葬,时代基本同时,规模也大体相当,但在用玉随葬等方面却有着各不相同的特点,这些不同的特点,显然代表着三个不同的类型。其中,红山文化类型与良渚文化类型有某些接近之处,仰韶文化类型则与之区别甚大。

三、不同的类型,不同的模式

　　红山文化类型与良渚文化类型发现早,资料丰富,研究也最为深入。仰韶文化庙底沟类型发现较迟,资料也不是很多,但一经披露即引起了广泛关注。

　　对红山文化类型玉器,除管、珠、坠、镯、环等一般装饰品,研究者普遍认为像箍形器、勾云形佩、猪龙、龟、鸟、蝉、蚕等一类玉器是通神的工具,对此,许多学者都有深入的论述。郭大顺在《从“唯玉为礼”到“以玉比德”》一文① 中,引用《越绝书》有关记载以及《说文·玉部》对“灵”字下部之“巫”字以及王国维对“礼”字的解释,认为“古人一直是把玉器作为通神工具来对待的。掌握通神权力的巫者也以玉示名。红山文化墓葬随葬玉器的情况对此有很好的说明。"许倬云在《神祇与祖灵》一文⑰中说,"红山文化牛河梁遗址的积石冢,墓主握有玉龟及玉猪龙(或玉熊龙),自然象征其神力。积石冢的四周,排列无底罐式的陶瓮,是否亦可视为通天达地的象征? 红山神庙的女神,为孕妇的造型,自然是生产力的象征。女神庙地居礼仪中心遗址的最高处,具有君临礼仪中心的气势;积石冢中的男性墓葬,毋宁居于从属地位,也许是具有通灵能力的巫师"。辽宁省博物馆周晓晶在《红山文化玉器的创型理念与使用功能研究》一文⑱中,认为"它们应是萨满神服上的饰物或神器,是萨满活着的时候行神事时的助神或工具,死后随之入葬,这是红山文化玉器的基本属性"。继而将红山文化玉器细分为四类,第一类为"幻象类神器,是萨满活着的时候行神事处于昏迷状态时,头脑中出现的幻觉影像",勾云形佩即属此类;第二类为"动物助神类神器,是现实生活中经过萨满的神化而被萨满奉为神灵","玉人、玉鹰、玉鸟、玉鹗、玉龟、玉鱼等,都属于助神类玉神器";第三类为"幻象与动物综合类神器,一般是经过抽象变形的动物形象",如玉猪龙、玉带齿兽面纹佩;第四类为"工具类神器,是缘于现实生活中其他材质的工具或法具演变而成的萨满玉质神器",如玉斜口筒形器、玉刃边璧形器、玉环、玉棒形器、玉勾刀形器等。对红山文化玉器分类及其具体功能的认识,也许会有不同意见,但没有人否认其与通神有关。可见在红山文化时期,特别是它的晚段,当时社会虽已发生分化,凌驾于社会之上的所谓"公共权力"已经存在,但掌握、行使这种"公共权力"的并非世俗的"王",而是这些掌握着通神权力的巫师或曰"神王",神的权力高于一切,神的威望高于一切,社会的运转、社会矛盾的调节都靠神来解决,而神的意志和命令则统统要由能与神沟通的巫者来传达、贯彻。

　　良渚文化墓葬随葬玉器,在功能分类上与红山文化相比,有同有异。相同的方面是大部分玉器也与宗教祭祀有关,也属通神的工具。常见的玉璧、玉琮的功用,《周礼·大宗伯》所谓"以青璧礼天,以黄琮礼地"的说法,也许并非确切,但似乎也不能一概否定。邓淑苹女士在《新石器时代的玉璧》一文㉙中说,"玉璧最初的功能为佩饰器。但到良渚文化时,璧与琮经常伴随出土,尤以寺墩第三号墓最为壮观","古代的中国人相信天圆地方,天苍地黄,所以用'苍'璧来礼拜天神,用'黄'琮来礼拜地祇。但是这种宗教仪式究竟始于何时,却始终未有田野考古的现象可以加以证实,而今良渚文化中,璧、琮的伴随出土,大量且集中地出土于特殊墓葬中,尚遗留特殊仪式如火烧等的痕迹,使吾等不免考虑,这个深植于后世民心的宇宙观,或创始于良渚的居民"。张光直先生在考察有关玉琮用途的诸种说法后,提出了自己的解释,他认为"把琮的圆方相套的形状用'天圆地方'的观念来解释,由来已久","内圆象天外方象地这种解释在琮的形象上说是很合理的","琮的实物的实际形象是兼含圆方的,而且琮的形状最显著也是最重要的特征,是把方和圆相贯串起来,也就是把地和天相贯通起来。专从形状上看,我们可以说琮是天地贯通的象征,也便是贯通天地的一项手段或法器"㉚。良渚文化玉琮上几乎都刻有"神人兽面纹"或"兽面纹",也有人称为"神徽",其他玉器如冠状饰、三叉形玉器等上面也经常可以见到。如果将这些图像的含义同琮的造型和考古上琮、璧伴出现象统一考虑,琮、璧一类玉器为通神工具或法器的分析的合理性,就更容易为人理解了。图像有繁有简,学术界根据繁、简不同图像作出的解释也不完全一样,归纳起来,大体有四种意见:一、认为是神人御兽;二、认为是人兽的复合;三、认为简化的图像是单一的兽面;四、认为是单一的神徽。1986 年良渚反山大墓被称为"琮王"的玉琮(M12∶98)的出土,为这种图像含义的解读提供了直接证据。这件玉琮通高 8.9、上射径 17.1—17.6、下射径 16.5—17.5、孔外径 5、孔内径 3.8 厘米,"在四面直槽内上下各琢刻一神人兽面纹图像共 8 个"。神人头戴羽冠,抬臂弯肘,双手五指平伸;神兽圜眼,阔鼻,大口,上下獠牙,鸟足,表现的是一神人骑在一神兽上的情景。这是迄今看到的良渚玉器上最为完整最为复杂的一幅神人御兽升天图,其他图像或者是它的简化,或者是它的分解,但所传达的应是同样的信息。图像上头戴羽冠的神人即是巫师,圜眼、獠牙、鸟足的神兽即是想象中具有灵性的动物。张光直在上引论文中根据《周髀算经》有关记载和对甲骨文巫字来源的考证,认为"巫是使矩的专家,能画圆方,掌握天地",而"巫师通天地的工作,是受到动物的帮助的。所以作为贯通天地的法器上面刻有动物的形象必不是偶然的"。他并引《道藏》所录《太上登真三矫灵应经》关于龙、虎、鹿三矫能帮助修道之士"上天入地,穿山入水"的记载,认为其与远古时代巫师与动物使者之间的关系当有内在联系。良渚文化大墓随葬玉器在组合上与红山文化最明显的差别,是除了都有大量与宗教祭祀活动有关的玉器,尚普遍随葬有象征军权和王权存在的玉钺或石钺。前面我们曾经提到,有的墓葬除玉钺之外,尚有多达几十甚或上百件石钺者。钺是由生产工具类石斧演变而来的兵器,是王权的象征,已因林沄教授的精辟考证而成为学术界的共识⑩。良渚文化中玉石钺大量而普遍的存在,表明当时凌驾于良渚社会之上的权力中枢中,军权、王权和神权是合为一体的,军权、王权已占有一定的地位。但权衡起来,神权仍高于王权和军权,余杭反山 M12 出土玉钺上、瑶山 M7 出土玉钺柄端饰上也雕有神人兽面纹即可为证。它不仅说明在举行盛大祭典时要充当仪仗,即使在刑杀和征伐等活动时也要听命于神的指挥,而更为重要的,则是证明了能行使军权和王权的也正是能交接人神、沟通天地掌握祭祀大权的巫师本人,巫师既握有神权,也握有军权和王权。

　　仰韶文化则大异其趣。在其大型墓葬中,随葬的除了陶器便是极少的玉钺,甚或没有玉钺,看不到宗教祭祀活动的遗迹和象征神权存在的东西。仰韶文化中晚期像红山文化、良渚文化一样,也已发展到分层社会的阶段,但不同的是,凌驾于其社会之上的权力中枢中,以玉钺为象征的军权和王权占有至高无上的绝对地位,我们不能说当时仰韶社会没有神祇和祭祀活动,但至少由此可以证明,神权在社会政治生活中的重要性可能只占较小的份额。较早发现仰韶文化与红山文化、良渚文化之间存在差别的是许倬云先生。许先生并不否认仰韶文化也有信仰,但他认为仰韶文化的信仰是对于死者的灵魂观念,这种灵魂观念,可以转化为事死如事生,可以转化为祖先崇拜,因而人死后,即以日常生活用品殉葬,考古所见的确主要是活人使用的器皿和工具,或其仿制品^㉜。这一信仰与红山和良渚两个玉文化礼仪中心所显示的神祇信仰迥然有别,玉器主要是神祇信仰的礼器,陶器则主要是祖先信仰的礼器。

通过以上分析,我们可以得出以下认识:在中国古代文明演进历程中,距今5 500—4 500年这个阶段,无论是北方的红山文化、东南的良渚文化,还是中原的仰韶文化,都已发展到苏秉琦先生所说的"古国"阶段^㉝,但它们所走的道路、表现的形式并不相同,如果说它们都属于"古国",则红山文化古国是以神权为主的神权国家,良渚文化古国是神权、军权、王权相结合的以神权为主的神权国家,仰韶文化古国是军权、王权相结合的王权国家。

四、不同的模式,不同的前途

在古代文明演进过程中,出现不同模式的原因可能是复杂的,这里既有环境的因素,也有文化传统的因素,但究竟什么是主因,似乎一时还难以说清楚。不过,考察不同地区、不同文化文明演进的全过程,我们便会发现,不同模式发展的前途并不一样,有的盛极而衰逐步消亡了,有的则向更高层级迈进继承发展下来了。

根据考古学的研究,在我国的东北地区,红山文化之后是小河沿文化,再后是夏家店下层文化,并由此开始进入青铜器时代,文化发展的谱系是基本清楚的。但无论是小河沿文化还是夏家店下层文化及其之后的什么文化,都没有再发现像红山文化坛、庙、冢那样令人震惊的宗教祭祀遗迹和遗物,更没有发现能够证明其发展为独立文明国家的证据。事实是随着时间的推移,它的继承者不断发生分化,有的自行消亡了,有的逐步融入其他文化或被发展程度更高的文化同化了。

位于我国东南地区,以祭坛、贵族坟山、大型城址和精美玉器为标志的良渚古国的发展程度显然高于红山古国,但像红山古国的前途一样,继良渚文化之后的广富林文化、好川文化⑤以及马桥文化等,也没有再发现更重要的遗迹遗物或可证明其发展为更高层级的独立文明的证据。反倒是有更多的材料可以证明,它同样是自行萎缩或者被别的文化取代、融合或同化了。

不同的是位于中原地区的仰韶古国。以灵宝西坡发现的大型建筑和大墓为标志的仰韶古国,既缺乏红山古国坛、庙、冢突显的辉煌,也没有良渚古国大型城址、大型祭坛、贵族坟山和动辄以几十件、上百件玉器随葬的张扬,但大量考古材料证明,继仰韶文化之后的中原龙山文化时期,在仰韶古国奠定的基础上,文明的脚步没有停止,也没有迂回,而是继续向前又推进到了一个新的阶段。山西襄汾陶寺遗址的发掘表明⑥,在距今 4 300—4 000 年时期,这里以面积达 280 万平方米的城址、大型宫殿基址、观象台基址、随葬 6 柄玉钺及众多彩绘陶礼器的大墓等为标志,也兴起了一个内涵更为丰富的初级文明国家,学者们结合古代文献的有关记载,倾向认为此即传说中的尧的都城平阳的所在。根据司马迁《史记·五帝本纪》,尧之后是舜,舜之后是禹,尽管目前考古上尚未能找到舜都的线索,但河南登封王城岗河南龙山文化晚期面积达 34 万平方米的大城城址的发现,及其碳十四测年为约公元前 2000 年前后始建的事实⑦,则从考古上证明了文献所记此即禹都阳城的可信性。由禹、启建立的夏王朝,过去一直被称为是中国古代历史上的第一个王朝,共经十四代十七王。继王城岗禹都阳城发现之后,因新密新砦"后羿代夏"时期遗存的发现⑦及偃师二里头夏都的发现⑧,使过去一直被视为传说时代的夏史成为信史。如果将以往已经通过河南安阳小屯殷墟、郑州商城、偃师商城及陕西周原、长安丰镐、河南洛阳成周等遗址考古发掘研究成果串联起来,夏、商、周三代历史的发展线索和基本框架便清晰地呈现在了世人的面前,而如究其渊源,自然应由仰韶古国为其开始。我们不应否认中原龙山文化及其后续的夏、商、周文化,在其发展过程中曾吸收过在历史上曾盛极一时的红山文化、良渚文化所创造的某些先进文化因素,但总体来看,只能是仰韶文化的直接继承和发展。

五、不同的前途,不同的原因

红山古国、良渚古国消亡了,唯独仰韶古国得以承续发展,绵延不绝,成为数千年不曾间断的中华文明史的主干。是偶然,还是必然,主要原因是什么? 这是我们十分关注且很早就开始讨论的问题。

回溯古今中外历史,世界上发生的林林总总大小事件,既有偶然原因,也有必然因素,但更多的恐怕还是必然通过偶然表现出来。古人有所谓"一言丧邦,一言兴邦"的说法,作为一个国家,当它消亡或者兴旺的条件还不具备、还不成熟的时候,是不会轻易消亡或兴盛的。一国之君,无论昏庸或英明,其政策、号令只能加速或者延缓国家的灭亡或崛起,而不能起决定作用。那么,红山古国、良渚古国最终导致消亡的真正原因,仰韶古国最终得以存续发展的真正原因究竟是什么? 环境变化说、异文化入侵说,都有一定的合理性、可能性,但迄今提出来的证据似乎都还难以证明。考虑再三,笔者认为问题主要还是出在它们在文明演进过程中选择的不同途径、采取的不同模式上。

红山"古国"采取的是无限扩大神权的模式,良渚"古国"虽神权、军权、王权相结合但仍是以神权为主的模式。神权高于一切,应该是两者最终均走向消亡的根本原因。第一,掌握神权的巫师,无所节制地将社会财富大量挥霍于非生产性的宗教祭祀设施的建设和活动上,掏空了社会机体正常运转和持续发展的基础,使社会失去了进一步发展的动力,这是我们从红山文化牛河梁、东山嘴、胡头沟等遗址的发掘资料中可以直接观察到的,也是早有学者已经指出过的[⑳];第二,掌握神权的巫师,不是靠自己的军事才能和行政才能管理国家,而是靠向神致祭、同神对话秉承神的意志和个人想象来实现领导,这样做的结果可想而知。

而在军权、王权结合基础上突出王权的仰韶古国,则与前两者绝然不同。从灵宝西坡遗址的考古发掘现场，我们既看不到红山文化牛河梁，良渚文化瑶山、汇观山那样范围广大、内涵多样的宗教祭祀场景，也看不到红山、良渚大墓中随处可见的带有神秘宗教色彩的玉器。其墓葬尽管规格很高，但一般只有陶质器皿和一两件玉钺随葬，而且这些看似规格和地位很高的大墓并不脱离"氏族"公共墓地单葬一处，而是和其他规模不算很大但可能有血缘关系的死者葬于同一墓地。在这里看到的是王权的突显和神权的渺小，是尊者的朴实无华，是尊者与卑者虽有区隔但仍存在的千丝万缕的联系。显然，仰韶古国在这样的中枢领导下，第一，没有造成、也不大会造成社会财富的极大浪费，从而保证了社会的正常运转和持续发展的可能；第二，掌握军权、王权的仰韶古国的王，虽对自然神祇也心存敬畏，也有祭祀，但主要是崇敬先祖，通过祭祀祖先求得庇佑和治世良策，因而不会像红山、良渚古国掌握神权的巫师那样"随心所欲"，靠神的意志实行对国家的治理；第三，仰韶古国的王比较接近民间社会，因而能够提出比较符合民众和社会需要的措施，顺应社会发展的要求。笔者曾主张考古学上的仰韶文化晚期至龙山文化时期，大体可与传说中的五帝时代相对应[40]。尽管灵宝西坡遗址有许多关于黄帝曾铸鼎于此的传说，但迄今我们还无法知道，西坡仰韶大墓的死者究竟能否与五帝之首的黄帝直接挂钩，拟或要早于五帝的时代。但考察西坡仰韶大墓，总会让人联想到《史记·五帝本纪》的一些记载："轩辕之时，神农氏世衰。诸侯相互侵伐，暴虐百姓，而神农氏弗能征。于是轩辕乃习用干戈，以征不享，诸侯咸来宾从"，"轩辕乃修德振兵，治五气，艺五种，抚万民，度四方"，"时播百谷草木，淳化鸟兽虫蛾……劳动心力耳目，节用水火材物。有土德之瑞，故号黄帝"。司马迁描绘的黄帝，是否真的如此，他自己也心存疑虑。如将有关记述和西坡仰韶大墓考古材料相对照，两者好像如影随形，形影不离。笔者历来反对将五帝一一人格化，但是如果将其作为时代的符号来看待，这些记载是否也含有某些真实、合理的成分呢？

　　总之，无论从考古材料看，还是从文献记载看，古代历史上出现的王权国家,因能自觉不自觉地把握社会可持续发展的方向,避免社会财富的浪费,因而要高于、优于神权国家。仰韶文化从进入分层社会开始,社会上层即选择了在军权、王权结合基础上突显王权、发展王权的道路,并为后继者所传承,这应该是由仰韶古国创造的文明模式得以发展、数千年绵延不断的根本原因。

过去,我是支持把神权国家当作文明演进过程中一个必经的阶段看待的,灵宝西坡仰韶文化大型建筑基址和大墓的发现,使我不得不对原来的认识加以修正。由神权国家发展到王权国家,一般来说或者从逻辑上说可能符合一般规律,但在文明演进过程中,不同地区、不同文化因环境的差别、传统的差别、所受异文化影响的差别,自己所遵循的发展途径和模式也可能是不同的。仰韶文化没有走先神权后王权,而是一开始就发展王权的道路,已清楚地说明了这一点。

注释

① 滨田耕作、水野清一:《赤峰红山后》,《东方考古学丛刊》甲种第 6 册,1938 年。
② 郭大顺、张克举:《辽宁省喀左县东山嘴红山文化建筑群址发掘简报》,《文物》1984 年 11 期;辽宁省考古研究所:《辽宁牛河梁红山文化女神庙与积石冢群发掘简报》,《文物》1986 年 8 期。
③④⑥⑧ 郭大顺:《中华五千年文明的象征——牛河梁红山文化坛庙冢》,载辽宁省文物考古研究所编《牛河梁红山文化遗址与玉器精粹》,文物出版社,1997 年。
⑤ 魏凡:《牛河梁红山文化第三地点积石冢石棺墓》,《辽海文物学刊》1994 年 1 期。
⑦ 方殿春、刘葆华:《辽宁阜新县胡头沟红山文化玉器墓的发现》,《文物》1984 年 6 期。
⑨ 震旦艺术博物馆:《红山玉器》,台北震旦文教基金会出版,2007 年。
⑩ 中国社会科学院考古研究所内蒙古工作队:《内蒙古敖汉旗兴隆洼遗址发掘简报》,《考古》1985 年 10 期;中国社会科学院考古研究所内蒙古工作队:《内蒙古敖汉旗兴隆洼聚落遗址 1992 年发掘简报》,《考古》1997 年 1 期。
⑪ 施昕更:《良渚》,1938 年。
⑫⑳ 上海市文物保管委员会:《崧泽——新石器时代遗址发掘报告》,文物出版社,1987 年。

⑬ 上海博物馆考古研究部:《上海松江区广富林遗址 2001—2005 年发掘简报》,《考古》2008 年 8 期。

⑭ 上海市文物管理委员会:《上海市闵行区马桥遗址 1993—1995 年发掘报告》,《考古学报》1997 年 2 期。

⑮ 浙江省文物考古研究所:《反山(上、下)》,文物出版社,2005 年。

⑯ 浙江省文物考古研究所:《瑶山》,文物出版社,2003 年。

⑰ a. 南京博物院:《江苏吴县草鞋山遗址》,《文物资料丛刊》第 3 辑,1980 年;b. 南京博物院:《苏州草鞋山良渚文化墓葬》,《东方文明之光——良渚文化发现 60 周年纪念文集》,1996 年。

⑱ a. 南京博物院:《江苏武进寺墩遗址的试掘》,《考古》1981 年 3 期;b. 南京博物院:《1982 年江苏常州武进寺墩遗址的发掘》,《考古》1984 年 2 期;c. 常州博物馆:《江苏武进寺墩遗址的新石器时代遗物》,《文物》1984 年 2 期;d. 江苏省寺墩考古队:《江苏武进寺墩遗址第四、第五次发掘》,《东方文明之光——良渚文化发现 60 周年纪念文集》,1996 年。

⑲ 上海市文物管理委员会:《福泉山》,文物出版社,2000 年。

㉑ 安特生:《中华远古之文化》,《地质汇报》第五号第 1 册,袁复礼译,京华印书局,1923 年。

㉒ 刘明利:《仰韶文化出土玉器研究》,北京大学考古文博学院 2005 年硕士论文。

㉓ 中国社会科学院考古研究所河南一队等:《河南灵宝市西坡遗址 2006 年发现的仰韶文化中期大型墓葬》,《考古》2007 年 2 期。

㉔ a. 河南省文物考古研究所等:《河南灵宝市西坡遗址墓地 2005 年发掘简报》,《考古》2008 年 1 期;b. 马萧林、李新伟、杨海青:《河南灵宝西坡第五次发掘获重大收获》,《中国文物报》2005 年 8 月 26 日第 1 版;c. 马萧林、李新伟、杨海青:《灵宝西坡仰韶文化墓地出土玉器初步研究》,《中原文物》2006 年 2 期。

㉕ 浙江省余杭县文物管理委员会:《浙江余杭横山良渚文化墓葬清理简报》,《东方文明之光——良渚文化发现 60 周年纪念文集》,1996 年。

㉖ 郭大顺:《从"唯玉为礼"到"以玉比德"——再谈红山文化的"唯玉为葬"》,费孝通主编《玉魂国魄——中国古代玉器与传统文化学术讨论会文集》,北京燕山出版社,2002 年。

㉗㉜ 许倬云:《神祇与祖灵》,费孝通主编《玉魂国魄——中国古代玉器与传统文化学术讨论会文集》,北京燕山出版社,2002 年。

㉘ 周晓晶:《红山文化玉器的创型理念与使用功能研究》,《辽宁省博物馆馆刊》第一辑,2006 年。

㉙ 邓淑苹:《新石器时代的玉璧》,转引自国际良渚学中心编《良渚学文集》(玉器一)。

㉚ 张光直:《谈"琮"及其在中国古史上的意义》,文物出版社编《文物与考古论集》,文物出版社,1986 年。

㉛ 林沄:《说王》,《考古》1965 年第 6 期。

㉝ 苏秉琦:《中国文明起源新探》,香港商务印书馆,1997年。鉴于良渚的发展水平高于红山,苏秉琦先生甚至认为良渚已进入"方国"阶段。

㉞ 浙江省文物考古研究所等:《好川墓地》,文物出版社,2001年。

㉟ a. 中国社会科学院考古研究所山西队等:《山西襄汾陶寺城址2002年发掘报告》,《考古学报》2005年3期;b. 中国社会科学院考古研究所山西队等:《山西襄汾县陶寺城址祭祀区大型建筑基址2003年发掘简报》,《考古》2004年7期;c. 中国社会科学院考古研究所山西队等:《陶寺城址发现陶寺文化中期墓葬》,《考古》2003年9期。

㊱ 河南省文物考古研究所等:《王城岗遗址发现与研究》,大象出版社,2007年。

㊲ 北京大学震旦古代文明研究中心等:《新密新砦》,文物出版社,2008年。

㊳ a. 中国社会科学院考古研究所:《偃师二里头》,中国大百科全书出版社,1999年;b.《中国考古学·夏商卷》第三章,中国社会科学出版社,2003年;c. 中国社会科学院考古研究所二里头工作队:《二里头遗址2003—2004年田野考古新收获》,《中国社会科学院古代文明研究中心通讯》第8期,2004年8月。

㊴ 何驽:《可持续发展定乾坤——石家河酋邦与中原崛起的根本原因之对比分析》,《中原文物》1999年4期。

㊵ 李伯谦:《考古学视野的三皇五帝时代》,北京大学震旦古代文明研究中心《古代文明研究通讯》总第三十六期,2008年3月;后收入《炎黄文化研究》第八辑,2008年。

（原载北京大学震旦古代文明研究中心编《古代文明研究通讯》总第三十八期,2008年9月;后收入《文物》2009年3期;又见《文明探源与三代考古论集》,科学出版社,2011年）

从崧泽到良渚

——关于古代文明演进模式发生重大转折的再分析

  崧泽代指考古学上的崧泽文化,良渚代指考古学上的良渚文化。崧泽文化以 20 世纪初上海市文物保管委员会对上海青浦崧泽遗址的发掘而得名[①],良渚文化以施昕更先生 1936—1937 年对浙江省杭州市良渚遗址的发掘而得名[②]。崧泽文化和良渚文化分布地域基本重合,均在长江三角洲及其邻近地区范围之内。多处遗址的地层关系表明,崧泽文化早于良渚文化,良渚文化晚于崧泽文化[③]。而根据两者内涵的比较研究,崧泽文化与良渚文化关系密切,崧泽文化是良渚文化的前身,良渚文化是崧泽文化的继续和发展[④]。这一论断的得出是以大量事实为根据的,其科学性无可置疑。但需要指出的是,这一结论是立足于对两者物质文化遗存(遗迹、遗物)的外在面貌(形态、花纹)的分析比较基础上的,若换个角度从其反映的思想观念考察,则除了有相似和继承发展的一面,还有重要的区别和变化,这主要表现在两者墓葬随葬玉石器的类别、组合及其象征意义上。

  崧泽文化的墓地在上海青浦崧泽遗址[⑤]、浙江湖州邱城遗址[⑥]、上海松江汤庙遗址[⑦]、上海青浦寺前遗址[⑧]、上海青浦福泉山遗址[⑨]、江苏吴县草鞋山遗址[⑩]、浙江嘉兴南河浜遗址[⑪]、浙江湖州昆山遗址[⑫]、江苏张家港市东山村遗址[⑬]等均有所发现。其中崧泽遗址 148 座、南河浜遗址 92 座、昆山遗址 61 座、东山村遗址 34 座,是出土墓葬较多的遗址。根据碳十四测定,崧泽文化的年代跨度为距今 5 800—5 300 年,其内部已出现分化。以东山村为例,遗址中心部位是居址区,东面是小型墓葬区,西面是大中型墓葬区。西区 M90、M91 是迄今所见最大的墓,墓口长度均在 3 米左右,宽度均在 1.6 米左右。M90 随葬品丰富,共有 56 件之多。其中陶器有鼎、豆、罐、鬶、壶、盘、缸等 26 件,玉石器中除镯、璜、玦、管、耳珰等饰品,尚有大型石钺 5 件、大型石锛 1 件。M91 墓室面积略大于 M90,随葬有陶器鼎、豆、罐、鬶、缸、觚形杯等 23 件,石钺 2 件、玉钺 1 件及镯、环等玉饰 12 件,共 38 件。东区已发掘小型墓葬 27 座,墓坑一般长 2、宽 0.8 米,随葬品 10 件左右,也有无随葬品的墓。崧泽文化墓葬,无论大墓还是小墓,凡是有玉石器随葬者,其组合一般皆为兵器类的钺、镞,生产工具类的锛、刀、犁以及装饰品类的镯、环、管、珠、坠等,而即使是像东山村西区 M90、M91 等这样的大墓,也不见具有宗教色彩的璧、琮,更不见璧、琮等玉器上的神徽图像。但作为崧泽文化后续发展的良渚文化,却并非如此。

良渚文化墓地和墓葬发现的数量远远多于崧泽文化,重要者如浙江余杭良渚反山[14]、瑶山[15]、汇观山[16]、庙前[17]、余杭横山[18]、上口山[19]、海盐龙潭港[20]、周家浜[21]、桐乡普安桥[22]、新地里[23]、平湖庄桥坟[24]、海盐仙潭庙[25]、海宁荷叶地[26]、嘉兴雀幕桥[27]、海盐西长浜[28]、上海马桥[29]、青浦福泉山、金山亭林[30]、松江广富林[31]、江苏苏州越城[32]、张陵山[33]、吴江龙南[34]、昆山赵陵山[35]、武进寺墩[36]、江阴高城墩[37]、无锡鸿山邱承墩[38]、新沂花厅[39]等。良渚文化的年代约距今 5 300—4 300 年,其早期紧接崧泽文化晚期,尚含有一定数量的崧泽文化因素,其晚期下连广富林文化、好川文化[40],不少因素为广富林文化、好川文化继承和发展。良渚文化内部分化严重,出现了以良渚古城[41]、瑶山祭坛等为代表的中央都邑性大型聚落,以福泉山、草鞋山、高城墩等遗址为代表的区域中心聚落和遍布长江下游太湖周围的小型聚落。反映在墓葬上,如瑶山大墓 M9,墓口长 4、北宽 1.95、南宽 2.2 米,随葬品除鼎、豆、圈足罐、缸 4 件陶器和 1 件嵌玉漆器、1 件石钺,余均为玉器,计 76 组 262 件。其中玉器种类包括兵器类的玉钺 1 件,装饰类的长管、镯形器、珠、粒、成组锥形器、成组管串等 220 件,充满宗教色彩的或可称之为神器的琮、小琮、冠形器、三叉形器等 42 件,这些玉器的上面有不少雕有神徽图像。反山大墓 M20,墓口长 4、南宽约 2、北宽约 1.75 米,同

瑶山大墓 M9 一样,随葬品亦以玉器为大宗,以《反山》考古发掘报告
(上)第二章表一统计,共出玉器 502 件,其中兵器类的钺、钺瑁、钺镦
共 3 件,装饰类的锥形器、成组锥形器、管、珠、隧孔珠、串珠、串管、带
钩、各种端饰等 413 件,宗教色彩浓厚的琮、琮式管、冠形器、三叉形
器、带盖柱形器、璧、长管等 86 件,另有大石钺 24 件。作为区域中心
的高城墩遗址,M13 墓口长 4.6、宽 3.2 米,随葬品除陶器外,兵器类
的玉钺 1 件、石钺 4 件,装饰类的玉管、玉珠 33 件,具有宗教色彩的玉
琮 2 件、玉璧 1 件,生产工具类的玉锛 1 件。属于一般聚落遗址的桐
乡新地里,出土墓葬 140 座,均为小型墓葬,墓口长度在 2—3、宽
0.5—1 米;随葬品不多,除陶器外,尚有一定数量的石器和玉器,兵器
类的石钺最为常见,在 140 座墓中 47 座随葬有石钺,1 座有玉钺,少
数墓有石镞;装饰类的玉石器有镯形器、锥形器、管、珠及串饰;工具
类有石锛、刀及耜形石器等;具有宗教色彩的仅 M28 有三叉形玉器 1
件、玉璧 2 件,M73 有玉璧 1 件,M121 有玉璧 1 件,M137 有玉琮 1
件,玉琮和一些锥形器上有神徽图像。

通过以上比较可以看出,良渚文化对崧泽文化既有继承发展,又
有重大变化。在墓葬随葬品上,随葬兵器类的石钺,工具类的石犁、
石耜,装饰品类的镯、环、管、珠,及管、珠串饰等,是从崧泽文化到良
渚文化普遍存在的现象,但随葬璧、琮、三叉形器等具有浓厚宗教色
彩的玉器及在玉器上雕出神徽图像,却是由良渚文化才开始的。尤
其值得重视的是,在良渚中央都邑性遗址的反山、瑶山等一些最高等
级墓葬随葬的玉石器中,这类所谓神器已超过兵器类的钺、镞等从而
占有了突出的地位,在许多墓葬随葬的装饰类的锥形器、长玉管甚至
兵器类的玉钺上雕出神徽图像,就是最有力的说明。在像桐乡新地
里那样的小型墓葬中随葬钺、镞等兵器,表明死者是可以参加其所属
氏族部落对外军事活动的成员,而瑶山、反山最高等级大墓除随葬大
量具有宗教色彩的神器,又随葬这类兵器,则是墓主除掌握神权也掌
握一定军权的象征。不过整体衡量,在作为"王"者的最高权力结构
中,神权要大于军权,在玉钺上雕出神徽图像,表明军权也是听命于

神权、受神权支配的。如果这一判断不违历史事实，那就涉及从崧泽文化到良渚文化文明演进模式是否发生了重大转折的问题。

在人类文明演进模式问题上，一般都认为是循着神权—王权—帝权的途径，但实际情况可能要复杂得多。我在《中国古代文明演进的两种模式——红山、良渚、仰韶大墓随葬玉器观察随想》[42] 和《张家港市东山村崧泽文化早中期大墓的启示》[43] 两篇文章中，通过对红山、仰韶、良渚大墓随葬玉器的观察和对崧泽文化的分析，认为红山文化最早出现的是神权，仰韶文化、崧泽文化最早出现的是军权和王权，崧泽文化在发展到良渚文化的过程中，由军权、王权的道路开始走上军权、王权与神权相结合而突出神权的道路。红山文化、仰韶文化在文明演进模式上有着明显的不同，是容易观察得到，也容易得到认同的。但从崧泽文化到良渚文化文明演进模式是否发生了改变，当时，虽提出这一看法，不过尚缺乏深入分析。当对崧泽文化和良渚文化的考古发掘报告尤其是两者的墓葬材料认真研究之后，特别是看到作为神权标志的神徽图像，不仅在所谓的神器上雕出，还在用于装饰的锥形器上和象征军权、王权的玉钺上出现，我的看法已坚信不疑，这篇短文便是上述两篇文章的补充和对这一论断进一步的说明。

不过需要指出的是，得出这一论断主要依据的是瑶山、反山、福泉山、草鞋山等大墓的材料，如仅以桐乡新地里墓葬的材料，不仅形不成这样的看法，甚至还会得出相反的结论。新地里墓地发掘出的140 座墓，均埋于人工堆成的土台之上，分属于西、东、中三个小片，是彼此差距不大的清一色的小型墓葬，根据叠压和打破关系，墓地延续时间较长，但墓葬之间应有密切关系，墓葬中的死者可能是属于几个有血缘关系的家族的成员。从其随葬玉器来看，如上所述，140 座墓中出石钺的有 47 墓，出玉钺的有 1 墓，而出玉琮、玉三叉形器的仅各1 墓，出玉璧的仅 3 墓，神徽图像也仅见于玉琮和少数几件锥形器上，具有宗教色彩的所谓神器所占的比重和兵器类相比，简直不可同日而语。这种情况，和崧泽文化比较，似乎并无多大区别，很难据此做出两者在文明演进模式上有什么不同的论断。但是，从整体来看，新地里遗址作为当时的一个聚落，只是组成良渚社会或谓良渚古国的一个基层社会单元，而决定良渚社会或谓良渚古国大的走向和演进模式的只能是社会的上层，像瑶山、反山、福泉山、草鞋山等大墓的墓主那样的社会精英们。不过，以瑶山、反山等为代表的良渚上层社会和以新地里为代表的良渚下层社会之间如此明显的反差，也从一个侧面反映出在从崧泽文化向良渚文化发展过程中出现文明演进模式的改变，可能不是社会内部自然发展所导致，而很可能是社会上层精英们接受了外来思想观念并强制推行的结果。那么，这一思想观念又是从哪里来的呢？

要回答这一问题，关键是要弄清楚这一思想观念的核心是什么。作为这一思想观念载体的玉琮和玉璧，许多学者都做过深入研究。我认为东周文献《周礼·大宗伯》"以青璧礼天，以黄琮礼地"的说法，应该渊源有自，不会是凭空臆造。我在《中国古代文明演进的两种模式——红山、良渚、仰韶大墓随葬玉器观察随想》一文中，表示认同邓淑苹女士在《新石器时代的玉璧》⑭文章中的分析，她说"古代的中国人相信天圆地方，天苍地黄，所以用'苍'璧来礼拜天神，用'黄'琮来礼拜地祇。但是这种宗教仪式究竟始于何时，却始终未有田野考古的现象可以加以证实，而今良渚文化中，璧、琮的伴随出土，……使吾等不免考虑，这个深植于后世民心的宇宙观，或创始于良渚的居民"。同时我也很推崇张光直先生对玉琮的解释，他说"内圆像天外方像地这种解释在琮的形象上说是很合理的"，"琮的形状最显著也是最重要的特征，是把方和圆相贯串起来，也就是把地和天相贯通起来。专从形状上看，我们可以说琮是天地贯通的象征，也便是贯通天地的一项手段或法器"⑮。将璧、琮功能的这种解释和对刻于琮与其他玉器上的神徽图像含义的解释联系起来，更可以看出这种诠释的合理性与可信性。良渚文化出土的所谓神徽图像，究竟具有何种含义，因过去看到的多是结构简化者，曾令研究者做出多种猜测。直到 1986 年反山大墓 M12：98 被称为"琮王"的玉琮(图一，上)的出土，才为这类图像的含义的解释提供了直接证据，谜底就此揭开。这件玉琮通高

8.9、上射径 17.1—17.6、下射径 16.5—17.5、孔外径 5、孔内径 3.8
厘米,"在四面直槽内上下各琢刻一神人兽面纹图像共 8 个"。神人头
戴羽冠,抬臂弯肘,双手五指平伸;神兽圜眼,阔鼻,大口,上下獠牙,
鸟足,表现的是一神人骑在一神兽上的情景(图一,下)。这是迄今看
到的良渚文化玉器上最为完整最为复杂的一幅神人御兽升天图,图
像上头戴羽冠的神人即是巫师,圜眼、獠牙、鸟足的神兽即是想象中
具有灵性的动物。张光直先生在上引文章中,旁征博引,深入考证,

0　　　　　　1厘米

图一　反山 M12：98 玉琮剖面(上)及神徽(下)

指出图像表现的正是巫师在具有灵性的动物帮助下通过作法沟通天地的情景。图像含义的阐释和琮、璧功能的解说珠联璧合,不可能再有比这更合理更符合实际的解释了。

作为良渚文化前身的崧泽文化,正如张家港东山村以 M90、M91 为代表的早中期大墓随葬多用石钺而缺乏具有宗教色彩的玉器所表明的,它一开始即是崇尚军权和王权,在这一土壤上不可能产生良渚文化中见到的神权崇拜现象和观念。放眼中华大地,和良渚文化的前身崧泽文化基本同时或略有先后的考古学文化,江淮地区有薛家岗文化、凌家滩文化、北阴阳营文化,黄河下游有大汶口文化,黄河中游及邻近地区有仰韶文化(庙底沟类型),燕辽地区有红山文化。在这些考古学文化中哪一个或哪几个可能会是其源头呢?

薛家岗文化以 1979 年安徽省考古工作者首次发掘潜山县薛家岗遗址⑯而得名,该遗址有居址也有墓葬,延续时间约距今 5 500—4 600 年,可分为早、中、晚三大期六个小期,与崧泽文化中晚期至良渚文化早中期约略相当。在发掘的 150 座墓葬中,62 座随葬有玉器和石器,其中兵器仪仗类的玉石钺 67 件、多孔石刀 35 件,工具类的锛 27 件、凿 5 件,装饰品类的玉管 67 件、环 10 件、玉璜 12 件、玉镯 6 件,不见具有浓厚宗教色彩的琮、璧一类器物。需要说明的是,在文字介绍和墓葬登记表中列出的薛家岗 M47 出土的两件所谓玉琮,虽是外方内圆琮的形状,但高仅 2.1—2.2、边长仅 1.7—1.8 厘米,且无雕刻的神徽图像,很难说一定是具有宗教色彩的琮。即使认定是琮,由于该墓属于分期的第五小期,时间上已和良渚文化中期相当,那它也是受良渚文化影响的产物,而不可能相反。

北阴阳营文化的情况与之类似。北阴阳营文化是根据 1955 年和 1958 年对南京市北阴阳营⑰的发掘而命名的,在 271 座墓葬中,有玉、石器随葬的墓 115 座,共随葬兵器类的钺 144 件,工具类的锛 204 件、凿 28 件、斧 21 件、石纺轮 42 件,装饰品类的管 83 件、璜 107 件、玦 86 件、环 17 件。

凌家滩文化以 1987 年开始发掘的安徽含山县凌家滩遗址⑱而得

名,1987年和1998年的发掘,揭露出祭坛、祭坑、积石圈等祭祀遗址多处和44座墓葬,从面貌来看,与崧泽文化、北阴阳营文化均有一定关系,延续时间为距今5 600—5 300年。凌家滩祭坛南北长约40、东西宽约30米,和红山文化、良渚文化中发现的祭坛一样,亦分为上小下大的三层。墓葬分为8排共44座墓葬,随葬品以玉石器为大宗,计有兵器类的玉钺26件、石钺187件,工具类的玉斧7件、石斧2件、玉锛1件、石锛158件、石凿15件,礼仪及装饰品类的玉璜115件、玉玦44件、玉镯112件、玉环117件、玉管108件。在以87M4、87M15和07M4、07M23等个别特殊墓葬和大墓中,除上述品类,尚有数量可观具有宗教色彩、与祭祀有关的玉人、玉龟、玉签、玉版、玉龙、玉鹰、玉虎、玉猪、玉兔等玉器,而这些都仿佛与红山文化、良渚文化有某些相似之处,也许透露出了其间的某种有机联系。

大汶口文化以1959年开始发掘的山东泰安大汶口遗址[49]而得名。1959年的发掘共发现墓葬133座,除8座未见随葬品,其他125座均有数量不等的器物随葬。据统计,在71座随葬有玉石器的墓中,共随葬有兵器类的钺(考古报告称为铲)21件、矛1件,工具类的斧8件(有些穿孔的也可能是钺)、锛57件、纺轮26件、凿3件,装饰品类的笄21件、臂环15件、串珠6串、璜2件、管2件,另有像獐牙勾形器、骨雕筒、骨环等较多的骨、角、牙质的兵器、用器和装饰品。至于M13出土的所谓象牙琮,无论形制或功能都和良渚文化中的琮无相像之处。

仰韶文化(庙底沟类型)和红山文化,我在《中国古代文明演进的两种模式——红山、良渚、仰韶大墓随葬玉器观察随想》一文中已有说明。河南灵宝西坡仰韶大墓[50],只随葬陶器和玉石钺,是崇尚军权和王权的典型实例;红山文化坛、庙、冢和冢内清一色随葬与祭祀有关的具有浓厚宗教色彩的玉器而不见兵器类玉器[51],是崇尚神权的典型代表。

从以上与崧泽文化大体同时的诸考古学文化的分析可以看出,无论是江淮地区的薛家岗文化、北阴阳营文化,还是中原地区黄河流域的大汶口文化、仰韶文化,尽管之间在文化面貌上有这样那样的不同,但在文明演进过程中所遵循的军权—王权的道路,则是与崧泽文化一致的。它们都不大可能是崧泽文化发展到良渚文化早期即出现崇尚神权现象的源头,而只有在良渚文化形成之前在自己的文化肌体内即存在神权崇拜成分的凌家滩文化和红山文化才有可能。

关于凌家滩文化和良渚文化的关系,主持凌家滩遗址发掘和报告编写的张敬国先生早已注意到了,他在《凌家滩》考古发掘报告第六章"凌家滩遗存的文化性质和年代"中写道,凌家滩"出土的陶器和石器明显地证明巢湖流域和长江中下游区域的文化交流、碰撞和融合。……正是有了凌家滩连接南北东西,吸收了黄河流域的大汶口文化、长江流域的崧泽文化因素,才有了后期发展起来的良渚文化"。紧接着他还引用了浙江省文物考古研究所研究员王明达先生说的话:"我们到凌家滩是来朝拜的,即使凌家滩不是良渚的直接源头,也应该是叔父辈。"张敬国具体指出有这种联系的有玉璧、玉环、玉镯和玉玦,没有作为神权崇拜观念典型代表的玉琮,尤其是刻在玉琮等玉器上的神徽图像。

同样,也有学者主张红山文化与良渚文化存在一定的关系。上海博物馆张明华研究员在《抚胸玉立人姿势意义暨红山文化南下之探讨》[②]文中,不仅举出多项例证说明红山文化与凌家滩文化有相像之处,而且还特地指出"其实,我们在时代稍晚的……良渚文化中,……同样发现了红山文化的蛛丝马迹。如良渚文化突兀的高土坛墓地与红山文化的高坛积石冢墓地,良渚文化中最有影响力的神秘莫测的兽面纹与红山文化中的兽面玉牌(图四,4),良渚文化的标志性重器——玉琮、玉璧与红山文化外方内圆但腰微收的竹节状玉珠(图四,5)、玉璧、颇有特征的良渚冠形玉器,经浙江海盐周家浜遗址出土资料证明是象牙梳脊玉饰与可能有同样用途的红山三孔玉器(图三,5),以及两处同出玉龟、展翅玉鹰鸟(图四,7、8)等。尤其可喜的是,2004年又在杭州余杭星桥后头山良渚文化遗址中,出土了一种典型红山式造型的玦形玉龙(图四,9),呈现了良渚文化与红山文化十分可能的关联因素。"王冬力先生还径直将张文中提到的竹节状玉珠称为玉琮,并与良渚文化玉琮做了对比㉝。

　　我同意以上诸位先生关于良渚文化与凌家滩文化、红山文化可能存在某种渊源关系的分析,但对集中体现良渚文化先民信仰和思想观念的神徽图像论之不多。我认为只有把神徽图像的形成过程搞清楚了,才既能看到良渚文化对凌家滩文化和红山文化在思想观念上的吸收和承续,又能看到良渚文化对作为其前身的崧泽文化在文明演进模式上的变革与发展。

　　良渚文化的神徽图像,从结构上说可分为两类:一类只有神兽,最简洁的形式是两个眼圈和一个嘴巴,如反山 M12:92(图二,1);也有两个眼睛、一个嘴巴加鼻头的,如反山 M12:78(图二,2);复杂一些的,不仅有细密的线纹,嘴巴内还露出牙齿,两侧还加上了带鸟爪的腿足,如反山 M12:87(图二,3)。神人御兽的构图,简单的是带羽冠的人形神首加上神兽图像,如反山 M12:103 权杖瑁上者(图三,1);复杂的是见于被称为琮王的反山 M12:98(图一)和被称为钺王的反山 M12:100(图三,2—4)上者,对这种图像我们在前面曾有形象描述,在此就不费笔墨了。神徽图像,作为在特定思想指导下的一种艺术创作,无论简单还是复杂,不会是天上掉下来的,也不会是凭空出现的,它总有自己的源头。那么,这种源头会在哪里呢?

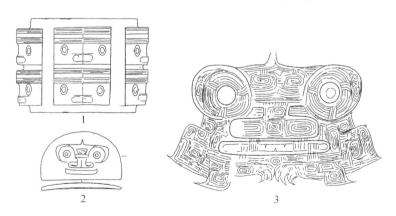

图二　良渚文化神徽

1. 反山 M12:92　2. 反山 M12:78　3. 反山 M12:87

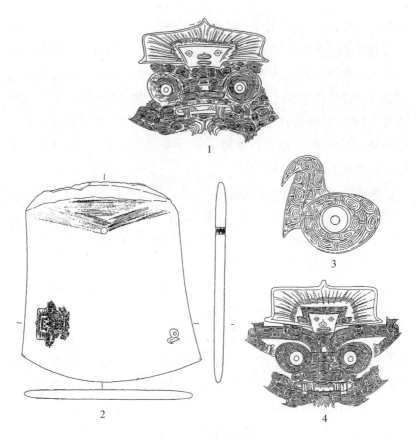

图三　良渚文化神徽

1. 反山 M12：103　　2. 反山 M12：100 钺王　　3. 反山 M12：100 上的鸟纹
4. 反山 M12：100 上的神徽

　　当我们从其可能产生的土壤凌家滩文化和红山文化中苦苦寻觅时,我们惊喜地发现,良渚文化中神兽神徽图像和红山文化中玉猪龙的正视图像,有着惊人的相似。以良渚文化反山 M12：78(图二,2)与红山文化牛河梁第二地点冢 1M4：2(图四,3)为例,两者均有圆睁的双眼和长而宽的嘴巴,与之类似的尚有牛河梁第二地点冢 1M21：14兽面玉饰(图四,1)、凌家滩 98M16：2(图四,2)弧身玉龙正面图像及余杭星桥后头山良渚文化墓葬玦形玉龙的正面图像(图四,4)。其逻辑上的传承次序可能是红山文化玉猪龙——凌家滩弧身玉龙——余

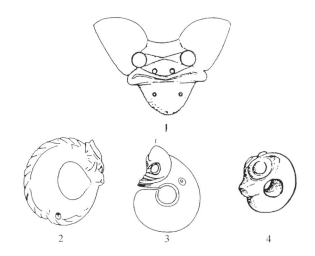

图四 红山文化、凌家滩文化和良渚文化中的玉龙
1. 牛河梁二 Z1M21：14 玉饰　2. 凌家滩 98M16：2 玉龙
3. 牛河梁二 Z1M4：2 玉龙　4. 余杭星桥后头山玉龙

杭星桥后头山玦形玉龙——良渚文化常见兽面神徽图像。即使红山
文化中被称为带齿动物纹的玉饰,可能也与良渚文化兽面神徽的成
形有一定关系,如反山 M16：3(图五,1)璜上的兽面神徽与红山文化
牛河梁第二地点冢 1M27 带齿动物纹玉饰(图五,2),在下部均雕有锋

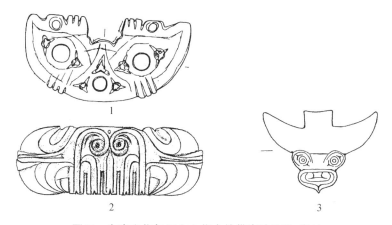

图五 良渚文化与红山文化中的带齿动物纹、鸟纹
1. 反山 M16：3 玉璜花纹　2. 牛河梁二 Z1M27 带齿动物纹玉佩
3. 瑶山 M2：50 玉鸟

利的齿牙。其实,良渚文化兽面神徽与红山文化、凌家滩文化的某些元素有关联,在上引张明华先生的论文中已有提及,方向明先生《凌家滩遗址出土玉器形和纹饰的相关问题讨论》[54]一文中,也做了讨论。

最为学界关注和在社会上影响最大的良渚文化神人御兽神徽图像,如继续单纯沿用考古形态学方法按照时代顺序一步一步向前追溯,也许很难找到它的原形。但是换一个思路,运用艺术心理学方法来看待这个问题,也许不难破解。艺术创作,要遵循一般规律,但起关键作用的则是艺术灵感,艺术灵感的背后当然也有社会的需要在起作用。

从这个角度分析,我比较同意谷建祥先生《人·鸟·兽与琮》[55]一文的见解,神人御兽神徽图像的出现,实际上是红山文化、凌家滩文化宗教思想观念发展到良渚文化阶段,根据社会需要加以整合提升的结果。整合的过程大体分为三个步骤:

第一步是鸟与兽的整合。在红山文化、凌家滩文化阶段,玉猪龙、弧形龙和鸟等动物玉雕都是具有神性的人们崇拜的对象,在人们举行各种宗教祭祀活动时,它们或者置于特定位置或者披挂身上、拿在手中,都是必不可少的法器,但它们都是单独存在的。良渚文化时期,以反山 M12:87(图二,3)带鸟爪兽足神徽图像的出现为标志,神鸟和神兽开始结合,寓意像神鸟一样可以上天下地遨游太空。瑶山 M2:50(图五,3)玉鸟上也雕有双眼和嘴巴的兽面神徽,更为形象地表现了两者的结合。

第二步是带鸟爪的兽面神徽与神人的结合,也即鸟、兽、人的结合。红山文化、凌家滩文化和良渚文化早期的江苏高淳朝墩头 M12都出土有玉人雕像(图六),形象虽有差异,但均作双肩下垂前臂向上双手置于胸前或腹部状,看上去甚为沉稳,似在冥想,又似在祷告,表现的可能是巫师正在作法向天上神灵乞求赐福禳灾的情景。乍看起来,良渚文化"琮王"和"钺王"上的神人御兽神徽上的神人形象似乎很难和红山、凌家滩、朝墩头出土的人形玉雕联系起来,但这正可能是良渚文化时期,通过整合,赋予巫师具有驾驭神兽贯通天地的无比

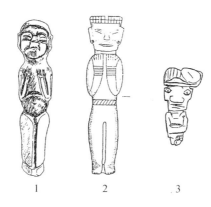

图六　红山文化、凌家滩文化和良渚文化玉人

1. 红山文化玉人　2. 凌家滩玉人　3. 高淳朝墩头玉人

图七　良渚文化神徽图像

神力创造出来的新形象。大概是出于强调其能上天下地具有无比功力的需要,神人一改先前伫立沉稳状,而变为头戴王冠孔武有力的王者,在"钺王"上雕出神人御兽图像的同时,还雕出了一只神鸟图像(图七)。这一神徽图像一经形成,便成为神权的象征,无论其造型是繁是简,是整体还是部分,都是神的代表。

第三步是神权与军权、王权的整合。这一整合不是又创造出一个新形象,而是将作为神权标志的神徽图案,雕刻在作为军权、王权象征的玉钺上,表示神权、军权、王权的结合和神权高于军权、王权的至高无上地位。这件良渚文化中唯一一件雕有神徽图像的玉钺,出在良渚文化最高等级墓地反山墓地的 M12 中,M12 又是该墓地随葬玉器最多、规格最高的一座墓。《反山》考古发掘报告的作者在结语部分将 M12 的墓主人称为"王"一级的人物,认为"是良渚文化中期阶段的'王'",是符合实际情况的。这一局面的确立,就使我们看到,在遍布浙江、江苏、上海乃至邻境地区的良渚文化遗址,不论规模大小,几乎都发现有或多或少与神权有关的遗迹和遗物;不仅在象征军权的兵器上,而且在日常生活乃至装饰品上,也往往雕琢神徽图像,打上神权的烙印。仍以反山 M12 为例,除玉琮、玉钺、权杖上雕有神徽图像,在玉半圆形饰、玉锥形器、玉柱形器、玉管、玉串饰小圆管、各种端饰上亦可见到。

我们前面的论述,是想着重强调,作为良渚文化前身的崧泽文化,以大墓随葬玉钺为标志,反映其在文明演进模式上,走的是军权—王权的道路。但发展到良渚文化阶段,堪称"王"墓的大墓以既随葬象征军权、王权的玉钺,又随葬象征神权的刻有神徽的玉琮、玉璧,并在玉钺上也刻出神徽,表明其间已发生重大变化,开始走上神权、军权、王权相结合而突出神权的道路。而做出这种选择,不是墨守成规因袭前辙,而是接受外来思想并加以消化融合、改造提升的结果。

一个考古学文化,一个族团,一个国家,在发展过程中,接受外来思想文化影响,从而改变自己的发展道路的情况屡见不鲜。从崧泽到良渚,由崇向军权、王权的道路转变到军权、王权、神权三者合一而突出神权的道路,即是一个很好的例证。

物质可以变精神,精神也可以变物质。属于精神领域的人们的思想观念,也有能动性,在一定条件下是会转化为物质,是会改变社会发展方向的。作为考古学研究对象的人们在生产、生活中遗留的遗迹和遗物,虽然是物质形态的,但它也包含有精神的东西。考古学研究,既要研究物,又要通过物研究人,研究人的思想。

附记:今年喜逢李仰松先生八十华诞。五十多年前李先生曾为我们班讲授《中国新石器时代考古》课,并指导在陕西华县泉护南台地与元君庙的基础实习,至今仍记忆犹新。今特撰此文,以志祝贺。

2012 年 2 月 12 日

注释

① 上海市文物保管委员会:《崧泽——新石器时代遗址发掘报告》,文物出版社,1987 年。

② 施昕更:《良渚》,1938 年。

③ 崧泽文化早于良渚文化的地层关系在上海青浦福泉山,浙江余杭临平灯笼山,嘉兴雀幕桥、双桥,桐乡普安桥、海盐仙潭庙,安吉芝里等多处地点均有发现。

④ 丁品:《试论崧泽文化向良渚文化的过渡》,《良渚文化研究——纪念良渚文化发现六十周年国际学术讨论会文集》,科学出版社,1999 年。

⑤ 上海市文物保管委员会:《崧泽——新石器时代遗址发掘报告》,文物出版社,1987 年。

⑥ 梅福根:《江苏吴兴邱城遗址发掘简介》,《考古》1959 年 9 期。

⑦ 黄宣佩、孙维昌:《上海市松江县汤庙村古遗址调查》,《考古》1963 年 1 期;上海市文物保管委员会:《上海松江县汤庙村遗址》,《考古》1985 年 7 期。

⑧ 上海博物馆考古研究部:《上海青浦区寺前史前遗址的发掘》,《考古》2002 年 10 期。

⑨ 上海市文物管理委员会:《福泉山——新石器时代遗址发掘报告》,文物出版社,2000 年。

⑩ 南京博物院:《江苏吴县草鞋山遗址》,《文物资料丛刊·3》,文物出版社,1980 年;南京博物院:《苏州草鞋山良渚文化墓葬》,《东方文明之光——良渚文化发现 60 周年纪念文集(1936—1996)》,海南国际新闻出版中心,1996 年。

⑪ 浙江省文物考古研究所:《南河浜》,文物出版社,2005 年。

⑫ 浙江省文物考古研究所、湖州市博物馆:《昆山》,文物出版社,2006 年。

⑬ 南京博物院、张家港市文广局、张家港博物馆:《江苏张家港市东山村新石器时代遗址》,《考古》2010 年 8 期。

⑭ 浙江省文物考古研究所:《反山(上、下)》,文物出版社,2005 年。

⑮ 浙江省文物考古研究所:《瑶山》,文物出版社,2003 年。

⑯ 浙江省文物考古研究所、余杭市文物管理委员会:《浙江余杭汇观山良渚文化祭坛与墓地发掘报告》,《浙江省文物考古研究所学刊》,长征出版社,1997 年;《良渚文化汇观山遗址第二次发掘报告》,《文物》2001 年 12 期。

⑰ 浙江省文物考古研究所:《庙前》,文物出版社,2005 年。

⑱ 浙江省余杭县文物管理委员会:《浙江余杭横山良渚文化墓葬清理简报》,《东方文明之光——良渚文化发现 60 周年纪念文集(1936—1996)》,海南国际新闻出版中心,1996 年。

⑲ 浙江省文物考古研究所:《浙江余杭上口山遗址发掘简报》,《文物》2002 年 10 期。

⑳ 浙江省文物考古研究所、海盐县博物馆:《浙江海盐县龙潭港良渚文化墓地》,《考古》2001 年 10 期。

㉑ 蒋卫东等:《海盐周家浜遗址抢救发掘获硕果》,《中国文物报》1999 年 11 月 17 日。

㉒ 北京大学考古学系等:《浙江桐乡普安桥遗址发掘简报》,《文物》1998 年 4 期。

㉓ 浙江省文物考古研究所、桐乡县文物管理委员会:《新地里》,文物出版社,
2006年。

㉔ 浙江省文物考古研究所:《浙江平湖庄桥坟良渚文化遗址和墓地》,《考古》2005
年7期;徐新民:《浙江平湖庄桥坟再度发掘》,《中国文物报》2006年12月
22日。

㉕ 王宁远、李林:《浙江海盐仙潭庙遗址》,《2003年中国重要考古发现》,文物出
版社,2006年。

㉖ 刘斌:《海宁荷叶地良渚文化遗址》,《中国考古学年鉴·1989》,文物出版社,
1990年。

㉗ 嘉兴市文化局:《浙江嘉兴雀幕桥遗址试掘简报》,《考古》1986年9期。

㉘ 芮国耀:《海盐西长浜遗址的发掘》,《浙江省文物考古新纪元》,科学出版社,
2009年。

㉙ 上海市文物管理委员会:《上海马桥遗址第一、二次发掘》,《考古学报》1978年
1期。

㉚ 孙维昌:《上海市金山县查山和亭林遗址试掘》,《南方文物》1997年3期。

㉛ 上海博物馆考古研究部:《上海松江区广富林遗址2001—2005年发掘简报》,
《考古》2008年8期。

㉜ 南京博物院:《江苏越城遗址的发掘》,《考古》1982年5期。

㉝ 南京博物院:《江苏吴县张陵山遗址发掘简报》,《文物资料丛刊·6》,文物出版
社,1982年。

㉞ 苏州博物馆等:《江苏吴江龙南新石器时代村落遗址第一、二次发掘简报》,
《文物》1990年7期。

㉟ 江苏省赵陵山考古队:《江苏昆山赵陵山遗址第一、二次发掘简报》,《东方文
明之光——良渚文化发现60周年纪念文集(1936—1996)》,海南国际新闻出
版中心,1996年。

㊱ 南京博物院:《1982年江苏常州武进寺墩遗址的发掘》,《考古》1984年2期;江
苏省寺墩考古队:《江苏武进寺墩遗址第四、五次发掘》,《东方文明之光——
良渚文化发现60周年纪念文集(1936—1996)》,海南国际新闻出版中心,
1996年。

㊲ 南京博物院、江阴博物馆:《高城墩》,文物出版社,2009年。

㊳ 南京博物院、江苏省考古研究所、无锡市锡山区文物管理委员会:《邱承墩》,
科学出版社,2010年。

㊴ 南京博物院:《1989年江苏新沂花厅遗址的发掘》,《东方文明之光——良渚文
化发现60周年纪念文集(1936—1996)》,海南国际新闻出版中心,1996年。

㊵ 浙江省文物考古研究所:《好川墓地》,文物出版社,2001年。

㊶ 浙江省文物考古研究所:《杭州市余杭区良渚古城遗址2006—2007年的发
掘》,《考古》2008年7期。

㊷ 李伯谦:《中国古代文明演进的两种模式——红山、良渚、仰韶大墓随葬玉器

观察随想》,《文明探源与三代考古论集》,文物出版社,2011年。

㊸ 李伯谦:《张家港市东山村崧泽文化早中期大墓的启示》,《文明探源与三代考古论集》,文物出版社,2011年。

㊹ 邓淑苹:《新石器时代的玉璧》,转引自国际良渚学中心《良渚学文集》(玉器一)。

㊺ 张光直:《谈"琮"及其在中国古史上的意义》,《文物与考古论集》,文物出版社,1985年。

㊻ 安徽省文物考古研究所:《潜山薛家岗》,文物出版社,2004年。

㊼ 南京博物院:《北阴阳营》,文物出版社,1993年。

㊽ 安徽省文物考古研究所:《凌家滩》,文物出版社,2006年;《安徽含山县凌家滩遗址第五次发掘的新发现》,《考古》2008年3期。

㊾ 山东省文物管理处、济南市博物馆:《大汶口》,文物出版社,1974年。

㊿ 中国社会科学院考古研究所、河南省文物考古研究所:《灵宝西坡墓地》,文物出版社,2010年。

51 郭大顺:《中华五千年文明的象征——牛河梁红山文化坛庙冢》,《牛河梁红山文化遗址与玉器精粹》,文物出版社,1997年。

52 张明华:《抚胸玉立人姿势意义暨红山文化南下之探讨》,《上海博物馆集刊》第十期,上海书画出版社,2005年。

53 王冬力:《红山文化玉琮与良渚文化玉琮的比较研究》,《古玉今韵——朝阳牛河梁红山玉文化国际论坛文集》,中国文史出版社,2008年。

54 方向明:《凌家滩遗址出土玉器形和纹饰的相关问题讨论》,《凌家滩文化研究》,文物出版社,2006年。

55 谷建祥:《人·鸟·兽与琮》,《东方文明之光——良渚文化发现60周年纪念文集(1936—1996)》,海南国际新闻出版中心,1996年。

(《考古学研究(十)》,科学出版社,2012年)

聚落演变与文明

· 关于文明形成的判断标准问题

关于文明形成的判断标准问题

　　文明的起源、形成和发展，是世界上任何一个民族、任何一个国家都十分关注的学术课题。中国作为世界文明古国，究竟什么时候开始出现文明因素，什么时候开始形成文明进入文明时代，中国古代文明的进程如何？如果从 20 世纪 20 年代初期以顾颉刚为首的疑古学派提出以往的历史都是层累的造成的历史，彻底粉碎数千年来形成的三皇五帝古史体系，到经过激烈论争，统一到走考古之路重建中国上古史上，提出这一学术任务，至今已经有了 80 多年的历史。80 多年来，特别是以田野调查、发掘为特征的现代考古学传入我国以后，通过几代学人的不懈努力，围绕中国古代文明的研究，取得了一个又一个的丰硕成果。始于 1928 年的河南安阳小屯殷墟的发掘，宫殿基址、商王陵墓及大批甲骨卜辞、青铜器、玉器的面世，证明《竹书纪年》盘庚迁殷至纣之灭"二百七十三年更不徙都"的记载不虚。司马迁《史记·殷本纪》所记商朝后期的历史是可信的。始于 20 世纪 50 年代初河南郑州二里岗和郑州商城以及后来偃师商城等遗址的发掘，证明商朝前期的历史也是可信的。《史记·殷本纪》前面还有《夏本纪》，《夏本纪》所记夏朝的历史过去历来被认为是荒诞不经的传说。而始于 1959 年的偃师二里头遗址以及其后山西夏县东下冯、河南登封王城岗、新密新砦等遗址的发掘表明，夏文化经历了以王城岗遗址河南龙山文化晚期大城为代表的早期——以新密新砦期遗址为代表的"夷羿代夏"时期——以偃师二里头遗址一至四期遗存为代表的"少康中兴"至夏桀灭国的晚期三大发展阶段，目前已成为学术界的主流认识。而山西襄汾陶寺龙山时代 280 万平方米夯土大城、宫室建筑、观象台址、贵族大墓等的发现及年代测定,也使不少学者将之与文献"尧都平阳"的记载加以对应,怀疑此地或即《史记》开篇《五帝本纪》中的五帝之一尧部落的中心所在地。距今 4 500 年以上早于龙山时代的仰韶时代,主要是其晚期,在中原黄河中下游地区、北方古长城地带燕辽地区、南方长江中下游地区,在考古学上也先后出现了与探讨文明有关的某些迹象。这些迹象,甚至包括前述龙山时代可与文献记载加以对照的一些城址,仅是文明因素出现的反映,还是进入文明阶段的证据,学术界意见并不一致。有人认为龙山时代甚或仰韶晚期,一些地区文明已经形成。而有人认为,不仅仰韶晚期甚或龙山时代,虽然出现了文明因素,但都不能说已经进入文明阶段,产生了国家。面对同样的材料,为什么看法上会有如此大的分歧? 看来问题在于,大家遵从的探讨文明形成的途径和思路可能不大一致,掌握的判断文明形成的标准可能不大一致。文明研究的实践告诉我们,人类社会的文明化是一个过程。不同地区,地理环境和自然条件不同,文化传统有别,走向文明的模式也会各有特点。因此,研究文明的起源和形成,不能从固定的概念出发,而应该从实际出发,从事物发展由量变到质变的规律出发,紧紧把握文明的本质特征,具体问题具体分析。回顾文明起源形成研究的过程,总结文明起源形成研究的实践,我体会以下几点是需要把握和注意的。

第一,判断人类社会的发展是否已经进入文明,首先要明确文明的定义。有关文明的定义不下几十种,但比较起来,迄今仍以恩格斯提出的"国家是文明的概括"的概念最接近文明的本质,也为学术界多数学者所认可。那么什么是"国家"呢? "国家"是政治学、法学上的术语,国家是暴力机关又是管理机关。作为暴力机关,具有保卫自己的人民和领土不被外人侵犯和对外开疆拓土的责任,对内有保护上层统治阶级利益、镇压下层被统治阶级反抗的作用;作为管理机关,具有组织管理生产、税收、水利、交通等经济、行政等保证国家机器正常运行的职能。"国家是文明的概括",文明发展到一定程度就会产生国家,国家是社会进入文明的象征。考古学上找不到作为政治学、法学概念的国家，但是从调查、发掘出的遗迹、遗物乃至遗迹现象，是可能观察到并分析出作为文明的概括的国家是否已经产生和存在的征象的。

　　第二，文明形成的"四要素"说或曰四个标志，即一般所说的城市、文字、青铜器和大型宗教礼仪性建筑，虽然注意到了社会演进过程中产生的与文明有密切关系的新事物、新现象，但并没有抓住文明和作为文明概括的国家的本质，没有认识到问题的复杂性。放眼古代世界，实际上有的地区，青铜冶铸技术发明很早，但并未进入文明；有的地区较早进入了文明，但尚未发明文字。从中国古代来看，情况可能更为复杂。有学者认为，良渚文化有规模巨大的城址和大型祭坛等宗教礼仪性建筑，已经进入了文明，但良渚并未发现青铜器，即使有了文字，数量也有限，看不出在社会上有多么广泛的流通。有学者认为，包括河南龙山文化晚期在内的夏代早期尚未建立国家，但登封王城岗、新密新砦城址的发现，淮阳平粮台城址门卫房、大型殿址和陶排水管道等设施的出土，如果不是国家产生的象征，又该作何解释？看来，拿所谓四个要素硬套，并不解决问题。再者，即使同意拿四个要素即四个标准来衡量文明的形成，四个要素各自都还有一个自身发展演变的过程。以青铜器为例，最早只能铸造简单的小刀、锥子和饰品，后来才能铸造体型硕大、花纹复杂甚至有铭文的礼器，那么是以简单器物的出现还是以礼容器的出现为衡量标准呢？再看文字，距今 8 000 年前后的河南舞阳贾湖遗址，出土有多个类似甲骨文的刻符，有的学者即认为是文字，时代稍晚的陕西西安半坡仰韶文化陶器上见到更多类似数字的符号，山东大汶口文化陶尊上常见的具有会意特征的组合符号，有更多学者认为是文字。这些新石器时代的刻画符号，是不是文字还存在争论，但它至少代表了文字创制过程中的一个阶段，那么是以这些刻符（尤其是大汶口文化刻符）还是以商代甲骨文为代表的学术界公认的比较成熟的文字为衡量标准呢？城市、大型宗教礼仪建筑也是，7 000 多年以前的湖南澧县彭头山文化遗址、5 000 多年以前的河南郑州西山仰韶文化遗址以及 4 000 多年以前山西、陕西、山东、内蒙古、河南、湖北、浙江、四川等省区都发现了城址,它们虽然还不是后来完整意义上的城市,但也都具备了后来完整意义城市的部分功能。其中大型宗教礼仪建筑,在甘肃秦安大地湾仰韶文化遗址、辽宁红山文化遗址都有发现,只是其内涵和功能与以后发现者可能有所差异,那么又该以何时出现的城址、大型宗教礼仪建筑作为衡量的标准呢? 看来,孤立的、静止的、互不联系的以所谓四要素衡量文明是否形成,困难很多,是不切实际的。

第三,从判断文明形成的"四要素"说发展到判断文明形成的"聚落分级说",无疑是认识上、理论上的重大进展。但如何理解聚落分级,具体又怎样掌握,仍有不少值得深入探讨之处。聚落是人们的居住生活方式,随着人类社会的发展,聚落结构会产生不同的特点,当发展到一定阶段,聚落即发生分化,出现分级现象。聚落分级,是社会分化即出现阶级、阶层的反映,而阶级的出现和斗争恰是文明形成和国家产生的前提,但不能简单地从聚落规模大小、认为聚落分三级还不是文明,聚落分四级社会就进入文明了。因为聚落的分级是十分复杂的,有外部原因,如环境和自然条件的改变;也有内部的原因,如人口的增加和功能的调整等。关键是分析聚落的内部结构。

第四,在依据聚落形态演变探讨文明形成已成为学术界共识的情况下,紧紧抓住"国家是文明的概括"这个核心,从多方面考察,综合分析,有可能对文明发展状况作出正确估计,判断文明是否已经形成。回顾我国学术界文明化研究的历程,总结其经验和不足,我认为以下几个方面应该可以作为考察的重点:

1. 聚落规模是否出现了分化,在星罗棋布的小型、中型聚落群的中心是否出现了大型、特大型聚落?

2. 大型、特大型聚落是否出现了围沟、城墙等防御性设施?

3. 大型、特大型聚落是否出现了大型宗教礼仪活动中心和建筑,类似陕西临潼姜寨仰韶文化遗址的中心广场和大房子的功能此时是否发生了变化?

4. 作为大型、特大型聚落有机组成的墓葬,在规模上是否出现了分化,是否出现了特设的墓地?

5. 大型、特大型聚落是否出现了专业手工业作坊和作坊区? 是否出现了集中一处的大型仓储设施?

6. 大型、特大型聚落是否发现有专门的武器和象征最高权力的权杖、仪仗等一类器物?

7. 大型、特大型聚落是否发现了文字和少数上层人物垄断文字使用的迹象?

8. 大型、特大型聚落是否发现有异部族(异文化)居民日常生活遗留下来的遗迹和遗物?

9. 各级聚落之间是否存在有上下统辖关系的迹象?

10. 大型、特大型聚落对外辐射(交往)的半径有多大,辐射的渠道和手段是什么?

这里所说的考察虽然涉及很广,但都是以特定的某一考古学文化或其一个特定类型为对象的,一个考古学文化或其一个特定类型,即是生活在一个特定社会单元中的人们各种活动遗留的总和,通过上述考察,对考古学文化或其一个类型的面貌和性质弄清楚了,对这个社会也才会获得真切的认识。

第五,当对上述诸方面考察之后,要经过分析作出综合判断,这些情况和新的变化是否反映当时社会已经产生阶级分化和斗争,是否已经产生管理和统治机构,以及集军权、神权、王权于一身而突出王权的最高首长。如果这些都已存在,那么便可认为当时的社会已是阶级社会,已经有了国家机器,已经进入了文明。判断文明形成的标准不是固定不变的,也不要求面面俱到,但大部分应该具备则是肯定的,关键是要具体问题具体分析。那么,以此为标准衡量中国古代文明化的进程,会得出什么看法呢?

1. 江苏省张家港市东山村崧泽文化早中期大墓和小型墓分区而葬,在一座大型墓中随葬了 5 把石钺和 19 件玉器及大量陶器。这表明,距今 5 800 年前,长江下游早于其他地区已率先出现社会分级,而且军权、王权相结合的初级王权已露端倪。但其他方面尚看不出更多的文明迹象,当时似尚未进入王国文明社会。

2. 分布于辽西、内蒙古东南部和河北北部的红山文化坛、庙、冢及玉猪龙、勾云形器等具有浓厚宗教色彩的遗迹、遗物的发现,一方面表明社会已存在分化,另一方面表明,当时社会充斥着宗教狂热,神权高于一切,军权和王权不占主要地位,社会亦尚未进入王国文明阶段。

3. 河南灵宝西坡发现随葬有玉钺和精致陶器的仰韶文化大墓,表明当时社会分级现象已经存在,以军权为支撑的王权业已出现,但其他方面能说明已进入文明的证据尚不充分,虽然在甘肃秦安大地湾、陕西华县泉护南台地和河南灵宝铸鼎原等地都发现有与其基本同时的大房子,但大房子的性质和功能不明,尚不能和后世帝王的宫室建筑相提并论,据此还不能说当时已是文明社会。

4. 继崧泽文化兴起的良渚文化,既有大型城址、祭坛、贵族坟山,又发现有刻画神徽图案的琮、璧和钺等大量玉石器,表明社会分化已相当严重,阶级之间的斗争已相当激烈,神权、军权、王权相结合的最高权力已有比较充分的发展,作为"文明的概括"的国家应已产生,不过考虑到神权更为突出的事实,良渚国家还应归于神权国家的范畴。

5. 仰韶文化之后的龙山时代,在河南龙山文化、山东龙山文化、石家河文化、宝墩文化以及分布于内蒙古等地的龙山期文化中,设防的城址像雨后春笋般涌现。山西襄汾陶寺大城面积达 280 万平方米,在城内发现有宫殿基址、大型仓储区,附设的小城内有随葬多把玉钺的贵族大墓,南城墙外紧靠城墙有观象台遗迹,且已发现有文字。河南淮阳平粮台城址,范围虽不很大,但南墙正中城门两侧有门卫房,城中中北部有大型宫室基址,有用特制的陶水管套接铺成的排水管道。登封王城岗新发现的大城面积达 34 万平方米,内有大片夯土和用人垫基现象。新密新砦城址范围大于淮阳平粮台,城内发现的一处半地穴房址长有一百多米。如果把上述崧泽文化、红山文化、良渚文化的重要发现暂归于苏秉琦先生所说的古国阶段,那么以龙山时代这些城址为代表,显然又前进了一步,很可能都已跨入王国文明阶段了。

6. 古国—方国（王国）—帝国，是苏秉琦先生在研究中国古代文明化进程中对中国古代文明发展阶段的精辟概括。苏先生所说的古国是"指高于部落之上的、稳定的、独立的政治实体"，这类政治实体显然已具有某些科学意义上的国家的职能。有的学者将其与西方学术界主张的"酋邦"相对照，有的则主张称之为"邦国"。我认为，无论是苏先生所说的古国，还是西方学者喜用的酋邦或国内某些学者主张的邦国，其所指大体都是社会演进过程中处于同一发展阶段上的社会政治形态，与其后龙山时代发展成的王国文明相比，有一定的原始性；与比其早的部落或部落联盟相比，则已有性质上的不同。关于"古国"一词，我以为并不是一个内涵和概念十分明确的称谓，"古国"的"古"和"王国"的"王"以及"帝国"的"帝"也不相称，如果考虑到古国和王国、帝国发展程度上的区别，并都以其政治实体的最高首长来命名，援引中国典籍中邦、国互称和对古代一些处于相似阶段的少数部族首领称为"酋长"、"酋帅"的习惯，称其为"酋邦"可能更接近当时的实际。

（此为 2010 年 2 月在"新密市聚落考古研讨会"上的发言，原载北京大学震旦古代文明研究中心编《古代文明研究通讯》总第四十四期，2010 年 3 月。后收入《中国聚落考古的理论与实践（第一辑）——纪念新砦遗址发掘 30 周年学术研讨会论文集》，科学出版社，2010 年；又见《文明探源与三代考古论集》，文物出版社，2011 年）

中国考古学发展史

- 中国考古学的历程
- 中国考古学的 60 年：发展、贡献、问题与前瞻
- 学科发展的有力见证

中国考古学的历程

　　我们讲"考古学"，首先便要把"考古学"的概念弄清楚。"考古学"是指以田野调查、发掘为特征的现代考古学，也通俗地称为"锄头考古学"。"锄头考古学"这个词是中国考古学之父李济先生讲的。所谓"锄头考古学"就是要到田野去，通过调查、发掘古代人类活动遗留下来的各种遗迹来研究历史和其他各种问题的一门学问。然而这种学问并不是在中国土生土长的，它是在欧洲首先兴起的。当然，在现代考古学传入中国之前，中国古代和这门学问有关的古物学也有着悠久的历史。

　　春秋的时候，陈国有人挖出一块现在看来是动物的化石，一块骨头就装了一车，觉得很稀奇，不知道是什么东西，就去请教孔子，孔子说这是防风氏的骨头。孔子讲的当然不对，但是其中有一点道理是对的：这是很早很早以前的东西。这说明在春秋战国时期人们的心目当中，就知道埋在地下的东西，它的历史是很悠久的，尽管解释可能不对。到汉代就更不用讲了，地下常有古物出土，譬如说下了一场大雨，在河旁边冲出来一个铜鼎，或冲出其他铜器，地方官觉得这是祥瑞的征兆，赶快献给皇帝，皇帝就特别高兴，大家知道，汉武帝有个年号叫"元鼎"，为什么叫"元鼎"呢？就是因为在现在的山西汾河旁边，下大雨冲出来一个鼎，然后就被献给汉武帝，汉武帝特别高兴，认为这是祥瑞的征兆，于是就把年号改了，叫"元鼎"。汉代以后不断有古代的文物出土，到了宋代，就形成了一门学问，叫"金石学"。"金"是指铜器，"石"是指碑刻，当时，达官贵人都以收藏三代铜器、访求碑刻为时尚，出现了许多著录、研究铜器、碑刻的著作。其中收藏铜器、玉器比较著名的是吕大临的《考古图》,著录碑刻比较著名的有赵明诚的《金石录》。赵明诚是著名女词人李清照的丈夫,这是许多人都知道的。到清代金石学达到了高潮,出版了很多关于金石学的著作,比如说,由乾隆皇帝御纂的《西清古鉴》几大部,《宁寿鉴古》几大部,《西清续鉴》甲、乙编几大部等等,都是非常重要的著作。

金石学有两个特点:首先,只有士大夫才有能力、有财力收集这些文物;第二,金石学是士大夫们关在书斋里的学问,士大夫们是不到野外去的。所以我们说,现代意义上的以田野调查、发掘为特征的这种考古学,不是从金石学自然演变过来的。它的来源在欧洲,是从欧洲逐渐传过来的。考古学是19世纪中叶首先在英国、法国、德国、北欧这些国家兴起的,是工业革命以后随着地质学、生物学的发展逐步产生的,工业革命需要修铁路、建工厂,需要到处进行建设,于是就出土很多东西,怎么来解释它们? 考古学这种学问就应运而生了。

现代考古学的理论、方法有两大支柱,一个是地层学——简单地说,地层学就是越埋在下面的东西年代越早,越靠上的年代越晚,这是很简单的道理,要按照器物堆积的层次来划分它们年代的先后,这是从地质学借鉴过来的;另一个是类型学,比如说挖出很多器物,要把它们分类,怎么分类呢? 人们便借鉴了生物学的分类的方法。所以说,现代考古学是借鉴地质学和生物学的方法逐步形成的。

那么,这门学问是什么时候传入中国的呢? 下面我们便要讲讲"现代考古学的传入"。这是我要讲的第一个问题。

我们说,现代考古学是在20世纪20年代开始传入中国的。那么,考古学为什么会传入中国,中国为什么会接受这门学问呢? 首先,我们便要考察考古学传入的时代背景。大家知道,在20世纪的20年代初,在新文化运动整个的大气候之下,在史学界兴起了一股"古史辨"的思潮,即对以前的古史都要问个为什么,都要分辨清楚。在当时,北京大学的青年学生思想特别活跃,他们接受了进步的西方现代史学思想,他们志同道合,常常以文献记载的古史真伪为题聚在一起讨论,于是就逐渐形成了一股"疑古"的思潮。当时最有名的领袖人物是顾颉刚,以他为代表的古史辨派对中国传统古史体系进行了彻底破坏。在新文化运动以前,中国几千年形成的古史传统是"自从盘古开天地,三皇五帝到如今",这就是人们心目当中的中国古史体系。这个观念的形成,司马迁的《史记》起了很重要的作用,因为其中有《五帝本纪》、《夏本纪》、《殷本纪》、《周本纪》等等,那么这样的古史体系究竟是对还是不对,可以说两千多年来没有人提出怀疑,虽然从明代到清代开始有人提出一些疑问,但从整体上来看,还是维持着这样一个系统。到了"古史辨"派,这一传统被打破了,顾颉刚提出中国的古史是"层累地造成的"。那么,什么是"层累地造成的"呢?他说,时代越靠后,对早期的历史,讲得越清楚,把历史拉得越长,这怎么可能呢?他认为这是后人一层一层叠加上去的,因而是靠不住的。顾颉刚受他的老师胡适、钱玄同等人的影响很大。当时胡适很年轻,从美国回来讲哲学。在这之前,北大讲哲学史的是很有名的教授陈汉章,他讲中国哲学史是从尧舜一直讲下来,胡适不是这么讲的,他是从西周时期的《诗经》开始讲,这些年轻学生和他的观点很相近,所以胡适对他们非常支持,钱玄同也是一个疑古派,他的笔名就叫作"疑古玄同",《古史辨》第二册的题词就是他写的。1926年,他们把从1922年开始关于古史的讨论的文章编辑成书,到1947年一共出了七册,在学术界造成极大冲击。特别是《古史辨》第一册,顾颉刚写的序言,在当时学术界可以说是一枚"重磅炸弹",把原来传统的思想来了个彻底的破坏。旧的古史体系靠不住了,那么中国还有没有悠久的历史呢?当然大家就提出这个问题。正是在这种情况之下,很多人便主张要走考古学之路。也是古史辨派的很有名的教授李玄伯在1924年写了篇文章,题目是《古史问题的唯一解决方法》,刊登在《现代评论》一卷三期上,他说,看来传统的古史体系是靠不住了,"所以要想解决古史,唯一的方法就是考古学",我们只有走考古学之路,通过地下的发掘,挖出实实在在的东西才能够证明我们的历史对还是不对。不久,顾颉刚便在《现代评论》一卷十期上回应了一篇文章,说我完全同意你的意见,走考古学之路"确是极正当的方法"。顾颉刚曾有一个重新整理中国古史的计划,把古代流传下来的和重新出土的东西整理一遍,作为研究历史的材料。胡适也说,现在看来研究商代的历史必须学习甲骨文,不懂甲骨文,商代历史就研究不了。胡适讲话是很绝对的,他确曾说过"东周以上无史",但我觉得他讲这个话本意并不是说东周以上没有历史,而是说现在我们知道的东周以上的历史是靠不住的,必须重新进行研究。这就是现代考古学最初传入的背景。正是在这样一种社会发展的需求和学术发展的要求之下,西方兴起的以田野调查、发掘为特征的现代考古学就很快传入了中国。

那么,现代考古学传入中国的标志是什么? 我们可以从以下三个角度考察:第一,现在学术界公认的是瑞典人安特生(J. G. Anderson)1921 年在河南渑池仰韶村的发掘。安特生是当时北洋政府的矿业顾问,是地质学家,因为经常在外面跑,所以会碰到一些古代遗迹,于是,他的兴趣就逐步转向了考古学,他利用学到的地质学知识、技能和方法在中国各地进行调查,于 1921 年在河南渑池发现了仰韶文化遗址,他还到过甘肃、青海等很多地方,包括周口店中国猿人遗址的发掘也是他提的建议。第二,最早在中国考古的可以说是清一色的外国人,其中有些是学者,有些是探险家,有些则是盗窃文物的。这对于中国年轻的知识分子刺激很大,他们决心要搞我们自己的考古学。因此在 1926 年的时候,刚刚从美国学习人类学归国的李济先生就到了山西的西阴村进行发掘,这是中国人第一次独立做的田野工作,所以李济先生被称为"现代中国考古学之父",李济是清华大学的骄傲,我之所以说清华大学是现代中国考古学的摇篮,是因为现代中国考古学的创始人就在这里工作。大家都知道清华研究院有四大导师,其实,李济先生如果早回国几年,早到清华任教,也应当是导师之一。第三,当时的中国政府于 1928 年成立了中央研究院,由曾任北京大学校长的蔡元培出任中研院院长,曾任北京大学史学系主任的傅斯年出任历史语言研究所所长,傅斯年聘请了李济先生任考古组的组长,当年就去了河南安阳小屯村做发掘,中国从此有了考古发掘的专门学术机构,并且是清一色的中国学者,所以我也把它作为现代考古学传入中国的一个最重要的标志。

　　现在我们讲第二个问题:中国考古学的发展阶段。

　　我认为,第一个阶段是从1928年到1949年,这个阶段最主要的工作有以下两个特点:

　　1.这个阶段是中国考古学起步和得到初步发展的时期,这个时期,考古是围绕着重建中国上古史这样一个主题来开展工作的。

　　那么为什么会是这样呢?因为大家知道,这是有前提的,当时旧的古史体系破坏了,要建立新的上古史体系,大家形成了一种共同的看法,要走考古学之路。所以从1928年开始的殷墟发掘,就是为了回答商代史靠得住还是靠不住,商朝究竟有没有的问题,而这个时期也是围绕着重建上古史来进行考古发掘的。殷墟发掘出土很多东西,但最主要的是四大项:第一项是宫殿宗庙基址,发现了几十座;第二项是商王的陵墓;第三项是甲骨文;第四项是青铜器。殷墟发掘从1928年开始到1937年抗日战争爆发,这是最辉煌的时候,殷墟共做了十五次发掘,刚才我说的四大发现都是在这十五次中发掘的成果。

　　2.作为考古学基本方法的地层学和类型学的引进及运用。

　　这个时期是考古学的初步发展阶段,理论、方法都在逐步摸索。作为现代考古学方法的两大支柱,地层学和类型学是如何传入中国并走向成熟的呢?在地层学方面,是梁思永先生1931年发掘殷墟的时候,在后冈发现了“三叠层”(最下面一层是以彩陶为特征的仰韶文化,中间一层是以黑陶为特征的河南龙山文化,最上面一层是灰陶文化,即商时期的殷文化)。后冈“三叠层”的发现对于中国考古学来讲具有划时代的意义。李济先生刚到殷墟的时候是按照20厘米一层的标准往下挖的,这当然也是讲层次,不过这个层次是发掘者人为的,但是到梁思永先生的时候改进了。他按照土质、土色来划分,这才是真正符合实际情况的,所以这个发现非常重要。因为如果不是按照自然走向,按照土质、土色来分层的话,在高低不平的地方很可能将早期的东西当成晚期的东西来对待了，所以说这是了不起的发现，标志着中国考古界对地层学方法运用的成熟。梁思永先生也是清华的骄傲，梁思永先生是清华研究院四大导师之一梁启超先生的二公子，他被清华派到哈佛大学学习考古是梁启超先生的主意。

类型学成熟的标志是苏秉琦先生在 1948 年发表的《瓦鬲的研究》。苏秉琦先生供职于北平研究院，是土生土长的考古专家，他在30 年代就在陕西宝鸡一带做考古发掘工作，也是为了重建上古史这个主题。他对出土的瓦鬲作了很细致的类型学研究，他提出"类、型、式"的概念，认为同样是鬲，但是可以分为不同的"类"，同一类中又有不同形态的鬲，叫做"型"，每一个型又有自己演变的规律，其早晚不同就叫作"式"。通过"类"、"型"、"式"的划分，就把器物发展、演变纳入了类型学的体系中，所以这是一个很大的进步，我们现在应用于教学和实践中的类型学都是从《瓦鬲的研究》这篇文章中发展出来的。

这个阶段真正做工作只是前十年不到的时间，除了发掘殷墟，还有中央研究院史语所在山东城子崖、日照两城镇，河南永城造律台、浚县辛村、大赉店等地的发掘和北平研究院在宝鸡斗鸡台的发掘。从 1937 年至 1945 年抗日战争的八年和随后的国内战争期间，考古工作基本上处于停滞状态，只有一些零星的小规模的发掘。

第二个阶段是从 1949 年到 1985 年。这个阶段总的特征是田野工作广泛开展，考古学基本理论、方法日臻成熟普及。新中国成立以后，到处进行基本建设，考古工作的数量比以前增加很多倍，甚至几十倍。同时，考古学的理论方法也真正进入了成熟期。关于这个时期的特点，具体而言，主要有以下几点：

1. 考古工作主要配合基本建设进行，不同地区的重要发现，对传统的中国文化起源和中国文明起源的"一元论"观点开始提出挑战。

因为到处都在进行基本建设，过去仅仅局限在黄河流域，现在全国各地都在进行考古发掘，时间长了，大家觉得不同地区有区别，所以在这个时期对过去在学术界占统治地位的中国文化和文明起源的"一元论"观点开始提出了挑战。

2. 中国考古学的基本理论方法日臻成熟。

其标志是夏鼐先生在1959年《考古》上发表的《关于考古学上文化的定名问题》。我们发掘可以出土很多文物,陶器、铜器、骨器、玉器等等,这些文物之间有什么联系,过去大家只是有时代的概念和质料的概念,并没有文化的概念。后来英国的考古学家柴尔德开始提出"考古学文化"的概念,不过他这个文化概念非常广泛。把这种文化概念介绍到中国的,是夏鼐先生,他的《关于考古学上文化的定名问题》非常重要。他认为,要定名一个考古学文化,根据什么呢? 根据特定的时间、特定的地域之内,具有共同特征的遗物、遗迹的总和,这就是考古学上的"文化"。而这种考古学"文化"的背后常常是和特定的"族",或者叫作"人们共同体"相对应的,这是一个很重要的概念。这篇文章发表以后,对规范中国发掘出来的遗迹的定名起到了很重要的作用。夏鼐先生也是清华的骄傲,他也是清华选送到英国留学的,在英国学习考古学。还在清华上学的时候,他就参加过殷墟的发掘,从英国留学回来以后,先在浙江大学,后来就到了北京,到了考古研究所,他长期任科学院考古研究所的副所长、所长,后来任社科院考古研究所所长及社科院副院长。20世纪80年代,时任北京大学历史系考古教研室主任、社科院考古研究所研究员、三室主任的苏秉琦先生连续发表了《关于考古学文化的区系类型问题》和《地层学与器物形态学》两篇文章,并于1984年出版了《苏秉琦考古论述选集》,他的两个得意门生俞伟超和张忠培写了长篇后记,系统介绍了苏秉琦先生在中国考古学理论方法建设上的贡献。在出土了很多东西的情况之下,必然需要探索一些理论问题,以上这些都是根据考古学学科的发展提出来的具有划时代意义的理论上的进步。在这个时期,可以说,考古学的理论方法真正成熟了,并且开始普及,使更多的人可以掌握了。

在这个时期,除了考古学理论、方法上的成熟,需要特别提出来说一说的是碳十四测年技术的引进,那么什么是碳十四测年技术呢? 其原理是这样的:生物体,例如人、植物、动物等在活着的时候,它所含的碳十四元素和大气中含的碳十四元素处在一种平衡状态,而一

旦生物体死亡了,它含的碳十四元素就要逐步衰减。根据测定,大约
5 730年衰减一半。这样,就可依据测出的已死亡的生物体中残存的
碳十四元素的量计算出其死亡的年代。这个方法是一个叫利比(W.
F. Libby)的美国人在20世纪50年代初发明的。1954年夏鼐先生首
先将其介绍到中国,并在科学院考古研究所创建实验室,1972年就公
布了第一批测量数据。以后,北京大学等单位也相继有了这样的设
备。正是碳十四测年技术的引进和消化及其应用于中国考古学研
究,才使得中国考古的年代学有了革命性的变化。将过去只根据层
位推定出相对年代一下子提高到可通过碳十四测定求出绝对年代。

像前一个阶段一样,在第二阶段的后期,由于"文革"十年动乱,
考古学也像其他学科一样基本上没有什么进展。当然,这期间也有
些重要发现,例如马王堆汉墓、盘龙城商城、清江吴城商城等。但总
的看是一个畸形发展的时期。至于利用考古发现搞大批判,"批林批
孔",更是把严肃的科学工作庸俗化了,是对科学工作极大的干扰。

第三个阶段从1985年到现在,这个时期的特点是:

1. 中国考古学界与国际考古学界的交流进一步扩大,新的考古
学理论方法的探讨空前热络。

从考古学学科建设的角度考察,应该说1984年美国科学院院士、
北京大学客座教授、著名华人考古学家张光直在北京大学所作的《考
古学专题六讲》起到了十分重要的作用。《考古学专题六讲》于1986
年由文物出版社出版发行,在学术界引起了极大反响。现在在中国
考古学界运用已经比较普遍的聚落形态考古方法就是从那时才介绍
进来的。我们说张光直是架起中、外考古学交流桥梁的第一人,一点
也不为过。他不仅自己带头,还有计划地介绍了多位世界级的考古
学者相继来华讲学。其后,有中国历史博物馆考古部编著的《当代国外
考古学理论与方法》等多部介绍国外考古学理论、方法的译著出版,最
新的当为2004年文物出版社出版的英国著名考古学家科林·伦福儒
和保罗·巴恩合著的《考古学理论方法与实践》巨著,和张光直的《考古
学专题六讲》一起成了年轻的中国考古学者和历史考古专业学生如饥

似渴地学习的对象。一方面是从国外引进来的理论、方法的启发，一方面是中国自己丰富的考古实践提出来的需要总结上升为理论的要求，自 20 世纪 80 年代后期、90 年代初开始，中国考古学家也不断在考古学理论、方法探讨方面贡献出了自己的成果。1989 年文物出版社先后出版了中国科学院古脊椎动物与古人类研究所研究员尤玉柱的《史前考古埋藏学概论》、原北京大学考古系教授后任中国历史博物馆馆长的俞伟超的《考古类型学的理论与实践》，1994 年中州古籍出版社出版了原吉林大学考古系教授后任故宫博物院院长的张忠培有关考古学理论、方法的文章结集而成的《中国考古学：实践、理论、方法》，1996 年中国社会科学出版社出版了俞伟超的《考古学是什么》，1997 年三秦出版社出版了北京大学教授严文明关于考古学理论、方法的文章汇编而成的《走向 21 世纪的考古学》。而我们看到的最新有关考古学理论、方法的著作则是 2005 年出版的复旦大学教授陈淳的《考古学理论》一书。随着与国外交流的扩大，理论、方法探讨的活跃，在实际工作中，无论是野外考古调查、发掘，还是室内资料的整理和研究，采用新理论、新方法已成为考古工作者普遍追求的方向。

2. 考古学与自然科学的结合，自然科学手段在考古学上的应用成为发展的趋势。

应该说当 20 世纪 20 年代现代考古学刚刚传入中国的初期，考古学是非常重视与自然科学结合的，在殷墟发掘的时候，除了考古学家、古文字学家，还有地质学家、古生物学家参加。但后来有相当长一段时间，考古学却走上了自我封闭的道路。改革开放以来，形势大大改观，在这个时期，除了现代测年技术，环境考古、动植物考古、考古勘探、食性分析、物质结构与成分分析、DNA 分析等自然科学技术手段在考古学上的应用日益广泛。这样，无论是考古信息的获取，还是考古信息的解读都提高到了一个新阶段。

3. 考古学研究领域不断扩大，考古学文化区系类型研究、中国古代文明起源研究等成了中国考古学研究的主题。

考古学文化区系类型研究，自 1982 年苏秉琦先生发表文章以来，各科研单位、大学考古专业围绕此课题做了大量工作,现在应该说,中国新石器时代至早期青铜时代的考古学文化区系类型体系已基本上建立起来了。从以田野调查发掘为特征的现代考古学传入中国开始,中国古代文明起源研究已经提出来了,成为走考古学之路重建中国上古史任务的重要组成部分。中国考古学经过几十年来的发展,特别是在新石器时代考古学文化区系类型体系建立之后,中国古代文明起源研究日益为大家所关注。1985 年夏鼐先生出版《中国文明的起源》一书,开启了中国古代文明起源和形成研究的新高潮,苏秉琦、李学勤、张光直、田昌五、石兴邦、安志敏、邹衡、严文明、吴汝祚、张忠培等均先后撰文加入了关于中国文明起源与形成问题的讨论,1989 年、1991 年中国社会科学院考古研究所两次召开座谈会,讨论中国文明起源问题,1997 年,香港商务印书馆出版了苏秉琦先生的《中国文明起源新探》,云南人民出版社出版了李学勤主编的《中国古代文明与国家形成研究》。2001 年继"夏商周断代工程"取得阶段性成果之后,又适时地先后启动了"中华文明探源工程预研究"、"公元前 2500—前 1500 年中原地区社会形态研究"课题。

以上我们讲了中国考古学发展的三个阶段,可见从 1928 年考古学传入中国以后,是曲曲折折地发展的,但总的趋势是发展得非常快,这和大量的田野工作分不开,同时和改革开放的新形势也是密不可分的。

接下来,我们讲第三个问题:中国考古学取得的重大研究成果。成果很多,我只能择要而谈。

1. 发现了成系列的旧石器时代早、中、晚期人类化石标本和数百处遗址,勾画出了从直立人到现代人及其文化的发展演变脉络,提出了现代人起源的"区域渐进"学说。

在以前,大家只知道北京周口店的北京猿人和山顶洞人,现在一说起中国发现的古人类,例如元谋人、蓝田人、郧县人、和县人、南京人、金牛山人、丁村人、大荔人、长阳人等等,许多人都知道。这些重要发现,奠定了中国旧石器时代考古和古人类研究在世界学术界的地位,不管在学术观点上有多么不同,但谁都不能忽视中国这块土地。

2. 建立起了中国上古史的基本框架。

在经过"古史辨"以后,夏商周的历史到底可靠不可靠,大家头脑里打了个问号,经过几十年的考古学的发展,这个问题已经基本解决。我不敢说绝对解决,因为关于夏代存在与否,国外还有一些学者认为是靠不住的。但我们认为,夏商周三代的历史是靠得住的。为什么说靠得住? 我们可以用大量的研究成果来说明。

首先,从商代历史的研究来看,从1928年开始对殷墟进行发掘,到1937年共进行了十五次发掘,新中国建立以后,1950年中国科学院成立了考古研究所,因为原中央研究院主要迁到台湾,考古组组长李济先生也带着很重要的研究骨干到了台湾,因此在1950年就成立了新的考古研究所,第一任所长是郑振铎,再后来是尹达(刘燿)、夏鼐。从殷墟发掘开始,通过刚才所讲的四个方面的重要发现(商王宫殿、商王陵墓、甲骨文和青铜器等)证实了殷墟就是商朝最后一个都城——殷的所在地。根据文献记载,商汤建国以后经过五次迁都,有五次迁都就必然会有六个都城,那么最后一个都城找到了,前面几个都城有没有,大家就很自然地追索这个问题。

1955年在郑州施工过程中发现了一个城,在郑州的南关外这个地方发现了二里岗遗址,我们知道郑州发现的这个城不得了,四面有城墙,每面约1 700—1 800多米长,专家们基本同意邹衡先生的观点,这就是商朝第一个王商汤所建立的国都——亳。

1983年在河南偃师也发现一个城,郑州商城和偃师商城究竟哪个是国都,学术界有很大分歧。现在的主流观点是,这两个城是同时的,按照我的看法,先建的是郑州商城,立稳脚跟以后,然后往西攻伐夏桀都城,夏桀都城就是偃师二里头,以后我们会提到。商灭夏,攻下夏的都城之后,又在偃师造了一个商城,这就是文献上讲的"西亳"。

在郑州西北四十多华里,后来发现一处小双桥商代遗址,郑州大学的陈旭教授考证应是商王仲丁所迁的隞都。"隞"又叫"嚣"。从考古学年代来推定,它比郑州商城稍晚,正好在第二个都城的阶段,我同意这个意见。

仲丁迁"隞"之后,时间不长,河亶甲又迁到"相",又隔了两代至祖乙又迁到了"邢"。那么"相"在什么地方呢? 很多人认为是在安阳,可是在殷墟发掘出土了很多甲骨文,证明这是殷墟所在之后,因而"相"在安阳的观点就被否定掉了。然而,前几年在殷墟北面洹水北岸发掘出了一个城,其规模有四百万平方米,每面城墙长两千多米,是迄今发现的商朝最大的一个城址,城内还发现了多处大型宫殿基址。我支持洹北商城就是河亶甲迁都的"相"这样一个意见,因为"相"这个名称在隋唐以前就有,所以说这是"相"所在地应该是可靠的。后来祖乙迁到了"邢","邢"就是现在的邢台,我想将来很有可能在那里也发现一个城。

之后是南庚迁"奄","奄"在什么地方? 文献讲是在曲阜,不过曲阜没有找到任何可以和都城规模相称的遗址。然后就是盘庚迁"殷"。有了这样一系列的考古工作,我们说商代的历史是可信的,再也没有可以怀疑的了。

商朝的历史确定之后,我们便会很自然地追溯夏朝的历史。《史记·夏本纪》记载,夏朝有十四代十七个王,而且都有名字,那么这段历史究竟可靠不可靠? 1959 年科学院考古所的徐炳昶先生带着年轻的助手在河南西部、山西南部等地进行调查时,在现偃师市二里头村发现了一处大型遗址,当时徐先生推测可能是商汤所建的西亳,后来经过研究,多数学者认为应是夏朝最后一个都城斟鄩。这里还要说到王城岗发现的龙山时代古城,王城岗是河南登封的一个村子,当地老乡传说这是一个王城,先后经过几次挖掘,先发现一个小城,后来又发现一个大城,研究证明这就是文献所记载的"禹居阳城"的"阳城"所在地。从时间上来讲,它和二里头遗址是一早一晚。从这些遗址来看,夏王朝的存在是没有问题的。

以上我们讲的是商朝的历史和夏朝的历史。至于周代的历史,更不是虚无的了。史籍记载的"周原"在今陕西扶风和岐山一带,传说是周人起家的地方,北平研究院在 20 世纪 30 年代就在这里调查,1949 年以后在这里做了一些考古工作,其中最重要的是 1976 年由北京大学、西北大学和陕西考古所等几个单位联合进行的发掘,在岐山凤雏和扶风召陈发现了两处大型建筑基址,后来又出土了周人的甲骨文。

近几年,北大和陕西考古所、社科院考古所合作,又发现了很多建筑基址、铸铜作坊和一些新的甲骨文。大家知道,最近周公庙的发掘被炒得很热,周公庙是在现在的岐山县,到周原的直线距离是二十七八公里,原来它没有被划入周原的范围之内。那里传说是周公的采邑所在地,唐代在那里建了一个很大的庙来祭祀周公,周公庙这个地名就是这么来的。2003 年 12 月份,北大的同学在那里实习,调查的过程中发现了夯土墙,而且捡到了几片甲骨,于是 2004 年春天便又到那里做工作,探出十个带有四个墓道的大墓,至于是周王的墓还是周公家族的墓还在讨论,因为其规模没有商王陵那么大,但不管怎么说,墓主享用了王一级的待遇。同时还新发现了七八十片周人刻字的甲骨,原来发现的夯土墙,经解剖是陵区的围墙,所以周公庙很值得重视。就在 2004 年,在周公庙的西边凤翔县又发现了很大的西周时期的城,在那里发现的陶水管上刻有数字卦辞。总之,周人历史的探索现在非常热。

把这些工作综合起来看,可以证实周人确实像文献记载的那样是在周原这个地方兴起的,我这里说的周原是包括周公庙的大“周原”的概念。周人曾经受到周围少数民族的压迫,有一支迁徙到戎狄里面,到了古公亶父的时候,迁到了周原,脱离了少数民族的包围圈,在那里自己发展起来了。到了文王时期,他们的势力越来越大,于是便争夺霸主地位,向东伐商。商周关系问题是学术界很关注的一个课题,从现在看,周人在灭商之前已经有了比较发达的文化,已经有了甲骨文,并且可能在历法上同商人有所不同。周人灭商后定都在镐京(今西安),并在今洛阳建立成周,作为东都,这些也都通过考古工作一一得到证实了。

其他封国的考古工作,例如,在北京房山琉璃河发现了燕国始封的燕都城址和燕侯墓葬;在山西曲沃发现了晋国从燮父至晋文侯共九代晋国国君及其夫人的墓地；在河南三门峡发现了虢国国君墓地和都城；在山东临淄、曲阜发现了东周时期的齐、鲁都城；在湖北江陵纪南城发现了楚国的都城；在安徽寿县发现了蔡侯墓群等等，一一证实这些封国是可靠的了。

总之，通过以上这些工作，我们可以说，夏商周的历史是真实的，司马迁的《夏本纪》、《殷本纪》和《周本纪》是基本可靠的，不能再怀疑了。

3. 建立起了从新石器时代到早期青铜时代的考古学文化区系类型体系，为中国古代文明起源、形成研究奠定了坚实的基础。

关于新石器时代，有的学者认为可以分为六大块，有的认为可以分为九大块。至于早期青铜时代，分的区块更多更复杂，我在《中国青铜文化的发展阶段与分区系统》一书中讲得很多，有兴趣可参考。这些不同的区块之间都有自己发展演变的系统，它们之间慢慢地通过冲撞而融合到一起，所以说这个框架的搭建就为探讨文明和国家的起源奠定了基础。总之，中国文明的起源不是一元的，可以分为许多区块，每个区块都有自己发展的传统，即使在每个区块的发展过程中，其中的文明因素也是逐渐产生的，也并不像以前所想象的那样，从中原地区传播到周围，而是不同的地区都有文明的因素产生，这可以说是"多元的"。只不过经过一个阶段以后，中原地区才后来居上，将周围的文化慢慢吸收进来，这个过程大体上是从龙山文化时期开始，也就是传说中的尧虞舜时期，到夏商周，才真正融合在一起，从这个意义上讲又是"一体的"。学者们得出中国文明的起源与发展是"多元一体"的新的论断，是以大量考古材料为依据的，经得起考验的，这可以说是很重大的进展。

4. 证实了苏秉琦先生所讲的"古国—方国（王国）—帝国"是中国古代国家演进的三大形态。

古国大体上就是文献上讲的距今 5 500 年到 4 500 年这个阶段，或叫"万邦"阶段，这个时期，不同地区出现了各自的文化中心。比如说辽西地区，以红山文化为代表，出现了大型的贵族祭坛、冢墓、神庙;与此相类似,是浙江的良渚文化,这个时期贵族和平民已经开始分化,同样发现了大型祭坛、坟山、大墓,出现了掌握祭祀权力的宗教集团。这个时期宗教势力是很强的,这是以神权为主的阶段,具有由原始时代向文明时代过渡的政体特征。从公元前 4500 年开始,逐步进入王国阶段,神权降到了第二位,以军权为支撑的王权上升到了第一位,其标志便是在山西陶寺龙山文化遗址中发现的一个面积为 280万平方米的城。城的南部被圈起,那里是贵族的墓葬区,墓葬中有玉器和小铜器等。在其不远,还发现了当时观测太阳运行规律的夯土建筑基址,呈大半圆形,分三层,最上一层有十个夯土柱子,每个柱子之间有 20 厘米左右的间隙,从这些间隙中可观测判断太阳运行的规律,这和历法的起源密切相关。而山西襄汾陶寺遗址正好是文献中所讲的"尧都平阳"的"平阳"所在地的范围,故而,很多学者写文章认为这便是尧都,是陶唐氏部落的中心。这个时期,宗教色彩不是很浓厚了,而以军权为支撑的王权突显出来了,当时贵族墓葬的随葬品有玉钺,这便是王权的象征。王国阶段包括夏、商、周三代,延续的时间也很长,直到秦始皇建立统一的秦王朝之前都可以称为王国阶段。从秦始皇建立郡县制度直到清朝灭亡是帝国阶段,在这个阶段,建立了一整套的官僚行政体制。

关于考古学上的重大发现和重大研究成果当然还有很多,比如秦汉及其以后许多都城遗址、王侯墓葬、铸铜、炼铁、烧制瓷器等手工业作坊遗址的发现等等,它们对于丰富那一阶段的考古、历史内容提供了重要证据,起了非常重要的作用。由于时间关系,我们不能细说了。

最后,我们讲第四个问题:考古学今后的发展趋势,我主要讲以下六个方面:

1. 理论方法的探讨将更加活跃;与前一阶段不同的是,中国学者根据自己的考古实践总结提炼出的理论、方法将逐渐成为主流。

2. 自然科学手段将进一步融入考古调查和发掘当中,成为考古学的有机组成部分。常常有人问考古学是什么样的科学,过去我们说考古学是人文科学,因为其目的是研究中国历史和古代社会,但是它所使用的一系列的理论、方法,许多都属于自然科学,自然科学每前进一步,必然在考古学中有所反映,比如分子生物学现在已应用于鉴别古代的人骨,对于种族的研究有非常大的推进。新时期的考古学是个什么样子,很难说,总之,其应该是一门将自然科学与人文科学糅合在一起的学问,不能将自然科学视为考古学的附庸。

3. 考古学研究的领域将进一步拓展。最初主要研究文化的早晚,后来到划分文化区系,考古学的研究似乎就到此为止了。其实不然,考古学研究不仅仅是研究文化的早、晚、分区,研究文明的起源和当时的农业、手工业等经济发展的状况,还可以研究当时社会结构和人们的思想意识形态及人们与环境如何互动等,考古学研究的领域应该进一步有所拓展。

4. 考古学与相关学科的相互渗透与融合进一步加强。考古学和历史学本来就是一家,现在学科划分得太细了,所以考古学应该回归历史学;文化人类学、民族学也应该互相融合到一起,同时,人文社会科学和自然科学也应该进一步融合。

5. 考古学与文化遗产保护学科的关系将日益密切。古人留下来的文化遗产是不能再生的,挖掉了,毁坏了,它就不存在了。因为考古工作者不能只考虑发掘,更应该考虑如何保护,做到既有利于考古研究也有利于文物的保护。

6. 考古学将进一步从少数专家的学问走向社会大众,成为人民群众自我教育,提高爱国主义觉悟,加强人文修养的教材。

这些方面我认为应该是考古学今后发展的大致趋势和方向。

因为时间关系,只能将中国考古学的发展历程勾画出一个大致的轮廓,可能有不确切甚或错误的地方,请大家批评指正。

(2005 年在清华大学"二十一世纪历史学论坛"的演讲,作者据清华大学历史系研究生贾宇记录整理稿修改而成。原载《清华历史讲堂初编》,三联书店,2007 年)

中国考古学的 60 年：
发展、贡献、问题与前瞻

以田野调查、发掘为特征的现代考古学自 20 世纪 20 年代传入中国以来，至今已有八十多年的历史。在其初创阶段的头十年，发展迅速，收获巨大，但自经历过安阳小屯殷墟十五次发掘，发现商王宫殿、陵墓、甲骨文和青铜重器的辉煌之后，即因日寇侵华而开始的八年抗日战争和紧接其后的四年解放战争，而陷于停顿状态。1949 年新中国的成立，开启了中国考古学的新时期。60 年来，中国考古学虽也有过短暂的停滞、曲折和低潮，但总的发展趋势是健康向上的，取得的成绩是全面突出的，发展的前景是光明而激动人心的。

一、新中国考古学的发展

1949 年新中国成立前夕，随着解放战争的节节胜利，国民党败逃台湾。从 1928 年前中央研究院历史语言研究所成立起即一直主持中国考古事宜的考古组，也无可挽回地分崩离析，考古组研究人员大部分撤往台湾，少部分留在大陆。因此，新中国成立后恢复和组建新的文物管理与考古研究机构就成为文物考古工作的首要任务。1950年，继在中央文化部设立主管文物的社会文化事业管理局，在新成立的中国科学院内也组建了新的考古研究所，由郑振铎任所长，梁思永、尹达、夏鼐任副所长，并旋即开始工作。从中华人民共和国成立至今，中国考古学的发展历程可以细分为五个阶段：

第一阶段，1949 年至 1965 年。主管文物考古的机构，从中央到地方逐步建立,考古调查、发掘工作得以恢复。随着基本建设工程的陆续展开,考古发掘开始出现"遍地开花"的局面,人才奇缺成为突出矛盾。为适应社会需要,由中国科学院考古研究所、北京大学及中央文化部社会文化事业管理局三方合作举办的考古工作人员训练班应运而生。从 1952 年至 1954 年,共举办 4 期,每期 3 个月,既有课堂讲授,又有野外调查发掘实习,前后共培养考古工作人员 400 多人,缓解了各地的急需。北京大学以此为契机,适时调整专业设置,在科学院考古研究所和中央文化部社会文化事业管理局(即后来的国家文物局)的支持下,于 1952 年开始举办考古工作人员训练班同时,经教育部批准在历史系设立考古专业(专门化),由考古研究所研究员苏秉琦任主任,开始招收本科生。北京大学早在 1922 年即成立了由著名金石学家马衡教授任主任的考古学研究室,除了招收少量研究生,从未招过本科生。以培养正规本科考古人才为己任的北京大学历史系考古专业的成立,成为中国教育史上和考古学史上破天荒的划时代事件,为中国考古学学科建设和考古事业的发展奠定了人才基础。

当时,由于以美国为首的资本主义国家对中国实行经济封锁,在文化上也切断了与资本主义国家的联系,于是向苏联学习遂成为唯一同国外学术界沟通的渠道,苏联考古学的理论、方法、技术陆续介绍到国内。在理论上,考古学以研究人类社会历史为宗旨;在方法上,全面揭露聚落面貌而采用大规模探方发掘法,逐步为中国考古学界所接受。同时,以辩证法、唯物论和社会发展学说为主要内容的马克思主义的学习普及,也有助于广大考古工作者树立正确的观察问题、研究问题的观点和方法。客观地来看,在当时的国际政治与社会背景下,苏联考古学的传入,对中国考古学的发展起到了一定的促进作用。但不断开展的缺乏针对性和具体问题具体分析的对唯心主义和所谓资产阶级学术思想的批判,也丢掉了一些诸如器物排队等行之有效的考古研究方法,在一定程度上助长了教条主义。1958 年提出的建立马克思主义考古学体系的口号,虽曾一时鼓舞人心,但毕竟因为太过空泛而令人无所适从。

　　本阶段的重要考古发现，旧石器时代有元谋人、蓝田人、丁村人、马坝人等化石人类标本和遗址；新石器时代有仰韶文化西安半坡、宝鸡北首岭、华县泉护村南台地、元君庙、陕县庙底沟、洛阳王湾等聚落遗址和墓地以及江西万年仙人洞遗址，新发现新命名的有分布于山东、苏北的大汶口文化，分布于湖北和原四川东部（现重庆市辖区）的大溪文化、屈家岭文化，分布于福建闽江中下游流域的昙石山文化等。青铜时代有偃师二里头、郑州商城、邯郸涧沟、邢台曹演庄等遗址，安阳殷墟武官村大墓、山东益都苏埠屯大墓、陕县三门峡虢国墓地等。秦汉及以后各朝代的遗迹、遗物也屡有出土，重要者如河南巩县（今巩义市）铁生沟、荥阳古荥镇汉代冶铁遗址，陕西西安灞桥汉墓出土汉代纸张，云南晋宁滇墓、陕西西安隋唐长安城的勘察和东西两市的发掘、大明宫麟德殿及含元殿的发掘等。

　　在综合研究方面，苏秉琦的《关于仰韶文化的若干问题》是新石器时代考古研究的代表作，它根据仰韶文化诸多遗址的发现，对仰韶文化的分期、类型、特征、分区、社会发展阶段及与其他文化的关系作了全面、系统深入的分析，北京大学邹衡的《试论郑州新发现的殷商文化遗址》和《试论殷墟文化分期》是商周考古研究的重大收获。前者在运用考古地层学、类型学方法将郑州新发现的殷商文化遗存与安阳殷墟文化遗存对比分析基础上，提出了郑州早于安阳的科学结论；后者依据地层关系和器物形制、花纹的变化首次将殷墟文化分为四期，树立了殷墟分期的标尺。这三篇论文内容富有新意，在研究方法上也公认值得学习和借鉴。

　　在学科建设方面，最值得称道的是夏鼐 1959 年发表的《关于考古学上的文化定名问题》。夏鼐早年留学英国，专攻考古学，回国后进入中央研究院历史语言研究所，新中国成立后历任中国科学院考古研究所副所长、所长。随着全国各地古代遗址发掘的增多，洞察全国考古进展状况的夏鼐，适时引入英国著名考古学家柴尔德的"考古学文化"概念，提出考古学文化是指在特定时间、特定地域范围内反复出现的具有共同特征的一群遗迹、遗物的总合；考古学文化命名的原则,按照惯例,通常是以最早发现的小地名予以命名。从而统一了大家的认识,规范并推进了考古研究的深入。考古学科的建设,不仅是理论的建设,也包括新方法、新技术的采用,在这方面最突出的当推碳十四测年技术的引进。碳十四测年的原理和技术由 20 世纪 50 年代末美国科学家利比所发明,1954 年即被夏鼐介绍到国内,60 年代即开始组建实验室。虽然这一方法要到 20 世纪的 70 年代以后才开始实际运用,但它的引进却是这一时期中国考古学发展史上的重大事件。

考古发掘报告是考古发掘最直接、最基本的一项成果。该阶段发表的考古发掘报告,重要的有新石器时代考古的《庙底沟与三里桥》、《西安半坡》、《京山屈家岭》,青铜时代考古的《郑州二里岗》、《辉县发掘报告》、《沣西发掘报告》、《洛阳中州路(西工段)》,秦汉及以后时期以《洛阳烧沟汉墓》和《白沙宋墓》最为突出。由张长寿主笔的《沣西发掘报告》依据墓葬随葬品组合及器物形制、纹饰的变化,将西周墓葬分为从成康至西周晚期连续发展的五期,初步建立了宗周地区西周墓葬分期的标尺;由苏秉琦撰写的《洛阳中州路(西工段)》结语,依据墓葬随葬品组合的不同和器物形制的变化,将从春秋初期至战国晚期的墓葬分为七期,继而考察了各期之间变化的大小,发现三、四期之间的春秋、战国之际,是发生重大变革的阶段,从而把考古年代学研究上升到了分析社会结构变化的高度;蒋若是主笔的《洛阳烧沟汉墓》是运用考古类型学方法研究汉墓形制结构变化和分期的有代表性的一部杰作,其关于铜镜、五铢钱的型式编年系统至今仍为汉代考古研究者广泛运用;宿白主笔的《白沙宋墓》描述细致,考证精到,是将考古学研究与历史文献研究密切结合的典范,素为学术界所推崇。

第二阶段,1966 年至 1977 年。"文革"十年浩劫,不仅将国家经济推到崩溃的边缘,文化、学术、教育事业也遭到空前破坏,作为文化、学术事业有机组成部分的考古学更是沦落到了生死存亡的境地。"文革"前文物考古界仅有的《文物》、《考古》、《考古学报》三大杂志被迫停刊,大学考古专业和其他学科专业一样停止招生,广大文物考古工作者被迫停止工作或改行,大学考古专业教师和其他学科专业教师一样被迫下放劳动接受改造,考古学几乎成了封、资、修的代名词。通过克服层层困难进行的少量考古发掘的现场,往往被当作控诉批斗奴隶主阶级、封建地主阶级的阵地,发掘出土的遗迹和遗物,往往被迫作出有违实际的所谓符合革命要求的解释。这种现在看来不可思议的荒诞闹剧和论断,我们几乎都亲眼看见、亲身经历和亲耳听到过。但是,即使在这种极为恶劣的环境中,考古工作者只要遇到发掘的机会,仍会像往常一样,一丝不苟地完全按照考古工作的程序和规范去对待,当时曾经引起轰动的河北满城汉墓、湖南长沙马王堆汉墓的发掘就是如此。

"文革"后期,社会环境稍趋平静,各项工作陆续恢复正常,文物考古工作也出现了许久未曾见到过的活跃现象。一是新的考古发现不断涌现;二是对外文物展览一个紧接一个;三是《文物》、《考古》、《考古学报》三大杂志得以复刊,且有更多专业刊物问世;四是大学考古专业恢复招生,且有更多大学开始创办新的文博考古专业;五是专业考古学术会议得以举行。

在此阶段,重要的考古发现和发掘,旧石器时代有湖北郧县梅铺龙骨洞遗址及郧县人化石、山西阳高许家窑遗址及许家窑人化石、山西沁水下川遗址、河北阳原虎头梁遗址等。新石器时代有陕西临潼姜寨、河南新郑裴李岗、郑州大河村、山东邹县野店、胶县三里河、江苏吴县草鞋山、浙江余姚河姆渡、湖北宜都红花套、四川巫山大溪、青海乐都柳湾、广西桂林甑皮岩、广东曲江石峡等遗址和墓地。青铜时代有安阳殷墟西北岗王陵区排祭坑、陕西宝鸡强国墓地、湖北黄陂盘龙城、江陵楚都纪南城、江西清江(樟树)吴城、河南罗山蟒张、山东益都苏埠屯、济南大辛庄、临淄河崖头、河北定州、北京房山琉璃河燕都等遗址和墓地,内蒙古赤峰等地夏家店下层文化等。秦汉及以后有陕西咸阳秦国都城、西安临潼秦始皇陵兵马俑坑、汉长安城桂宫、杨家湾汉墓、汉宣帝杜陵、广东广州南越王墓与南越国宫署、江苏徐州汉代楚王墓、山东临沂银雀山汉墓、北京大葆台汉墓、陕西乾县唐永泰公主墓及懿德太子墓等宫殿遗址及墓葬、西安唐长安兴化坊金银器窖藏坑、元大都遗址等。

在学科理论建设方面,1975 年 8 月苏秉琦为吉林大学考古专业同学作了题为《学科改造与建设》的报告,首次提出建立中国考古学派和考古学文化区系类型的思想。关于建立中国考古学派,他说"1958 年曾经提出过'建立马克思主义中国考古学体系',现在要求变得更明确具体些,是否可改为'建立马克思主义的、具有民族风格、民族气派的中国考古学'。"他认为这是事关中国考古学发展方向的大问题,是"我们这一代人责无旁贷的任务"。关于考古学文化区系类型思想,他将中国新石器时代文化区分为中原、沿海、东南、江汉、甘青、北方六大块,认为"分别对上述这些地区进行有计划的大规模的长期工作,建立学科分支,研究它们各自范围内发展和与邻区(特别是中部地区)之间相互作用关系,是我国今后考古工作一个重要课题,是当务之急"。这是继夏鼐《关于考古学文化的定名问题》之后,在我国考古学学科建设上具有重要意义的事件,成为长期指导我国考古工作和考古学学科建设的方针。这时期,"文革"造成的"万马齐喑"局面,开始松动,1972 年于南京召开的"中国长江下游新石器文化研讨会",突破长期的思想禁锢,一扫沉闷的学术空气,大大开阔了考古工作者的眼界,活跃了大家的思想,促进了考古工作的开展。

这时期由于"文革"造成的考古工作的中断和停滞,发掘本来就少,发掘出来的资料又不能很好整理,因此除了像《侯马盟书》等几本报告,几乎没有多少重要的考古发掘报告问世。

第三阶段,1978 年至 1985 年。苏秉琦在前一阶段的酝酿基础上,正式发表了《考古地层学与类型学》、《关于考古学文化的区系类型问题》两篇文章,成为新时期中国考古学工作的指导思想。1978 年中共中央十一届三中全会作出的改革开放的决定,不仅在党和国家历史上占有重要地位,对于包括考古学在内的思想文化学术界来说,也具有划时代的意义。正是对外开放的决定,使考古学在上一阶段已经开始活跃的基础上，进一步打开了与国外学术界沟通的大门，真正开启了与国外同行的学术交流与学术讨论，过去在封闭环境下很少有人了解的国外学术界流行的新理论、新方法，源源不断地被介绍到国内，我们自己的学者到外国访学、讲学的，外国学者来我们这里讲学参观的，甚或互相派人留学学习考古的，开始形成了一道新的风景线。在考古学领域架起交流大桥的，首推美国科学院院士、北京大学客座教授张光直。张光直的小学、中学时代是在北京（当时称北平）度过的，1948 年随家人回到家乡台湾，后入台湾大学，师从中国近代考古学主要奠基人、原中研院史语所考古组组长、长期主持安阳殷墟发掘的李济及石璋如、高去寻等学习考古人类学，毕业后入"中研院"史语所工作，不久又到美国哈佛大学深造，获得博士学位，先后任教于耶鲁大学和哈佛大学，讲授中国考古学等课程，是国际知名考古学家。1984 年应邀来北京大学讲学，他所作的《考古学专题六讲》，简洁而精辟地介绍了国外考古学界流行的理论与方法，什么聚落考古、行为考古、过程考古、后过程考古以及文明演进研究的模式理论等，对北大考古系师生来说，对中国考古界同仁来说，都极为新鲜。1996 年文物出版社将《考古学专题六讲》出版发行，在学术界引起极大反响。张光直不仅自己带头，还和时任北大考古系主任的宿白教授等一起策划，分期介绍多位世界级著名考古学者来北大授课。同时，北京大学、四川大学、社科院考古研究所等单位也陆续有年轻教师和研究人员赴外讲学和深造，考古学领域的双向交流已成为非常普通的事情。

本阶段，对于中国考古学的发展和学科建设来说，和对外开放方针的确定，国外考古学理论、方法的传入同等重要的，是 1979 年全国考古学规划会议的召开、中国考古学会的成立以及 1983 年北京大学考古专业由历史系分出独立成系。好的切实可行的学科规划是任何学科得以健康发展的保证，考古学科规划会议，在总结以前工作基础上，制订了 1978 至 1985 年的主要工作和研究课题，确定以中国古文化的区、系、类型问题和中国原始社会的解体与阶级、国家的产生，以及统一多民族国家的形成和发展问题为工作和研究的重点。中国考古学会的成立,使全国考古工作者第一次有了自己开展学术活动的园地,会议确定了除有计划开好每年的年会,重点将放在全国分区开展活动上。所谓分区开展活动,正像当时刚被选任为考古学会副理事长的苏秉琦在学会会议讲话中所要求的,就是要围绕中国古文化的区、系、类型问题开展工作。此后,1982 年河北蔚县三官考古工地座谈会、1983 年辽宁朝阳考古座谈会、1984 年 8 月内蒙古西部地区原始文化座谈会、11 月江苏太湖流域古动物古人类古文化座谈会、1985年山西侯马晋文化研讨会以及以后连续举办的同类性质的座谈会,都是中国古文化区、系、类型考古实践成果的小结,为构建中国考古学文化区、系、类型体系奠定了坚实的基础。在中国考古学史上,1952 年成立的北京大学考古专业,是第一个正规培养高层次考古人才的地方,经过近 30 年的发展,终于从历史系分出独立成系,标志着考古学成为独立学科的重要开始。自此,考古专业相继在许多兄弟院校成立,考古学在学术界的地位进一步得到了加强。

随着中国古文化区、系、类型考古实践的不断展开,全国考古规划会议确定的在此基础上研究中国原始社会解体与阶级、国家的产生,以及统一多民族国家的形成和发展问题也逐步提上日程。1983年夏鼐在日本 NHK 电视台发表的“中国文明起源问题”的演讲首开其端,认为二里头遗址反映的面貌可以看作是中国已开始进入文明社会的标志。1984 年在辽宁朝阳考古座谈会上,苏秉琦提出了文明起源、国家形成研究的“古文化、古城、古国”研究路线,他说:“古文化是指原始文化。古城指城乡最初分化意义上的城和镇,而不必专指特定含义的城市。古国指高于部落之上的、稳定的、独立的政治实体。三者应从逻辑的、历史的、发展的关系理解,它们联系起来的新概念是:与社会分工、社会关系分化相应的、区别于一般村落的遗址、墓地在原始社会后期、距今四五千年间或五千年前的若干个地点已找到了线索。再明确一点说,现在提出把‘古文化、古城、古国’作为当前考古工作的重点与大课题,目的是把原始文化(或史前文化)和中国古城古国联系起来的那一部分加以突出，这将会有利于本学科比较顺利的发展。"由苏秉琦亲自指导、郭大顺和孙守道等辽宁省考古研究所同仁具体实施的辽西地区古文化、古城、古国考古工作，正是贯彻这一研究路线的典范。苏秉琦提出的研究路线是基于中国考古工作者长期实践总结出来的路线，是真正"走自己的路"的路线，它的提出，标志着与以前生搬马克思主义社会发展学说教条、硬套苏联把考古学简单理解为物质文化史经验路线的彻底决裂。在苏秉琦提出的路线的指导下，文明起源、国家形成研究逐步成为学术界关注的焦点。围绕文明起源与国家形成问题的讨论中，北大严文明发表的《龙山文化与龙山时代》一文，提出龙山时代是由原始氏族社会向文明国家社会过渡的时代的观点，影响很大，反响强烈。

这一时期的重要考古发现，有山东大汶口文化遗址群、湖北天门屈家岭文化、湖北石家河文化遗址群及城址、山西襄汾陶寺龙山文化墓地及遗址、河南登封王城岗龙山文化城址等；青铜时代有河南偃师商城、陕西周原遗址及铜器窖藏、山西曲沃晋国早期都城遗址、湖北随县曾侯乙墓、湖北大冶铜绿山古铜矿等；秦汉及以后有秦都咸阳宫殿基址、江苏高邮天山汉墓、河北石家庄小沿村汉墓等。

这一时期发表的综合研究专著，数量有所增加，其中苏秉琦的《苏秉琦考古论述选集》、邹衡的《商周考古》和《夏商周考古学论文集》、俞伟超的《先秦两汉考古学论集》、严文明的《仰韶文化研究》在考古、历史学界深受好评。《苏秉琦考古论述选集》精选了从 1948 年至 1983 年期间发表的考古文章与论述 23 篇，内容涉及调查及发掘报告、考古类型学及考古学文化区系类型研究和考古事业建设三个部分，正像俞伟超、张忠培在后记中所指出的，苏秉琦撰写的考古报告、提出的建立考古学文化区系类型体系设想和包括建设田野考古基地在内的考古事业建设的建议，对于中国考古事业的发展，对于中国考古学学科的建设，均具有示范和指导意义。邹衡的《商周考古》作为北大考古专业的教材，比较全面系统地总结了自安阳殷墟发掘以来商周考古的重大发现和研究成果，集中反映了对商周考古领域重要问题的见解,简明扼要,图文并茂,1979 年出版以后,很快即被兄弟院校考古专业采用,出版不久,即为日本学者译成日文发表;《夏商周考古学论文集》除 20 世纪 60 年代有关郑州和安阳的两篇文章,新收录了这时期有关夏文化和先周文化研究的新作,分析深入,论证严密,所作论断具有极强的说服力,代表了夏商周考古领域最高研究水平。俞伟超的《先秦两汉考古学论集》选收了从 20 世纪 60 年代至 80 年代共 20 篇论文,集中反映了这一时期他的研究成果,其中《中国古代都城规划的发展阶段性》《周代用鼎制度研究》《汉代诸侯王与列侯墓葬的形制分析——兼论"周制"、"汉制"与"晋制"的三阶段性》3 篇文章,是分别对我国古代都城规划、周代用鼎制度和汉晋高级贵族墓葬制度的规律性演变所作的系统考察,《古史分期问题的考古学观察》则是他对中国魏晋封建论观点的全面论证和阐述。严文明的《仰韶文化研究》,是他对中国最早发现的这支新石器文化从不同角度所作研究论文的汇集,既有对某个遗址的个案分析,又有从不同侧面切入的综合研究,涉及了仰韶文化的分期、类型、源流、社会发展阶段及与其他文化的关系等诸多方面,是仰韶文化 1921 年发现以来研究最为深入的一部著作。

　　第四阶段,1986 年至 1995 年。考古重大发现层出不穷,学术讨论分外活跃。

　　此时期的重大考古发现,旧石器时代有湖北郧县直立人化石产地、江苏南京汤山直立人化石产地、湖北江陵鸡公山旧石器晚期人类活动面及石器制作场等;新石器时代有江西万年仙人洞及吊桶环遗址、湖南道县玉蟾岩遗址、河南郑州西山仰韶文化晚期城址、安徽含山凌家滩遗址、浙江余杭良渚文化瑶山及汇观山祭坛、浙江余杭莫角山遗址、江苏高邮龙虬庄遗址、内蒙古赤峰敖汉旗兴隆洼遗址、湖南礼县城头山城址及稻田、河南孟津妯娌遗址、辉县孟庄龙山及夏商三叠城城址、山东章丘龙山镇龙山文化城址、山东邹平丁公龙山文化城址。青铜时代有河南安阳殷墟郭家庄 160 号墓、殷墟花园庄甲骨窖藏坑、平顶山应国墓地、新郑郑韩故城郑国祭祀遗址、河北定州北庄子商代贵族墓葬、山东滕州前掌大商周贵族墓地、长清仙人台邿国墓地、江西瑞昌铜岭商代铜矿遗址、三门峡虢国国君墓、山西曲沃北赵晋侯墓地、太原金胜春秋赵卿墓、北京军都山山戎墓等。秦汉及以后有江苏徐州北洞山西汉楚王墓、河南永城芒砀山西汉梁王墓、河北磁县湾张北朝壁画墓等。

该时期出版的重要考古报告有《曾侯乙墓》、《北京大葆台汉墓》、《侯马铸铜遗址》、《宝鸡强国墓地》、《上马墓地》、《琉璃河西周燕国墓地(1973—1977)》等。

该时期的综合研究,以中国古代文明起源与形成研究最为突出,在此期间,苏秉琦、田昌五、佟柱臣、安志敏、邹衡、严文明、吴汝祚、张忠培、李绍莲等先后著文,参与讨论,内容涉及了文明的概念、文明的标志、文明发展的动力和过程、文明和国家的关系、中华文明形成的时间等问题,苏秉琦《中华文明的新曙光》、佟柱臣《中国新石器时代的多中心发展论和发展不平衡论——论中国新石器时代文化发展的规律和中国文明的起源》、严文明《中国史前文化的统一性与多样性》、张忠培《中国父系制度发展阶段的考古学考察》等论文影响最大,其中苏秉琦提出的中华文明起源与形成的多元一体模式得到了学术界广泛认同。中国文明起源与形成研究热潮的兴起,固然是因为与该研究有关的考古新发现不断涌现,固然是因为夏鼐、苏秉琦两位学界泰斗的率先垂范和号召,但也与作为国家级学术研究机关的中国社会科学院考古研究所的集体参与密不可分。1989 年,时任考古所所长和《考古》杂志主编的徐苹芳主持组成了"文明起源"课题组,召开了由众多所内研究人员参加的中国文明起源座谈会,分赴各地进行有计划有目的的学术考察,在深入研究基础上,于 1991 年正式召开了"中国文明起源研讨会",会期长达 13 天,既有对重要遗址的进一步考察,也有不同观点的交锋和讨论,苏秉琦应邀在会上作了报告,会议将中国文明起源与研究推向了新的高潮。

第五阶段,1996 年至今。考古学科地位明显提升;体现考古成果的考古发掘报告以加速度出版面世,忠实客观报道发掘资料成为该时期考古报告的一大特色；考古学参与的大型多学科综合研究成为研究主流；考古学与相关学科关系日益密切；对外交往更加频繁；公众考古日益受到关注。

本阶段重要考古发现层出不穷，从时代来说从旧石器时代到明清，从地域来说几乎涵盖了各个省区。因受篇幅所限，恕不能一一列举。

本阶段出版的考古发掘报告更是成倍增长，其中重要者，如旧石器时代考古有《南京人化石地点》、《南京直立人》等；新石器时代考古有《舞阳贾湖》、《桂林甑皮岩》、《河姆渡》、《凌家滩》、《澧县城头山》、《肖家屋脊》、《邓家湾》、《潜山薛家岗》、《反山》、《瑶山》、《良渚遗址群》、《庙前》、《界山》、《辉县孟庄》、《登封王城岗》、《新密新砦》等；夏商周与秦汉及以后各代有《二里头》、《郑州大师姑》、《郑州商城》、《盘龙城》、《吴城》、《鹿邑太清宫长子口墓》、《南邠州·碾子坡》、《洛阳北窑西周墓》、《三门峡虢国墓》、《郑国祭祀遗址》、《燕下都》、《真山东周墓》、《印山越王陵》、《鸿山越墓》、《军都山墓地》、《太原晋国赵卿墓》、《秦始皇陵园发掘报告》、《秦始皇陵铜车马发掘报告》、《里耶发掘报告》、《长沙马王堆二、三号墓发掘报告》、《长安汉墓》、《芒砀山西汉梁王墓地》、《徐州北洞山西汉楚王墓》、《磁县湾张北朝壁画墓》、《北齐东安王娄睿墓》、《鄂城六朝墓》、《北魏洛阳永宁寺》、《太原虞弘墓》、《西安北周安伽墓》、《北宋皇陵》、《磁州窑发掘报告》、《龙泉东区窑址发掘报告》、《新疆克孜尔石窟考古报告》等。

本阶段综合研究著作，一类是研究者十几年、二十几年甚或更长时间内研究论文的汇集，涉及时空范围较广；一类是研究者对某一地域、某一问题的专项研究。前一类中，夏鼐、安志敏、安金槐、邹衡、蒋赞初、牟永抗、李京华、徐苹芳、张长寿、张森水、张忠培、王世民、俞伟超、李仰松、严文明、汪宁生、韩伟、张学海、李先登、徐恒彬、李伯谦、何介钧、林沄、陈旭、杜金鹏、李朝远、裴安平、水涛等均有专书出版；后一类中，除少数资深研究人员，多数是中青年学者，尤其是在博士学位论文基础上修改增补完成的论著。其中张长寿、陈公柔、王世民合著的《两周青铜器分期断代研究》、杨泓的《中国古兵器论丛》、陈铁梅的《定量考古学》、乌恩岳斯图的《北方草原考古学文化研究——青铜时代至早期铁器时代》、刘庆柱的《古代都城与帝陵的考古学研究》、李昆声的《云南考古学论集》、田广金与郭素新的《北方考古论文集》、王立新的《早商文化研究》、滕铭予的《秦文化：从封国到帝国的考古学研究》、刘军社的《先周文化研究》、曹玮的《周原遗址与西周铜器研究》、杨建华的《春秋战国时期中国北方文化带的形成》、彭裕商的《西周青铜器年代综合研究》、林梅村的《西域文明》、李水城的《半山与马厂彩陶研究》、张辛的《中原地区东周陶器墓葬研究》、冯时的《中国天文考古学》、齐东方的《唐代金银器研究》、孙华的《四川盆地的青铜文化》、王巍的《东亚地区古代铁器和冶铁术的传播与交流》、王幼平的《中国远古人类文化的源流》、白云翔的《先秦两汉铁器的考古学研究》、许宏的《先秦城市考古学研究》、徐良高的《中国民族文化源新探》、印群的《黄河中下游地区的东周墓葬制度》、王青的《海岱地区周代墓葬研究》、刘毅的《明代帝王陵墓制度研究》、郑岩的《魏晋南北朝壁画墓研究》、李裕群的《北朝晚期石窟寺研究》、姜波的《汉唐都城礼制建筑研究》、李肖的《交河故城的形制布局》、张天恩的《关中商代文化研究》、李海荣的《北方地区出土夏商周时期青铜器研究》、高蒙河的《长江下游考古地理》、张弛的《长江中下游地区史前聚落研究》、施劲松的《长江流域青铜器研究》、韩建业的《北方地区新石器文化研究》、赵春青的《郑洛地区新石器时代聚落的演变》、岳洪彬的《殷墟青铜器研究》、金正耀的《中国铅同位素考古》、吴小红与崔剑峰的《铅同位素考古研究》、宋玲平的《晋系墓葬制度研究》、梁云的《战国时代的东西之别》、方辉的《海岱地区的青铜时代考古》、高江涛的《中原地区文明化进程的考古学研究》等均有特色。在专题类综合研究论著中，特别要提到的是苏秉琦先生的《中国文明起源新探》和宿白先生的《中国石窟寺研究》。《中国文明起源新探》以通俗的语言、浅显的文字像讲故事一样讲述了中国文明起源的动力、机制、过程、模式和特点，充分表达了自己在文明起源问题上的观点和研究思路，新意迭出，常读常新；《中国石窟寺研究》是宿白先生长期研究石窟寺考古的一系列论文的结集，内容涉及石窟寺分期、分区、题材、特征等诸多方面，代表了中国学者对石窟寺研究的最高水平。宿白作为中国石窟寺考古的指导者和学术带头人，还培养了一批石窟寺考古研究人才，刘慧达、马世长、樊锦诗、丁明夷、温玉城、李裕群、李崇峰等的有关研究论著和对一些石窟的测绘与发掘，表明中国石窟寺考古的基础工作和研究深度均有了较大提高。

　　本阶段的标志性事件，是国家"九五"重大科技攻关项目"夏商周断代工程"的启动。考古学和碳十四测年作为支柱学科第一次参与了由国家组织的人文社会科学与自然科学多学科联合攻关大型科研活动，表明考古学的重要性越来越受到社会重视，其地位有了新的提升。在断代工程中，考古学的任务是，通过对夏商周时期相关遗址的重新发掘，采集系列含碳样品，运用碳十四测年技术进行测定，以建立夏商周碳十四年代框架，并与其他学科研究结果相整合，提出夏商周年表。经过20多个单位200多位学者五年的努力，终于取得了阶段性成果，比较圆满地完成了任务。北京大学作为主要参加单位之一，有1人担任了首席科学家，7人参加了由21位专家组成的专家组，近20人承担或参与了有关课题、专题研究工作。作为第九个五年计划的一项科研任务，到2000年就告结束了，但由此开始的一系列考古工作和碳十四测年工作并未停止，在紧接断代工程上马的中华文明探源工程预研究及探源工程一、二期等研究活动中，承担了更多的任务，发挥了更大的作用，继参与构建夏商周年表之后，在梳理中华文明起源、形成及发展进程、廓清中华文明特征及其在世界文明中的地位的研究中，做出了突出的贡献，自身也得到了不断的完善和提高。

　　与前相比，考古学在发展中，科技手段和方法的介入越来越多，范围越来越广，由于科技手段和方法的采用，不仅发现的信息成倍增长，而且得到的成果也成倍增长，考古学与科学技术的关系，由利用而渐渐融合，面貌正在发生着日新月异的变化。一个值得注意的现象是，作为人文学科的考古学与自然科学、技术科学关系日益密切的同时,自然科学、技术科学也在主动热情地张开双臂欢迎考古学。在考古研究所离开中国科学院进入新组建的中国社会科学院二十多年之后,中国科学院研究生院居然成立了科技考古系,由中国科学院直接领导的中国科技大学居然成立了科技史与科技考古系,北京科技大学也成立了科技考古中心。显然,人文学科与自然学科的融合已是大势所趋。无独有偶,考古学与其他人文社会学科例如历史学、人类学、社会学、经济学、人口学等学科,在研究方法上的相互借鉴和渗透,也以空前的速度在进行着。

考古学与国外的交流呈现出多渠道、大范围、更深入的新局面。合作研究,联合培养研究生,互相兼职授课等形式,逐步改变了以往双向访问、参加学术会议、互派留学生比较单调的模式。早年出外留学者,有的学成归来,在大学任教或在研究机构研究;有的在国外任职,教授或研究中国考古学。一些外国来华学习中国考古学的留学生,学成回国或教学或研究,也成了中外考古学术交流的使者。

随着基本建设的大规模展开,特别是像三峡水库、南水北调等大型工程的实施,基本建设与文化遗产保护的矛盾日益尖锐,同时,如何处理考古工作与文化遗产保护的关系也摆到了考古工作者的面前。以研究中国历史为己任的中国考古学,历来有保护文化遗产的传统,广大考古工作者深知文物古迹是历史的载体,文物古迹被毁了,研究历史的材料也就没有了,因此从来把保护文化遗产视为自己的头等大事、分内的事。在推土机轰轰隆隆推向古城墙的一刹那,考古工作者挺身而出,躺在前头,阻止对古城墙的破坏是保护;通过调查、钻探,发现古代遗址是保护;通过发掘,确定遗址的性质、年代、范围、等级,为制订保护规划提供基础材料是保护;在古遗址、古墓葬遭到破坏、盗掘的情况下,进行抢救发掘是保护;为了研究的需要,对遗址、墓葬进行有计划的发掘,通过整理写出报告,将埋于地下的实物资料变为文字史料永远保存,也是保护。随着广大考古工作者文化遗产保护意识的不断提高,通过自己的工作,通过与规划设计单位合作制订保护规划等,为文化遗产保护作出了贡献,开创了中国文化遗产保护事业的新局面。

考古成果的大量面世，日益为社会公众所关注，以向公众宣传普及考古成果、服务广大公众、与广大公众共享考古成果为宗旨的公众考古学应运而生。随着考古学神秘面纱的被揭开，公众参与考古过程、学习考古知识的热情空前高涨，在保证做好考古学自身研究的前提下，如何因势利导，将广大公众引向热爱祖国文物、参加到文化遗产保护队伍行列中来，成为考古工作者面临的不可回避的任务。

在学科建设上，需要提及的是教育部人文社会科学重点研究基地——北京大学中国考古学研究中心和吉林大学边疆考古研究中心的成立，使高校以往比较分散的研究，上升到了有明确目的和严密组织的研究，研究成果促进了教学内容的更新，教学中提出的问题为研究提供了研究的方向和动力，两个中心及其创办的大型学术专刊《古代文明》和《边疆考古研究》以及山东大学东方考古研究中心创办的《东方考古》，已成为考古学界的重要学术阵地。

二、新中国考古学的贡献

新中国建立以来，考古学发展迅速，迄今已经建立了比较完备的考古管理、发掘与研究机构，颁行了各类文物考古法规及实施细则，在十多所大学成立了培养考古人才的考古学院系或专业，考古队伍基本上可以满足工作的需要。而就其发现和研究成果而言，更可谓成绩巨大：

（1）发现了从旧石器时代到青铜时代一系列重要遗址，填补了中国考古学上的缺环，建立了中国考古学分期标尺，厘清了其发展谱系，证明从古至今中国文化发展的主流是一脉相承、不曾间断的。

旧石器时代，过去我们只知道北京猿人、山顶洞人、河套人，而如今发现的诸如元谋人、蓝田人、郧县人、和县人、南京人、丁村人、金牛山人、灵井人、大荔人、马坝人、长阳人等旧石器时代人类化石标本近百种，遗址数百处，时代涵盖了早、中、晚各期，基本勾画出了从直立人到现代人及其文化的发展演变脉络。旧石器时代考古是一门国际性的学问，这些重要发现，奠定了中国旧石器时代考古和古人类学研究在世界学术界的地位，不管学术观点多么不同，但只要研究与人类起源发展有关的问题，就不能忽视这些材料，就不能忽视中国这块土地。

新石器时代，过去我们只知道仰韶文化、龙山文化、红山文化、良渚文化、马家窑文化、齐家文化、昂昂溪文化等少数新石器时代考古学文化，而如今发现的诸如仙人洞文化、玉蟾岩文化、甑皮岩文化、裴里岗文化、磁山文化、北辛文化、大汶口文化、兴隆洼文化、彭头山文化、皂市下层文化、大溪文化、屈家岭文化、石家河文化、高庙文化、北阴阳营文化、薛家岗文化、上山文化、跨湖桥文化、河姆渡文化、马家浜文化、崧泽文化、石峡文化、宝墩文化、昙石山文化等则几乎遍布了全国各个省区，从旧石器时代向新石器时代过渡的文化、新石器时代早中晚期文化到铜石并用时代的文化，应有尽有。通过研究，迄今已建立了中国新石器时代考古学文化区系类型体系，为进一步研究中国文明起源、形成与发展奠定了坚实、科学的基础。

青铜时代，过去我们只知道安阳小屯殷墟、益都苏埠屯、宝鸡斗鸡台、周原、丰镐等为数不多的重要商周遗址作过发掘，而如今经过科学勘察和发掘的诸如夏时期的偃师二里头、夏县东下冯、荥阳大师姑、邯郸涧沟、磁县下七垣、商州东龙山、平顶山蒲城店等，商时期的郑州商城、藁城台西、邢台曹演庄、黄陂盘龙城、清江吴城、新干大洋洲、济南大辛庄、江陵荆南寺、武安赵窑、定州北庄子、平谷刘家河、赤峰夏家店、灵石旌介、罗山蟒张、荥阳小胡庄、保德林遮峪、石楼桃花庄、绥德墕头村、石门皂市、宁乡黄材、南京湖熟镇、上海马桥、饶平浮滨、闽侯黄土仑、广汉三星堆等，西周时期的洛阳北窑、郑州洼刘、平顶山滍阳镇、北京房山琉璃河、岐山周公庙、宝鸡弪国墓地、曲沃曲村、绛县横水、洪洞永凝堡、徐州梁王城、三门峡虢国墓地、成都金沙、广东博罗横岭山等，东周时期的洛阳王城、新郑郑韩故城、山西侯马、山西闻喜、山东淄博齐国故城、曲阜鲁国故城、安徽寿县蔡侯墓、陕西凤翔秦公陵园、咸阳秦都、江苏无锡鸿山、苏州真山、浙江印山越王陵、广西贡城秧家等。众多青铜时代遗址的发现,同新石器时代一样,也已建立了青铜文化比较完备的区系类型体系,基本廓清了各文化的源流和之间的关系,为与有关文献记载进行比较、整合研究,推定其所处社会发展阶段和可能的族属国别,为重建中国上古史准备了条件。

(2) 基于上述一系列重大发现和研究成果,提出了中国文明本土起源说和中国文明起源、形成、发展的多元一体模式。

中国文明本土起源说,正像前面提到的,是建立在从旧石器时代经新石器时代直到青铜时代乃至以后文化的连续发展基础之上的。随着文化的不断发展,文明因素渐渐孕育,当文明因素发展到一定阶段一定程度的时候,就形成文明建立国家,进入了文明时代。著名考古学家、前中国考古学会理事长苏秉琦先生在谈到这个问题时,曾指出中国文明有百万年的根系,万年的起步。所谓百万年的根系,是指旧石器时代早、中、晚期文化的连续发展;所谓万年的起步,是指旧石器时代经中石器时代过渡到新石器时代,农业发明,社会发展加速,文明因素开始孕育。在此过程中,在现在中国这块土地上,虽有过与周邻文化的交流,受到过周邻甚至更远的文化的影响,但本土文化一直是主流,因此在此基础上诞生的文明自然是本土起源的。

文明起源于本土,并不等同于文明的起源只有一个源头。中国土地辽阔,地理环境复杂,文化传统多样,旧石器文化虽然统一性很强,但以大型打制石器为主的南方系统和以小型打制石器为主的北方系统就有区别;新石器文化,苏秉琦先生根据文化渊源、特征、发展道路的不同,将之分为以长城地带为重心的北方地区,以晋、陕、豫三省接邻地区为中心的中原地区,以洞庭湖及其邻境地区为中心的长江中游地区,以山东及其邻境为中心的黄河下游地区,以江浙(太湖流域)及其邻境地区为中心的长江下游地区,以鄱阳湖——珠江三角洲一线为主轴的南方地区六大区系,有的先生更细分为九区或十多个区。随着成都平原宝墩文化及其城址群的发现,并联系到其后青铜时代三星堆古蜀文明的崛起，我认为长江上游的成都平原及其邻境地区也应该是一个相对独立的区系。每个区系都有各自相对独立的文化传统，在其发展过程中，或先或后，或早还晚，也均孕育产生出了文明因素，在距今大约 5 300 年前后，有的已率先跨入社会转型的"古国"阶段。因此，我们虽然主张中国文明起源本土说，但同时我们也认同中国文明起源的多元说。苏秉琦先生用"满天星斗"形容中国文明因素勃兴的盛况是十分贴切的。

从文明因素的起源来说是多源的，而从其发展的趋势来说又是逐步走向一体的。实际情况是，在大约距今 5 300 年前后，中原地区的仰韶文化、北方地区的红山文化及稍后的长江下游的良渚文化已较早地跨入社会结构转型期，先后出现了社会分层，出现了高于部落之上的、稳定的、独立的苏秉琦称之为"古国"的政治实体。但在其进一步发展中，却选择了不同的道路，红山文化以坛、庙、冢为代表走的是崇尚神权的道路，良渚文化以大宗琮、璧祀神玉器和玉钺为代表走的是神权与军权、王权结合而突出神权的道路，仰韶文化以灵宝西坡随葬玉钺、玉戚的大墓为代表一开始走的即是突出军权、王权的道路。崇尚、突出神权道路的"古国"，因毫无节制地消耗社会财富，无力扩大再生产以维持社会的继续运行而逐渐消亡了；而一开始即走上以军权和王权结合为基础突出王权的仰韶"古国"，则因有所节制、比较简约，从而保证了社会的正常发展，不仅脱颖而出走到了其他地区的前头，而且由仰韶而龙山，由龙山而二里头，绵延不绝，越来越强，使中原地区成为了中华大地这块沃土的核心、中心，并通过各种途径、方法从周围诸文化汲取先进营养，重组融合，像滚雪球一样越滚越大而浑然融为一体。多元一体模式，是对中国文明化进程最简洁、最明晰、最准确的概括。

（3）从发展眼光，通过长时段研究，由苏秉琦先生提出的中国国家形态演进的古国一方国一帝国三阶段说成为学术界的主流认识。

恩格斯的《家庭、私有制和国家的起源》，迄今仍是研究文明化进程和国家产生的最重要的著作，他作出的著名论断"国家是文明的概括"，已是当今学术界的主流认识。在我看来，文明、阶级社会、国家是从不同角度对具有同一特点的社会的发展状况所作的表述。文明、国家都是发展的概念，当生产力发展到一定程度，社会开始出现维持人类基本生活之外的剩余生产品的时候，文明因素便应运而生；当文明因素发展积累到一定程度，量变转化为质变，社会开始分层，阶级开始形成，国家开始出现。

中国古代最早出现的国家，苏秉琦称为"古国"，大体处在距今5 500年至距今4 500年这个阶段。在中国古代典籍中，这个阶段被称为"万国"，又叫"万邦"，总之是一个邦国林立的时期，相当于古史传说五帝中的黄帝、颛顼、帝喾时代。古国不同于部落，古国是指高于部落之上的、稳定的、独立的政治实体，一般以崇尚神权为特征，是神权国家，这在红山"古国"、良渚"古国"中表现得最为充分。但也不是所有的古国都是如此，正像前面我们曾经提到的，以河南灵宝西坡仰韶晚期大墓为代表的仰韶"古国"，和红山"古国"大体同时起步，即是以突出王权为特征的。

从距今大约4 500年开始，逐步发展到"方国"阶段。方国的范围一般要大于古国，方国已是王权国家，神权一般已降至次要地位，礼制出现且有一定发展，社会基本结构虽然像以前一样仍靠血缘关系维系，但"国土"概念已开始萌生。方国阶段距今大约4 500年至公元前221年秦统一，大体相当于古史传说中的尧、舜和夏、商、周三代。以商为界，又可分为前、后两期，前期是初步发展时期，以山西襄汾陶寺文化城址为代表，经过考古工作者三十多年的努力，发现了一座距今4 300年至4 100年面积达280万平方米的大城以及宫殿区、仓储区、朱书文字、红铜器、贵族墓地和观日制历与祭祀遗迹，结合文献记载，学者们认为此地或即尧都平阳之所在。我们推断其为王权国家，主要基于两点：一是在一座高等级贵族墓葬的一侧墓壁上，发现了6柄头下尾上竖立的玉钺，这无疑是军权、王权的象征；二是在同一座墓内还发现了诸如只有长江下游良渚文化才流行的厨式石刀，只有长江中游石家河文化才流行的神面玉雕，只有黄河下游大汶口文化和黄河上游史前文化才可见到的相同样式的彩绘陶器和双大耳罐，这或者是当时周边国族向位处中枢的最高王者的贡献，或者是充作祭品的表示死者生前依靠权力可以得到的远方奇珍的仿制品，无论是哪一种，它传递出来的信息都是王者在兹的意思。后期是发展成熟时期，这无论是从考古发现的遗迹、遗物，还是从商周甲骨文、金文及传世文献都可清楚地证明这一点。这时期，以王权为核心的礼制不断发展与完备，礼制作为维护商周社会秩序、保证社会正常运转的重要制度，成为公元前 16 世纪至公元前 13 世纪中国古代文明的重要特色之一。

公元前 221 年秦始皇统一中国，帝国时代开始，直到公元 1911 年孙中山领导的辛亥革命推翻清朝帝制，帝国时代方告结束。帝国政制的核心是中央集权，是法律制度和行政制度相结合的制度国家，标志是"废井田，开阡陌"，是秦律的颁布和郡县制的实行，是从中央到地方官僚系统的建立。没有中央集权，没有郡县制等一系列制度的有力推行，秦始皇修不了长城，修不了运河，修不了驰道，也统一不了文字和度量衡。帝国政制是王国政制的自然发展，帝国政制优于王国政制。但任何事物都不可避免地会走向自己的反面，当以中央集权和独裁为特质的帝国政制发展到内外矛盾不可克服的时候，民主政制应时而生代替帝国政制，便是顺理成章的事情。

（4）以考古发现为基础，通过考古材料和文献材料的整合，提出了有充分依据的更为可信的中国上古史的基本框架。

在中国人的头脑中，以汉朝大史学家司马迁的《史记》为代表构建而成的"三皇五帝夏商周"古史体系，几千年来可谓根深蒂固。在新文化运动影响下，于 20 世纪 20 年代初兴起的"古史辨"思潮，对旧的古史体系进行了彻底的破坏，于是走考古学之路重建中国上古史，便成为中国学人义不容辞的任务。

1921 年瑞典人安特生发掘河南省渑池仰韶村遗址，1926 年留美归来的李济发掘山西夏县西阴村遗址，标志着 19 世纪中叶在欧洲首先兴起的以田野调查、发掘为特征的现代考古学正式传入中国。

1928 年,李济以当年新成立的中央研究院历史语言研究所考古组组长的身份开始主持河南安阳小屯殷墟的发掘,从 1928 年至 1937 年抗日战争爆发,发掘工作共进行了 15 次,发现了宫殿建筑基址、商王陵墓、甲骨文、青铜器、玉器以及铸铜、制骨等手工业作坊址,以确凿的材料证明了《古本竹书纪年》所载此地即"二百七十三年更不徙都"的商朝最后一个都城殷墟所在地,从而证实了商朝晚期历史是可信的。八年抗日战争,四年解放战争,考古工作基本停止。1949 年新中国建立,考古工作恢复,通过考古工作重建中国上古史的任务,在中止十多年之后,又得以继续。安阳小屯殷墟发掘既已证实商朝晚期历史之可信,追索商朝早期历史自然就成为新的考古工作者首选的课题。

20 世纪 50 年代初,郑州二里岗遗址和随后郑州商城的发现与发掘,揭开了探寻早于殷墟的商朝史迹的序幕。发掘表明,二里岗遗址早于殷墟,郑州商城更是早于殷墟的一处都城遗址。郑州商城坐落于面积达 25 平方公里的商代遗址的中部,约成方形,城墙周长约 7 195 米,城墙基础最宽处为 36 米,现存城墙最高处为 9.1 米,后来经钻探试掘,又发现有外廓城和宫城城墙的迹象,在内城内外分布有宫殿基础、中小贵族墓地、铸铜、制骨、烧陶等作坊址。关于郑州商城为何王所都,从发现至今,一直存在有安金槐为代表的仲丁"隞都"说和邹衡为代表的商汤"亳都"说的争论。1983 年偃乡商城发现以后,将郑州商城、偃师商城和偃师二里头遗址三者综合研究,二里头遗址为夏都斟寻、郑州商城为商汤灭夏前后始建之亳、偃师商城为汤灭夏后商汤监视夏遗民所建西亳的意见,逐步成为主流意见。

司马迁《史记》和其他史籍记载,商朝之前有一个夏朝,夏朝究竟存在不存在? 郑州商城为商汤亳都的确定,从考古学上追寻夏文化必然就成为大家关注的焦点。1959 年徐旭生豫西、晋南之夏墟调查,首开其端。通过对偃师二里头、山西夏县东下冯等遗址的发掘研究,尤其是距二里头仅有十多华里的偃师商城的发现,在层位上早于郑州商城和偃师商城早商文化、又晚于河南龙山文化的以偃师二里头遗址为代表的二里头文化,被以邹衡为首的多数学者认定为夏文化。

二里头遗址迄今已发现围绕多处大型宫室建筑的宫城、道路系统、铸铜及制陶作坊、墓葬等遗迹，出土有铜器、玉器、白陶器及有刻符与早期文字的陶片。其规模之大，内涵之丰富，遗物之精美，都是二里头文化中其他遗址不能比拟的。二里头文化分为四期，一期文化堆积范围小，四期已显衰落趋势，二、三期最为发达，学者们推断以二、三期遗存为代表可能是夏代最后一王桀之都城斟寻所在地，是有相当理由的。

二里头文化为夏文化，二里头遗址为桀都斟寻的确定，是夏代考古的重大突破，但据碳十四测定，二里头文化一、二、三、四期的年代范围是从约公元前 1800 年至公元前 1550 年，只有二百多年的时间，而根据文献记载，夏有十四代十七王共 471 年（或 431 年），二里头文化并不包括全部的夏文化。过去，我们曾提出二里头文化是"后羿代夏"、"少康中兴"以后的夏文化，早期夏文化要在河南龙山文化中去寻找的观点。1996 年夏商周断代工程启动，为寻找比二里头文化要早的夏文化，对以前曾经发掘过并发现了一座河南龙山文化小城的登封王城岗遗址和试掘过的新密新砦遗址重新进行发掘。十分可喜的是，在王城岗遗址发现了面积达 34 万平方米的大城，在新砦遗址发现了介于河南龙山文化晚期和二里头文化一期、具有浓厚东方色彩的新砦期遗存和城址，结合文献记载和以往研究成果，发掘者认为王城岗河南龙山文化大城可能即文献所记"禹都阳城"之阳城，新砦期遗存可能即"后羿代夏"时期的遗存，都属于早期夏文化的组成部分，从而证实了我们以前的推断。

为了重建中国上古史，20 世纪 30 年代，当中央研究院开始发掘殷墟不久，北平研究院徐旭生、苏秉琦也围绕周秦文化的起源展开了工作。经过七十多年的努力，迄今已发掘了周原、丰镐、成周、周公庙以及齐、鲁、滕、薛、虢、应、燕、晋、芮、邢、郑、蔡、秦、楚、徐、黄、锺离、吴、越等宗周和封国、封君的都邑或墓葬遗迹，基本理清了各自文化发展演变的踪迹，揭示了其社会结构、礼制、文化的面貌。

在以夏、商、周为核心的中国上古史基本框架确立的基础上，"夏商周断代工程”将考古发掘、历谱推定、文献梳理、碳十四测定等课题研究成果加以整合,提出了夏商周年表,尽管因条件限制还有不够精准之处,但它的提出,毕竟标志着中国的上古史已不是虚无缥缈的传说而是信史了。

夏商周历史的肯定,也使我们看到了通过考古学进一步追索文献所记“三皇五帝”传说历史的曙光。正像我们已经提到的,山西襄汾陶寺遗址的发掘已使“五帝”之一的尧的历史初露端倪,虽然我们反对将所谓“三皇五帝”一一人格化,但把它作为时代的符号,将文献所记传说与考古发现加以整合,进行比对研究,以确定各自大体年代和在考古学文化演进链条中所处的大体阶段与位置,还是可能的。

（5）社会进步的根本动力在于经济技术的发展,中国考古学既未局限于艺术史考古,也未单纯侧重于社会政治结构的研究,在其发展过程中,经济技术领域考古一直占有重要地位。

通过半个多世纪的努力,在农业考古方面,确认了中国不仅是粟作农业的起源地,同时也是世界稻作农业起源地之一。早在公元前10000年至公元前8000年,在江西万年仙人洞、吊桶环和湖南道县玉蟾岩即发现了经初步驯化的稻子,公元前7000年前后的长江中下游考古遗址中,发现稻作遗存甚或稻田遗迹已不是个别现象。在冶金考古方面,仰韶文化西安半坡和姜寨遗址发现有黄铜器,龙山时代河南、山西、山东等省区发现有红铜器,夏代开始青铜器的发现已几乎遍布黄河、长江及北方广大地区。中国不是世界上冶金术起源最早的地区,但是以郑州、殷墟青铜礼器为代表却是世界上青铜文化发展水平最高和最有特点的地区。商代发现有陨铁,西周晚期发现有块炼铁,春秋发现有铸铁,中国不是发明冶铁术最早的国家,却是发明铸铁最早的国家。在陶瓷考古方面,江西万年仙人洞、湖南道县玉蟾岩等早于公元前10000年的陶片的发现,证明中国是世界上发明陶器较早的地区之一,而早至公元前2000年前原始瓷器的出土和商、西周烧制原始瓷的窑址的发现,则以更充分的根据证实了中国的确是瓷器的故乡。除此之外,在制漆、织染、造纸、机械等领域,考古发现的遗迹、遗物，也都从不同侧面、不同程度上反映了这些创造发明对当时社会经济发展发挥的作用，以及中国对世界文明作出的贡献。

（6）中国文化、文明的发展不是在封闭环境中孤立进行的，在其发展过程中始终存在着文化的交流，既有对外的传播影响，也有对外来文化的借鉴和吸收。

考古发现与研究证实，作为典型事例的佛教及佛教造像艺术的东传及其汉化过程，生动地表明中国古代文化不是排外的文化，中国古代文化具有宽广胸怀又善于吸收消化外来文化的精华，通过融合重组不断壮大发展，以求生生不息。

三、新中国考古学的问题

60 年来，中国考古学取得了举世瞩目的成绩，令人欣慰，令人鼓舞。但是，我们也必须看到，在前进的同时，在取得成绩的同时，也还存在着这样那样的问题，如果不引起注意，不加以克服，就会延缓甚至阻碍我们前进的步伐。

（1）考古资源正遭到空前的破坏，且愈演愈烈，若不采取果断措施进行打击，要不了很长时间，势将出现资源枯竭无古可考的局面。

人类在自己的生产、生活活动中遗留下来的遗迹、遗物（有时也包括遗迹现象）即是我们所说的考古资源，也就是通常所说的文物或曰文化遗产。考古学正是依据对这些考古资源或曰文物的调查、发掘和研究以复原古代社会历史的，如果这些都不存在了，那么以野外调查、发掘为特征的现代考古学也就不存在了。

考古资源的破坏来自诸多方面。其一，是自然因素的破坏，包括日常风吹雨淋、地震、海啸、河流泛滥、山体滑坡等，其中有些是不可抗拒的，有的采取预防措施是可以减轻的，但要杜绝这类破坏，在相当长的时间内恐怕还难以做到，这也是国家要花大力气保护文化遗产的原因。其二，是基本建设工程中的破坏，包括兴建农田水利设施、修公路铁路、建工厂仓库、铺输油管道、造三峡大坝、挖南水北调

渠道,……只要动土,总会碰上文物。基本建设事涉国计民生,事涉
社会发展,当然应予支持,应予保证;文物是历史的载体,是不可再生
的珍贵资源,也理应保护,二者是不能回避的矛盾。如何处理这对矛
盾,在长期实践中形成了"两利"方针,即既有利于基本建设又有利于
文物保护的方针。作为文物考古工作者应积极支持国家重大基本建
设,能让路就让路,能早让路就不要后拖;作为基建单位,要有文物保
护意识,能避开就避开,能少碰一点就少碰一点,双方都要有全局观
念。但不少情况下,文物部门、考古单位往往是弱者,一些本应坚决
保下来的重要遗址、墓葬,眼睁睁看着消失在隆隆作响的推土机下。
其三,是肆意盗掘的破坏,如果说其一、其二是迫不得已,是忍痛割
爱,那么其三则是彻头彻尾的毁灭。以往的盗掘,一般只限于墓葬,
现在的盗掘,墓葬、窖藏、祭坑、祭坛、窑址,凡是古代留下来的遗迹、
遗物,几乎无所不盗;以往的盗掘,一般只限于陆上,现在的盗掘,由
陆地发展到内河,由内河发展到近海(下一步可能就到外海了),只要
有沉船,都可能成为盗掘的目标;以往的盗掘者,只有简单的洛阳铲、
铁锹、铁镐,现在的盗掘者,炸药、雷管、对讲机、摩托车、警棍和先进
武器应有尽有,一边作案一边喝着啤酒、可口可乐;以往的盗掘,鬼鬼
祟祟,现在的盗掘,有的近乎明目张胆,因为背后有人撑腰,甚或就是
和执法部门的个别败类联手。这类破坏目标明确,都是找最值钱的
下手,在迄今进行过的19次全国十大考古发现评选入选项目中,凡是
王侯级陵墓,据不完全统计,至少百分之九十曾经被盗。政府的有关
法律、法规,有关领导人、主管部门负责人虽然一贯要求加强文化遗
产保护,打击文物盗窃犯罪,但实际收效甚微。为什么会是这样,深
层次原因是什么?值得深思。这种状况如不能较快地加以改变,作
为考古资源的文化遗产将破坏殆尽。皮之不存,毛将焉附?考古资
源丧失了,考古学也就失去存在的基础了。

　　(2)考古学科的建设与发展缺乏国家统一规划。

　　考古学作为一门学科,和其他学科一样,它的建设与发展都离不
开国家整体的建设与发展。因此,如果没有在深入了解国家整体发展状

况、国内外本学科发展状况基础上制订自己的规划,学科发展就会盲目无序、方向不明。1956 年,响应党中央向科学进军的号召,国家曾组织制订《发展历史科学和培养历史科学人才的十二年远景规划纲要(草案)》,其中就包括考古学科的内容,只是以后因连续的政治运动而未能实施。1979 年"文革"十年动乱过后,规划问题被重新提起,首次全国考古学规划会议和中国考古学会成立大会召开,夏鼐主持了大会。规划会议的中心内容是讨论、制订 1978—1985 年的主要工作和研究课题。苏秉琦在大会讲话中着重指出,这一阶段的主要工作和研究课题有二,一是全国古文化的区、系、类型问题,二是原始社会的解体与阶级、国家的产生,以及统一多民族国家的形成和发展问题,从而为考古工作指明了方向,极大地推进了考古学科的建设和发展。但自夏鼐、苏秉琦相继故去,考古学会又因故基本没有活动以后,考古学科该如何建设、如何发展,似乎缺乏明确的目标。时至今日,没有听到过有制订新时期考古规划的动议,似乎也没有哪个部门有这样的打算。全国倒是有哲学社会科学规划办公室,每年也都发布供大家申请的课题指南,但因缺乏自下而上、上下结合,经过大家认真讨论制订出来的全国统一的考古规划,难以有效地、最大限度地动员和凝聚广大考古工作者的积极性,投入到各项考古工作和学科建设与发展中来。

　　(3) 考古学的独立性和纯洁性正受到严峻挑战。

　　考古学虽然是广义历史科学的有机组成部分,和以文献史料为研究对象的狭义历史学一样都以研究人类历史及其发展规律为己任,但其研究的对象、方法和手段是完全不同的。从这个角度上讲,考古学的确是一门独立的学科。随着考古工作的广泛开展,重大发现层出不穷,重大研究成果不断涌现,考古学作为一门独立学科的地位和性质日益得到重视和加强。但是,在一些不正确的社会思潮的冲击下,在一些不同认识的影响下,考古学的独立性正在受到削弱。其一,作为考古调查重要手段的考古钻探逐渐从考古中被剥离出来,单独成立以赚钱为目的的机构或公司。由于是以赚钱为目的,质量就很难保证,在特定区域内,可能分布着多达数百座墓葬,但钻探出来的可能只有几十座;按要求一般探孔深度不能少于两米,但有些钻探往往不到一米就算完事,许多重要遗迹被遗漏。这样的钻探数据考古研究不能用,建设单位误信了也要吃亏,因为地下有墓葬、有灰坑没探出来,上面刚刚盖起来的大楼就有垮塌的危险。其二,忽视考古学是历史科学有机组成部分,是以研究人类社会历史及其发展规律为根本目的的基本性质,将文物考古单位并入旅游系统,或者提出将考古工作纳入文化遗产保护体制,有意无意将考古置于从属地位。考古学、考古工作,与旅游、文化遗产保护都有密切关系,它们之间应该互相支持,密切配合,共同发展,但没有谁服从谁的问题。其三,考古学在某种意义上可以说是运用科学手段采集并解析古代社会遗留下来的有关信息的科学,在考古实践过程中,大量采用科技方法和手段,不仅必要,而且是今后考古学发展的趋势和方向,但也要警惕已经出现的某些喧宾夺主的苗头。

我国的考古工作,除了少数单纯为特定研究课题开展的以外,大量是配合基本建设进行的,这就有一个和基建单位围绕调查、发掘经费讨价还价的问题。遵照国家有关规定,高质量做好基本建设中的考古工作,是对考古工作者的基本要求,在实际工作中,如何用好这批经费,防止出现违规现象,当前已经是承担基建工程考古任务单位需要认真面对的问题了。工作中出现的敷衍应付、粗制滥造、弄虚作假等现象虽然是孤例,但它已严重玷污了考古学科的纯洁性,如不能坚决制止,考古学的科学性也就难以保证了。

(4) 对考古实践缺乏系统理论总结,对国外考古学理论、方法缺乏鉴别消化,考古学理论方法上的探讨尚不够活跃。

中国每年实际开工发掘的项目不少于 2 000 个,从世界范围来看,恐怕也是最多的国家之一。丰富的考古实践带来了丰硕的考古成果,但这些成果主要是新的考古发现和反映新的考古发现的考古报告,真正带有规律性和理论性的总结,却如凤毛麟角,少之又少。究其原因,我认为,既有主观上只是把考古尤其是基本建设中的考古看作是单纯完成清理任务,而没有将之作为科学研究课题看待有关,同时也与我们长期所受教育形成的思维定式有关。胡适提倡的"大胆假设,小心求证"研究方法,过去是不加分析直斥为唯心主义的,如果将"大胆假设"当作是没有任何根据的胡说,当然是错误的;但如果将"大胆假设"理解为是在有了某些线索,受了某种启发而提出研究命题,似乎就没有大错。这里的关键是如何对待材料的问题,没有材料当然不能提问题,但有多少材料才足够,是不是穷尽了材料才能提出问题,这需要从思想上弄清楚。我认为,穷尽材料不是"大胆假设"、提出研究命题的前提,而是"小心求证"阶段才应该做的工作。如果这样理解"大胆假设,小心求证",就不会再有唯心主义的问题,就可以激活研究者的思想,开动脑筋,开阔思路,大胆探索,一改理论研究薄弱的现状。国外考古学理论、方法的传入,对中国考古学的发展起到了积极的作用,但也要有所鉴别,有所取舍,完全排斥当然不对,但一味照搬也不应该,使之和中国考古学实践结合起来为我所用才是正确的态度。

（5）公众考古学尚待加强。

考古学是人民的事业,考古学的成果理应为人民所共享。按照我的理解,这不仅应该包括考古学要牢记研究人类社会发展历史的宗旨,通过各种渠道和手段将考古发现与研究成果传达给社会大众,而且应当考虑社会公众如何参与考古过程,从中受到启迪和教益的问题。这个问题已越来越引起大家的重视,考古发掘现场的开放,考古发掘成果的展出,遗址公园的建设,文化遗产日的设立,博物馆的免费开放,中央电视台《探索·发现》栏目对考古内容的播出,……都是为广大人民群众所称道的举措,但也不能不注意打着公众考古学旗号,实为以赚钱为目的的一些活动、节目所带来的负面影响,使考古学真正成为人民的事业的有机组成部分。

四、新中国考古学前瞻

中国考古学经过 60 年的发展,已取得举世瞩目的成绩,这是令人兴奋和欣慰的,但存在的问题也不容忽视。只要我们针对这些前进中出现的不足和问题,采取坚决的措施:严厉打击文物犯罪,切实做好作为文化遗产的考古资源的保护;加强考古学科和考古工作者队伍自身的建设,保持考古学的独立性和纯洁性;从思想上不断清除机械唯物论和庸俗唯物论的潜在影响,理论联系实际,从丰富的考古实践中提出问题、分析问题、解决问题,努力总结上升为理论、方法,大兴理论探讨之风,同时大力引进国外考古学理论、方法,将其与中国考古学实践紧密结合,使之为我所用;促进现代科技与考古学的结合,使之尽快融入考古学,扩展考古学研究的范围,提升考古学发现、发掘和解析遗存信息的能力;重视公众考古学的建设,保证考古学成果惠及人民,使考古学得到广大公众的支持,使考古学真正成为人民的事业,中国考古学就将会得到健康、长足的发展,最大地发挥学科自身的能力,体现自身的价值。

北京大学的考古学科在国内创立最早,由研究室发展为专业,由专业发展为学系,由学系发展为学院,向国家输送了大批人才,经过60年的建设,学科门类比较齐全,师资比较雄厚,科技支撑能力有了较大改善,在今后中国考古事业建设发展中,理应作出更大的贡献。

(《北大视野　新中国 60 年学术流变记》,北京大学出版社,2010 年)

学科发展的有力见证

——《考古》创刊五十周年感言

　　以田野调查、发掘为特征的现代考古学以李济博士发掘山西夏县西阴村为标志,迄今已有近 80 年的历史,而以推进中国考古学事业为"责无旁贷的使命"的《考古》,创刊至今也已经走过 50 个年头了。50 年来,在某一时期迫于某种压力《考古》虽曾刊登过一些违心的不该刊登的文章,并曾一度被迫停刊,但不可否认的是,它一直坚持了创刊宣言所坚持的"推进中国考古事业"的大方向,为新中国考古事业的发展做出了重要贡献。

　　《考古》创刊伊始,全国大规模基本建设正全面展开,考古新发现开始不断涌现,由文化部、科学院、北京大学联合举办的四期考古工作人员训练班学员刚刚走上考古工作岗位,中国第一批自己培养的北京大学历史系考古专业毕业生也刚刚走出校门正准备大干一番,《考古》和《文物》、《考古学报》一起成为年轻考古工作者必读的书刊。它刊登的各地考古新发现的简讯、简报,及时沟通了信息;它刊登的苏联等国家的考古经验,扩大了中国考古工作者的知识范围,它刊登的考古工作方法、技术和考古常识,成为刚走上工作岗位的年轻考古工作者开展工作依以遵循的规范。

　　在以后的岁月里,《考古》杂志与时俱进,根据形势变化和社会要求调整栏目和内容,及时刊登新的重大发现和研究成果,介绍新的考古理论和技术、方法,发起对重大学术问题展开讨论。第一批中国碳十四考古测年数据、夏鼐先生关于考古学文化定名问题、苏秉琦先生关于考古学文化区系类型问题的论文以及由编辑部组织的关于中华文明起源的讨论等等,都在考古学界产生了重大影响,促进了考古学科的发展和繁荣,成为新中国考古事业发展的有力见证。

《考古》走过的 50 年,成绩巨大,有目共睹。但与中国考古事业发展提出的要求来比,仍然是任重道远。从整整一个世纪的长时段观察,现在《考古》正处在前 50 年和后 50 年的交接点上。今后 50 年是中国进一步繁荣昌盛的五十年,也是考古学更加兴旺发达的五十年。在今后五十年中,中国一定会走在世界前列,中国考古学也将成为世界性的国际学科。我们期待《考古》跟上形势,瞄准目标,敞开胸怀,充分发挥各方面的力量,办得更有特色,更有前瞻性,使之从中国考古学人心目中的"《考古》"进一步成为世界考古学人心目中的《考古》,在学科建设中发掘更大的作用。

我 1956 年进入北京大学考古专业学习,可以说是和《考古》同步而行的,在我走上考古之路的学习、工作、研究生涯中,《考古》一直是我的向导和亲密伴侣,今后也仍然是我的良师益友,在《考古》迎来五十岁生日庆典的时刻,我真诚地祝贺《考古》更上一层楼。

(《考古》2005 年 12 期)

中国考古学学科建设

- 中国考古学思想发展史上的一场革命
- 谈谈近十年来的两周考古
- 俞伟超与中国考古学学科建设
- 对进一步做好西部考古工作的几点建议
- 北京大学考古的传统
- 与自然科学的不断融合是考古学发展的必然趋势

中国考古学思想发展史上的一场革命

——重读苏秉琦考古学文化区、系、类型理论札记

　　苏秉琦先生的考古学文化区、系、类型理论，从酝酿提出到现在，指导中国考古学实践和研究已有整整 30 个年头。回顾 30 年来中国考古事业的发展，无不与其密切相关，至今仍有重要的指导意义。

　　一、一系列重要考古发现，是考古学文化区、系、类型理论提出的前提。

　　1965 年《考古学报》1 期苏先生发表的《关于仰韶文化的若干问题》，将仰韶文化区分为半坡、庙底沟两个类型以及中原地区后期仰韶文化与西部马家窑文化、江汉间屈家岭文化、鲁南苏北青莲岗—大汶口诸文化关系的论述；1977 年在"长江下游新石器时代文化学术讨论会"上的发言提纲《略论我国东南沿海地区的新石器时代考古》（《文物》1978 年 3 期）关于将之分为微山湖—洪泽湖以西的苏、鲁、豫、皖四省邻境地区，以南京为中心，包括宁镇地区、连接皖南与皖北的江淮之间以及赣东北部一角，太湖—钱塘江地区以及山东地区、岭南地区原始文化源流的分析；1978 年"江南地区印纹陶问题学术讨论会"论文学习笔记《关于"几何形印纹陶"》（《文物集刊》第 3 辑）提出了"把它们联结成线，联结成面，联结成有机的整体，并以此作为深入研究这一整个地区古文化区系类型问题的出发点"，同时将之分为"1. 从鄱阳湖、赣江到北江（即包括江西和广东中部）是它的关键（枢纽、核心）地区。2. 从太湖流域到珠江三角洲沿海一带（包括台湾省等）是它的东南翼。3. 从洞庭湖、湘江到西江流域（主要是湖南东半部和广西东半部）一带是它的西翼。4. 江淮间的一带（大致包括苏

北、皖北、鲁西、河南中南部)是它的北邻";1980年在中国考古学会第二次年会闭幕式上的讲话"楚文化探索中提出的问题",关于江汉平原一带的原始文化跟它的渊源、特征和发展道路等可以划分为"1. 以淅川下王岗和郧县青龙泉(下层)为代表的,以仰韶文化为基础的原始文化区;2. 以巫山大溪、宜都红花套和枝江关庙山为代表的,以大溪文化为基础的原始文化区;3. 以黄冈螺蛳山、武昌放鹰台和京山屈家岭为代表的,以屈家岭文化为基础的原始文化区"三片的观点等,是苏秉琦先生1981年正式发表《关于考古学文化的区系类型问题》这篇大作之前,根据不同地区考古发现对该地区考古学文化的区、系、类型所作出的概括。需要指出的是,苏秉琦先生在自己的论著和讲话中第一次使用"文化区系类型"的概念始于1978年所写的《关于"几何形印纹陶"——"江南地区印纹陶问题学术讨论会"论文学笔记》,虽然这个笔记直到1981年才在《文物集刊》第3辑发表,但当时考古学界许多人都知道了。由1978年到1981年,又经过了三年时间。由此可以看出,苏先生立足全局的考古学文化区、系、类型理论的形成和提出不是偶然的,而是有一个积累的过程、由量变到质变的过程。显然,新材料的不断发现是前提;面对浩如烟海的新材料,善于辩证思维、深入分析是关键。

二、考古学文化区、系、类型理论的建立,是器物形态学合乎逻辑的发展。

苏秉琦先生在《地层学与器物形态学》(《文物》1982年4期)一文中说:"器物形态学是比较研究时常用的一种方法。它运用的范围并不局限于对器物形态作比较研究。诸如居址、墓葬或其他遗迹的形制,都可以进行排比研究,从中寻找各种物质文化成分在历史进程中变化的线索。器物形态学则顾名思义,是对不同时代、不同文化或同一文化的不同阶段、不同地区的器物就其形态进行排比,探索其变化规律的。"将器物形态学仅局限于整理时对器物形态的比较是一种误解,而将这种方法推广扩大到不同时代、不同地域、不同质地和不同类别的考古遗存的比较研究,势将合乎逻辑地推导出考古学文化区、系、类型的结论。正如俞伟超、张忠培两位先生在《苏秉琦考古学论述选集》编后记中所言："研究我国考古学文化区、系、类型这一课题的提出，是苏秉琦先生几十年来运用类型学方法研究各种考古遗存后的必然结果，也是我国考古研究深入到一定程度时的必然产物。"

三、考古学文化区、系、类型体系的六大区系说是对 20 世纪 70 年代末以前我国考古发现和研究成果的概括，反映了我国民族文化的基本格局和发展演变规律，为重建中国上古史奠定了坚实的基础。随着新材料的发现和新的研究成果的推出，补充、修正、完善苏先生建立的中国考古学文化区、系、类型体系是我辈考古同仁责无旁贷的任务。

在对中国考古学文化区、系、类型问题探讨中，许多先生都做出了自己的贡献，石兴邦先生 1980 年发表于《南京博物院集刊》2 期的《关于中国新石器时代文化体系的问题》，把中国新石器时代文化分成 3 个板块，认为每个板块中又可"分为若干个地区性的文化传统或类型"；佟柱臣先生 1985 年发表于《史前研究》2 期的《中国新石器时代文化三个接触地带论》、1986 年发表于《文物》2 期的《中国新石器时代文化的多中心论和发展不平衡论——论中国新石器时代文化发展的规律和中国文明的起源》，以及 2004 年由鹭江出版社出版的《中国考古学要论》第二部分第八篇、第九篇、第十一篇等，都涉及中国新石器时代文化区、系、类型问题，他认为阴山、秦岭、南岭三条自西向东分布的山脉，就是各自南北两侧不同文化的接触地带，他将中国新石器时代文化分为马家窑文化系统、半坡文化系统、庙底沟文化系统、大汶口文化系统、河姆渡文化系统、马家浜文化系统、屈家岭文化系统 7 个不同的区系，认为这 7 个文化系统分布地域和所处环境有别、各有自己的内涵和个性、各有自己地层学上的序列和类型学上的演变关系，"是我国若干部族文化连续发展的结果"；张光直先生 1986 年出版的《古代中国考古学》(英文版)，将中国公元前 4000—前 3000 年期间的史前文化分为 9 个区系类型，即黄河中上游的仰韶文化、黄河下游的大汶口文化、辽东半岛的大珠山文化、辽河流域的红山文化、江汉地区的大溪文化、鄱阳湖地区的山背文化、长江下游的马家浜文化、宁绍地区的河姆渡文化、粤闽赣地区的石峡文化——昙石山文化和凤鼻头文化；严文明先生 1987 年发表于《文物》3 期的《中国史前文化的统一性与多样性》，将中国新石器时代文化分为三大经济文化区，每区下面又可分为若干小区共 12 个文化区系类型，即以黄河和长江为腹地的甘青文化区、中原文化区、山东文化区、燕辽文化区、江浙文化区、长江中游文化区、及较为边远地区的闽台区、粤桂区、云贵区、东北区、蒙新区和青藏区，认为中国史前文化像重瓣花似的是一种分层次的向心结构体系等。我自己的研究，很少涉及新石器时代考古，更缺乏对整个中国新石器时代文化概括的能力，不过 1978 提交给"中国南方几何形印纹陶问题学术讨论会"、1981 年在《文物集刊》3 辑发表的《我国南方几何形印纹陶遗存的分区及其相关问题》一文，也是在苏先生考古学文化区系类型理论启发下对局部地区所做的尝试。

四、考古学文化区、系、类型理论是后来苏先生连续提出的中国文明起源的"满天星斗说"，中国文明起源形成发展的"多元一体模式"与文化之间的碰撞融合机制，中国文明起源形成研究的"古文化、古城、古国"三部曲，中国文明起源形成发展的"原生型"、"次生型"和"续生型"三类型说的理论基础。

中国地域辽阔，环境复杂，文化传统多样，各区、系、类型文化在自身发展的一定阶段，便会自然而然地产生各有特点的文明因素，苏秉琦先生的"满天星斗说"正是以文学的语言对这种状况作出的如实的描述和概括。文化的发展从来不是孤立的也不是同步的，各区、系、类型文化在发展过程中，充满了碰撞和融合，发展的步伐也有快有慢。有的势力不断增强、扩展、融合甚至同化发展迟缓的弱势文化，成为具有强大向心力和凝聚力的主体文化；有的发展缓慢，渐次成为被强势文化融合、同化的对象，融入主体文化或成为主体文化的附庸。这种发展趋势大约从仰韶文化庙底沟类型时期起步，至少到河南龙山文化晚期开始的夏代便已形成以中原文化为核心的多元一体格局,在这一过程中,有曲折,有反复,但总的趋势却是像滚雪球一样越滚越大,苏秉琦先生用"多元一体"四个字来说明中华文明起源、形成、发展的过程和模式,是最为贴切不过了。在中国文明起源形成发展研究中,曾出现过单纯以城市、大型礼仪性建筑、文字和青铜器所谓三要素或四要素来确定何种考古学文化或其某一阶段已进入文明的倾向,我自己也是这么做的。不能说这么做有多大错误,但细想起来确有贴标签的嫌疑,事实上完全能够对应的也是极少见的。苏秉琦先生独辟蹊径,以发展的观点从文化自身发展中寻找解决途径,提出应重视古城的出现和其与古国产生的有机联系,1985 年 10 月他在辽宁朝阳座谈会上所作的《辽西古文化古城古国》的讲话中说,"古文化古城古国的特定含义是什么呢? 古文化是指原始文化。古城指城乡最初分化意义上的城和镇,而不必专指特定含义的城市。古国指高于部落之上的、稳定的、独立的政治实体"。还认为"三者应从逻辑的、历史的、发展的关系理解"。在这里,完全看不到先前流行的所谓马克思主义社会发展学说的五种生产方式的影子。在中国文明起源形成发展类型上,我虽然不同意苏秉琦先生将中原文明说成是次生文明,但原生、次生和续生三类型的确是存在的,尤其是他对续生文明的分析是极有说服力的。

五、考古学文化区、系、类型理论及在此基础上提出的有关中国文明起源、形成、发展的诸种论断,是对机械地、教条式地理解马克思主义社会发展学说和中国传统的大一统历史观的彻底否定,是中国考古学思想发展史上的一场革命。

马克思主义社会发展学说的基本观点是正确的,五种生产方式也是存在的,但世界各地是否都经过原始社会、奴隶社会、封建社会、资本主义社会直至社会主义社会五种生产方式不间断的连续发展,却要作具体分析,不能一概而论的。马克思主义的社会发展学说作为一种指导思想,是要我们在研究历史、研究社会发展时,能够运用发展的观点,能够运用生产力与生产关系、经济基础与上层建筑既互相依存又互相矛盾的观点、能够运用阶级矛盾与阶级斗争的观点去观察问题、分析问题，从而得出符合实际的结论，而不是要求大家不分青红皂白、不论在什么地方都要找出直线发展的五种社会形态。但遗憾的是，过去很长时间我们都是这么认识这么做的，似乎研究历史不贴这样的标签，就不是马克思主义。看一看新中国建立初期苏秉琦先生发表的文章和讲话，我们就会知道，他较早接受了马克思主义，是马克思主义理论的信奉者、笃行者，但却又不是盲目的顶礼膜拜者，他接受和信奉的是马克思主义的本质，是具体问题具体分析，他最反感和反对的是机械照搬、随意套用。早在 1952 年他发表的《如何使考古工作成为人民的事业》一文中，就率先提出了马克思主义中国化的问题，已经把考古工作看作是"建立中国化马克思主义理论体系的一项准备工作"。然而 20 世纪 50 年代思想领域的情况并不令人乐观，教条主义越来越严重，具体问题具体分析这一马克思主义活的灵魂，几乎已到了被人遗忘的地步了。在发表于 1987 年的《中国考古学从初创到开拓——一个考古老兵的自我回顾》这篇文章中，苏秉琦先生深情地回忆起 1958 年北京大学考古专业教育革命的情景，他说，针对同学们对教学提出的意见，他请尹达同志到校作报告，尹达同志提出了"建立马克思主义中国考古学体系"的响亮口号，"大家很受鼓舞。党组织把它具体化到教学实践，发动师生编写贯穿马克思主义红线的考古学教材，为建国十周年献礼。师生们日夜加工，礼是献了，成果也拿去展览了，但到头来，在社会发展史的概念和辞藻下，考古学的具体研究还仍然是干巴巴的空壳"。1994 年，苏秉琦先生在为他的《华人·龙的传人·中国人》大作所写的自序《六十年圆一梦》文中又说，在中国考古、历史工作者头脑中，曾长期盘绕着两个怪圈，"一是根深蒂固的中华大一统旧观念；之二是把社会发展史当作全部历史。"从苏先生这两篇文章中，我们既可看到当时教条主义对人们思想侵害之深，同时也可看到苏先生心中的不满和走自己的路默默探索的可贵可敬。苏先生不懈探索的结果，正是中国考古学文化区、系、类型理论以及在此基础上形成的中国文明起源形成发展一整套理论的提出。至于苏先生提到的另一个怪圈中华大一统旧观念，正像大家都已经知道的，也随着中国考古学文化区、系、类型体系的确立而烟消灰灭了。

六、重读考古学文化区、系、类型理论的收获是：1. 材料最重要，一切研究都必须由材料出发。作为一个考古工作者，永远站在考古第一线，了解考古新发现，掌握考古新动态，是永葆学术青春的根基所在。2. 辩证地具体问题具体分析是关键，所谓辩证地具体问题具体分析就是要发展的、全面的、联系的、换位的、具体地观察问题分析问题。3. 学术研究不能预设立场，但应始终坚持以马克思主义的唯物论和辩证法作为指导。苏秉琦先生提出的考古学文化区、系、类型理论是以马克思主义唯物论辩证法为指导、研究中国考古学的典范。

方向早已指明，道路早已打通。在即将迎来苏秉琦先生百年诞辰之际，在我们再次回顾苏秉琦先生对中国考古学作出的巨大贡献之时，我希望和考古界同仁一道在苏先生等老一辈学者开辟的道路上继续努力，为中国考古学学科建设、为中国考古学真正走向世界作出自己的贡献。

（此为提交 2009 年 10 月"苏秉琦先生诞辰暨牛河梁遗址发现 30 年纪念大会"论文，刊于《苏秉琦先生百年诞辰纪念文集》，科学出版社，2012 年）

谈谈近十年来的两周考古

在学术界,以两周时期某一考古学文化、某一地区、某一国别或某一遗址为主题举办学术讨论会并不鲜见。近十年来,据我的回忆,这样的讨论会就有燕、齐、鲁、吴越、晋、秦、楚等封国以及周原考古等学术讨论会,但以两周列国文化为主题的讨论会可能还是第一次。以某一国别、某一地区、某一考古学文化、某一遗址为主题的讨论会,范围较窄,问题集中,讨论容易深入,成果比较明显。以两周列国文化为讨论对象,时间放得较长,范围放得较宽,讨论的问题比较复杂,比较分散,成果可能不那么容易看得清楚。但从另一角度来看,这样的讨论会对研究从西周到东周各方面的变化、从北到南从东到西不同地区不同国别之间的异同及文化交流会更有帮助,有助于扩展学术视野和对两周列国文化的综合研究,因此是十分必要的。以下仅就近十年来两周考古的成果和进展、问题与不足以及今后发展的方向和途径等问题略述管见,恳请批评指正。

一、成 果 和 进 展

十年来的两周考古,可以用"硕果累累,发展迅速"九个字来概括,具体表现在以下八个方面:

1. 新发现层出不穷。

据国家文物局主编的《中国重要考古发现》1998—2007年这十年间的不完全统计,属于西周至战国时期的重要发现有六十多项,其中十多项分别被评为当年的全国十大考古发现,涉及西周至战国、中原及周边、居址与墓葬等不同时代、不同地域和不同性质的遗址。重要的诸如周公庙带四个墓道的大墓,周原和周公庙的大型建筑基址、铸铜作坊及甲骨卜辞,北赵晋侯墓地 M114、M113 晋侯燮父夫妇墓及 M8、M31 晋献侯夫妇墓埋有 100 多匹马、48 辆车的附属车马坑,羊舌晋侯墓地,横水倗国墓地,黎城黎侯墓地,陕西韩城梁代村芮国墓地,山东滕县前掌大商末周初大墓,河南鹿邑商末周初大墓,新郑郑公大墓,叶县许灵公墓,新郑韩王陵,浙江印山越王陵,江苏鸿山越国高级贵族墓地,甘肃礼县大堡子山秦公大墓,张家川戎人大墓,湖南宁乡黄材炭河里城址,湖北荆州熊家冢楚王陵陪葬墓与车马坑,江西靖安越人大墓,四川成都蜀王船棺,山东青州西辛大型石圹木椁墓,湖北潜江龙湾楚王宫等。此外,尚有陕西眉县杨家湾、扶风五郡等青铜器窖藏等。以上列举的,只是一小部分。

2. 宗周考古与先周文化探索取得重大进展。

宗周考古与先周文化探索是两周考古中最主要的课题之一,在以下五个方面,都有重大进展。

(1) 在沣西遗址分期基础上,通过周原遗址与周公庙遗址的发掘,完善了西周宗周文化考古分期标尺。"夏商周断代工程"对沣西毛纺厂 H18 的发掘和测年,为商周分界找到了界标,在沣西确认了典型的先周文化单位,为追寻更早的先周文化找到了一个起点。而周原遗址商时期遗存两期五段的分期结果,和一期为京当型商文化、二期为碾子坡文化,两期分属不同考古学文化认识的提出,掀起了新一轮何种考古学文化遗存为先周文化讨论的热潮,促使先周文化研究进一步走向深入。

(2) 对周原遗址分散着多处居址与墓葬相叠压的居民点的布局特点的新认识,和与其相关的出土铜器族氏铭文的综合研究,对周原遗址性质的传统认识提出了挑战:周原遗址是传统认识的太王所迁的岐邑,还是西周异姓贵族的封地?

(3) 周公庙遗址多座带四个墓道墓葬的发现和多个带有"周公"字样卜甲的发现,使"该地应是周公封邑"的意见成为主流认识。

（4）面对西至凤凰岭、东到周原一线周公庙、水沟、孔头沟等遗址的新发现，学者们提出了"大周原考古"的概念，大大扩展了人们探索先周文化、周人文明化进程和特点的视野。

（5）周原、周公庙甲骨卜辞的新发现，大大丰富了大家对周人甲骨卜辞研究的内容及与商人甲骨卜辞的异同的认识；周公庙甲骨卜辞出土单位 H45 年代的讨论，则对周人甲骨卜辞过去的断代，提出了新挑战：究竟哪些是先周甲骨，哪些是西周甲骨，先周甲骨与西周甲骨有什么区别？

（6）继洛阳北窑铸铜遗址之后，周原、周公庙和孔头沟遗址铸铜遗存的新发现，为研究周人铸铜工艺及技术水平提供了新材料。

3. 夏商周断代工程提出了西周历谱和夏商周年表，对周原、丰镐、燕、晋两周考古的开展起到了重大推动作用。

4. 周文化分区及列国区域文化研究方兴未艾。

随着各地周文化遗存的不断发现，周文化分区研究提到重要日程，并与西周分封研究相结合成为新的研究领域，日益得到学术界的重视。秦文化、晋及三晋文化、燕文化、齐鲁文化、东夷文化、楚文化、吴越文化、徐舒文化等的研究，已突破现行的行政区划的局限，纷纷成立研究机构或设立独立研究课题，成为新时期两周考古的特点，并不断取得突破性的研究成果。其中晋文化研究、秦文化研究、楚文化研究、吴越文化研究等尤为突出。

5. 礼制研究越来越受到关注。

涉及范围包括社会等级划分、墓葬棺椁制度、用鼎制度、用玉制度、赠赗制度、车马随葬制度、墓祭与墓上建筑等各个方面。不同地区、不同国别、不同时期礼仪制度的差异和演变也开始为研究者所注意。

6. 中原周边国族文化研究成为新的研究热点。

两周时期，中原周系文化内部，因不同地区自然环境的差异和文化传统的不同，可分为若干不同的文化亚区，在周人文化的外围，更分布着众多的外姓国族及其文化，目前对中原周边国族文化的研究已成为新的热点。

东南地区土墩墓及土墩石室墓研究,岭南地区浮滨文化中的夔纹陶与米字纹陶遗存研究,成都平原金沙遗址及巴蜀文化研究,云贵早期青铜文化研究,甘青羌戎文化研究,北方前匈奴文化研究,东北青铜文化研究,东方夷人文化研究等,均有不同程度的开展和研究成果问世,杨楠的《土墩与石室土墩遗存研究》和主要由吴海贵执笔的《博罗横岭山商周时期墓葬——2002—2005 年发掘报告》,可以看作是对土墩墓、土墩石室墓与夔纹陶、米字纹陶遗存研究的标志性成果。

7. 文化变迁与社会演进的长时段研究成为新的视角。

通过对文化变迁与社会演进的长时段观察,加深了其规律性的认识和对其反映的事物本质的了解。滕铭予的《秦文化:从封国到帝国的考古学观察》和宋玲平博士的《晋系墓葬制度研究》可以看作是这方面的代表作。

8. 文字、艺术及铸铜、治玉、陶瓷烧造工艺技术等的研究规模不断扩大,极大地丰富了古文字学、艺术考古、科技考古等考古分支学科的研究内容。

9. 自然科学与人文社会科学相结合,多学科联合攻关的研究途径和方法,为越来越多的研究者所采用。

二、问 题 和 不 足

近十年来的两周考古,成绩突出,发展迅速,有目共睹。但越是进步,越要看到,还有这样那样的不尽如人意之处。我认为至少以下几个方面应该引起大家的注意:

1. 对两周时期,特别是东周时期考古学文化区、系、类型体系建设认识不足,尚待不断补充和完善。东周考古学文化区、系、类型的划分与国别有密切关系,但二者并不等同。国别是政治实体的区分,考古学文化区、系、类型是从文化面貌角度作出的概括。前者反映的是政治疆域的不同及其变化,后者反映的是不同文化系统的区别、演变、分化、融合乃至替代与消亡的过程。

2. 对证经补史、纠史修史在中国古史体系建设中所具有的作用缺乏足够认识。"证经补史"当然不能揭示历史发展的规律,也不应是史学研究的主流,但同样也不能一概抹杀它在订正史料、补充史料从而建设更为可信的古史的重要作用。晋国始封地的研究、芮国地望的研究已清楚地表明"证经补史"工作的重要性,只不过现在我们所说的"证经补史"已不单纯是文字、文献的考证,而更强调文字、文献的考证与考古的结合。

3. 在对资料深入分析的基础上,适时作出综合和概括,总结出规律性的认识,应是研究工作进一步明确的方向。

4. 理论探讨尚不够活跃,新技术、新方法的采用尚不够普及。但无论是理论还是新技术、新方法,都不能代替考古学本身的研究。我所说的考古学本身的研究,主要是指野外考古调查和发掘,对调查、发掘所获资料的整理和消化,包括拼对陶片、分类、分型、分式及各种不同的统计,没有这些看似琐碎的工作,就不能从中发现问题和提出解决问题的途径,当然更不能解决问题。理论、技术、方法可以改进这些工作,提高其工作效率,帮助理清思路,但不能代替这些工作本身,重要的是要将二者很好的结合,目前多多少少已经出现的忽视甚至贬低考古基础工作的苗头应引起警惕,并切实加以制止。

5. 墓葬是社会状况的间接反映,居住址、手工业作坊址等才是社会状况的直接反映。由于"挖宝"思想的侵蚀,重墓葬发掘、轻居址发掘等的现象还比较普遍。

6. 面对"挖宝"思想的侵蚀和工程建设中的考古以及因盗挖破坏被动进行的考古越来越多的状况,如何树立课题意识,保持考古学科的独立性和纯洁性成为考古学科建设包括考古队伍建设不可忽视的问题。

三、方向和途径

1. 充分估计取得的成绩,认清存在的问题和不足,解决认识上的问题是进一步做好工作的前提;

2. 不断克服各种错误思想的侵蚀,搞好队伍自身的建设是进一步做好工作的保证;

3. 整合研究力量,调整研究方向,突出课题意识,加强理论探讨,运用多种方法,积极开展多学科综合研究,是进一步做好工作的途径。展望未来,两周考古之花必将和其他领域考古一样,更加灿烂,两周考古之果必将和其他领域考古一样,更加硕大丰满。

（此为 2007 年 12 月 6 日在河南博物院"两周列国文化学术研讨会"上的发言,原载《中原文物》2008 年 2 期;又见《文明探源与三代考古论集》,科学出版社,2011 年）

俞伟超与中国考古学学科建设

以田野调查和发掘为特征的现代考古学自 20 世纪 20 年代传入中国，至今已有 80 多年的历史。在中国考古学发展的历程中，不断涌现出了一批又一批对学科发展作出过特殊贡献的杰出考古学家，俞伟超先生就是当之无愧的 20 世纪后半段和 21 世纪初中国杰出的考古学家的优秀代表之一。

俞伟超先生 1933 年生，1954 年从北京大学历史系考古专业毕业，入中国科学院（今社会科学院）考古研究所工作。1959 年复考入北大，师从苏秉琦教授攻读副博士学位研究生，1961 年毕业后留校任教，历任助教、讲师、副教授、教授。1985 年调中国历史博物馆任副馆长、馆长。俞伟超的工作单位和职务虽屡有变化，但直到 2003 年 12 月 4 日逝世都一直奋斗在文博考古战线上，他把一生都奉献给了自己热爱的考古事业。

俞伟超对中国考古学学科发展作出的贡献是巨大的、多方面的。从中国考古学发展史的角度来看，从中国考古学对中国古代史体系的建设来看，从中国考古学今后的发展方向来看，我认为俞伟超作出的贡献最为突出、需要特别强调的有三个方面。

首先，在中国考古学理论的建设上，俞伟超是同代人中最主要的鼓吹者、力行者。

俞伟超在自己的考古生涯中，曾参加过许多遗址的调查和发掘，当 1954 年他刚刚走出北大校门分到中国科学院考古研究所工作，就独立进行了三门峡漕运遗迹的调查和白鹿原唐墓的发掘，他执笔的这两处工作报告[①]至今仍是研究与此有关的学术问题的必备参考。

但他并不以从事一般的考古调查、发掘和编写考古报告为满足,他追求的是如何运用考古材料去恢复历史,又如何为达此目的而改进考古工作。1957年他重入北大校门师从苏秉琦先生攻读副博士学位,在学习马克思主义、批判考古学界所谓"见物不见人"的资产阶级学术思想的大气候下,他没有把马克思主义的只言片语当作乱贴的标签,而是在马克思历史唯物主义理论,尤其是马克思关于社会形态有关论述的启示下,努力从考古材料和文献材料与理论结合的角度寻找能揭示他所研究的特定历史阶段社会结构的答案。熟识俞伟超的人大概都知道,那时候他最为痴迷、最感得意的是,从甲骨文、金文、玺印和古文献中发现直至汉代还存在的称为"单"的组织,可能就是由氏族公社发展衍变而来的农村公社。这种社会基层组织到魏晋始彻底破坏,从而成为他支持、赞同魏晋封建论的主要根据。俞伟超在20世纪50至60年代投入最多研究精力的这个问题,后来经过补充、修改,终于在1988年初以《中国古代公社组织的考察——论先秦两汉的"单—僤—弹"》为题由文物出版社公开出版,并于1994年由日本学者译为日文[②]。在这个问题上,中外学术界尽管存在着这样那样不同的观点,但由此可见在当时那种学术环境中,俞伟超是多么重视马克思主义理论的学习,多么重视理论与实践的结合,用理论来分析解释考古与文献材料。

　　"文革"十年浩劫,俞伟超遭到残酷迫害,但这非但没有摧毁他的意志反而使他锻炼得更坚强。"文革"之后,俞伟超以非凡的毅力和高昂的热情继续在考古战线上投入了新的战斗。20世纪70至80年代初,俞伟超先后带领学生赴湖北黄陂盘龙城、江陵纪南城、陕西周原、青海大通上孙家、湖北当阳季家湖、青海循化苏志和湖北江陵周梁玉桥等遗址发掘实习。以此为基础,继苏秉琦先生之后,系统思考总结了野外发掘和室内整理中遇到的如何处理地层、如何正确处理遗物遗迹分类的理论方法问题,分别以《"考古类型学"问题》和《"考古地层学"问题》为题在国家文物局举办的田野考古领队培训班上讲授并公开刊布[③],成为自现代考古学传入中国以后,中国学者对称之为田野考古的两大支柱理论在实践基础上作出的最全面、最系统地概括和阐释,成为许多从事野外考古工作的同仁们不可须臾离开的指导和参考,对于提高我国田野考古水平发挥了重要作用。

考古学是历史科学的有机组成部分,根本目的在于研究人类历史的过去,揭示人类社会发展的规律。地层学和类型学虽然是田野考古学的基本理论方法,但他的任务是如何科学地将埋藏于地下的遗迹、遗物揭示出来并进行科学地分类,还属于基础研究,而不能直接得出历史学上的结论。俞伟超基于自己从事考古工作的经历和实践,深深感到过去在封闭的环境下,包括自己在内习惯直接运用哲学上的历史唯物论概念来解释考古学上的现象,这种做法是多么肤浅,而仅仅将考古学研究局限在地层学研究和遗迹、遗物的类型学研究距离最根本的目标又是多么遥远。于是在 20 世纪 80 年代末至 90 年代初,在西方新考古学理论的启发下,回顾中国考古学所走过的曲折路程,在对考古地层学和考古类型学做了系统总结之后,俞伟超明确提出了为探索人类社会发展规律而建立考古学中间环节理论的建议。他在 1991 年出版的《当代外国考古学的理论与方法》一书④序言中说:"为达到探明历史文化进步规律这个最高目标而建立的中间环节性质的理论,对于许多学科的发展来说,特别是学科的理论建设来说,这也是不可缺少的,如果没有中间理论,许多现象是过渡不到普遍规律性的认识上面的。"俞伟超既是在中国建立考古学中间理论的倡导者,也是身体力行者。这个时期,他在指导湖北当阳赵家湖楚墓整理和报告编写时,率先探索并提出了先进行墓葬分类,再依类分期,最后按各类、各期墓葬的对应关系,排列出全部墓葬的分类分期序列的墓葬分期新方法。他认为这种将墓葬分类与分期结合起来的新方法,"提供了一个分析社会关系变化的新基础,从而可把形态学的研究从仅仅解决年代分期问题的程度上升到研究社会关系的高度"⑤。"考古学文化"概念的提出对考古学学科的发展起到了非常重要的推动作用,但对考古学文化的理解和认识也曾一度存在僵化的现象。他和我本人在分别研究楚文化和吴城文化基础上,不约而同地提出了考古学研究的"文化因素分析方法",他认为文化因素分析方法是我国考古学科大有进步的总环境中,在对诸如楚文化等具体考古学文化研究日益深化之后出现的一种新的研究方法,目的在于通过对特定考古学文化构成因素的解析以判定其属性、源流、形成过程及与其他文化的关系⑥。考古学文化因素分析方法,继地层学、类型学这考古学两大基础理论、基本方法之后,已成为广大考古工作者普遍采用的考古学研究基本方法之一。

　　考古调查、发掘出来的遗迹和遗物是考古学研究的基本材料和对象。因此,很长时间以来,人们误认为考古学只是研究物质文化,而较少涉及社会组织和精神领域。俞伟超在自己的考古实践中,正如前面已经介绍的,不仅很早就开始通过考古材料去研究社会结构,而且十分关注精神领域的考古研究。1988 年和 1989 年,他先后以《文物研究既要研究"物",又要研究"文"》⑦、《考古学研究中探索精神领域活动的问题》⑧为题撰文,呼吁考古工作者走出考古学研究即物质文化研究的狭隘认识,重视精神领域的考古研究。他说:"有许多人把考古学的研究,理解为物质文化史的研究。从认识论的角度来分析,这是犯了一个机械唯物论的错误。如果广大专业干部能够从理论概念上澄清把考古研究或文物研究和物质文化研究等同起来的模糊看法,必将加强很多人提高自己抽象思考能力的愿望,形成一股推动力,去把'文化遗存'中深埋的若干奥秘解析出来。此时,我国的考古学研究或文物研究,自然会提高到一个更高的层次。"在此期间及以后,他发表了《先秦两汉美术考古材料中所见世界观的变化》⑨、《含山凌家滩玉器反映的信仰状况》⑩、《"神面卣"上的人格化"天帝"图像》⑪、《楚文化中的神与人》⑫等专题研究论文,从不同质地、不同性质的文物和考古遗迹中,解析出了各自蕴含和反映的世界观、宗教信仰等精神领域的东西,成为我们学习如何从具体的考古材料中去研究精神领域的问题的典范。

　　俞伟超考古学理论建设的集大成之作是 1992 年发表于《中国社会科学》第 6 期上的《考古学新理解论纲》。在他与张爱冰合作的这篇皇皇大作中,从考古学的学科性质到考古学的理论、方法、技术手段,综合概括为十论。他认为这十论中,第三论的"文化论"和第九论的"艺术论"、第十论的"价值论",属于考古学本体论的范畴,在这三论中集中回答了考古学的性质、研究对象、范围、目的和作用,是属于考古学学科定位的问题。其他"层位论"、"形态论"、"环境论"、"聚落论"、"计量论"、"技术论"和"全息论"回答的是考古学的方法和技术手段问题,属于方法论范畴。正如他自己所言,十论中的后三论即"全息论"、"艺术论"和"价值论"是他新提出来的。不必讳言,对于他提出的"新三论",学术界有着迥然不同的看法。但我认为这正是俞伟超学术思想中最为闪光之处,他提出的"艺术论",把考古学理解为科学和艺术的结合,科学和艺术的完美统一;他提出的"价值论",基于"考古学是科学与艺术的统一"的认识,将作为科学范畴的考古学的价值理解为"了解人类的以往过程,寻找文化进步的本质原因,认清今后前进的方向",将作为艺术范畴的考古学的价值理解为"满足人们那种回忆自己被忘却的天真稚气的童年、奔放热情的青年以及庆功的辉煌、失败的悲壮、丰收的欢悦、祭祀的虔诚等等历史情景的愿望",由此得到心灵的安慰、情感的熏陶、良知的培育、智慧的启迪、勇气的鼓励。考古学的全部价值,正在于这二者的结合。毫无疑问,这是迄今对考古学本质和最高境界的最为深刻的认识。他提出的"全息论",基于"部分是能够映射整体的"认识,预测"如将全息概念引进到考古学的研究中来,或者说把考古学的研究推进到全息阶段",考古学将发生最深刻的变化,"认识人的本质,认识人与人和人与自然之间的关系的本质,成为考古学研究的最终目标,研究历史与研究现实也必然合为一体",考古学将进入自己的最高阶段。尽管他把"全息论"如同"层位论"、"形态论"、"环境论"、"聚落论"、"计量论"、"技术论"一样也归为考古学的方法论范畴,但我理解,当他提出"全息论"的时候,他已朦胧地接触到考古学的发展前景和最终归宿了。考古学是否随着全息理论的普及发展到它的高峰和最后阶段并最终导致学科界限的泯灭,这很难预测,但我认为将俞伟超倡导的

"全息论"的思想运用于考古学研究"由点到面"、"举一反三"、"解剖麻雀"是有积极意义的。

第二,在中国考古学的方法多样化上,俞伟超是最主要的倡导者和推行者。

在现代考古学传入中国之初,以殷墟发掘为代表所进行的考古活动中,是很注意与自然科学相结合、采用现代化的技术手段的。1928 年开始的殷墟首次发掘主持人董作宾就请了擅长测绘的李春昱到工地负责测绘工作⑬。1928 年以后,参加殷墟发掘的既有李济、梁思永等考古学家,也有祁延霈等科学工作者,至于殷墟出土遗物的研究,考古队没有合适人选时,则请外单位专家担任。例如,请古生物学家秉志研究出土龟壳⑭,请古动物学家德日进、杨钟健研究动物骨骼⑮,请伍献文研究鱼骨等⑯。但遗憾的是这个好的传统,1949 年以后有相当长的一段时间没有很好地继承,更没有很好地发扬。考古发掘项目是越来越多了,但参与考古发掘的人却是越来越单纯了,好像考古工作就是单纯的辨土色、划地层、对陶片搞排队分期,许多应该获得的信息,因为没有自然科学工作者、技术科学工作者的参与而丢掉了。20 世纪 80 年代初改革开放的大潮冲开了自我封闭的大门,随着考古学界和国外交流的扩大,大家开始认识到我国考古学,特别是考古的技术手段和国外的差距太大了,要想和国际接轨,赶上世界潮流,不仅要借鉴国外的考古学理论、方法,而且要大力引进国外先进的考古技术手段。在这方面,20 世纪 80 年代初赴美国哈佛大学做过访问学者,曾亲眼看见美国考古学发展现状的俞伟超先生感受尤为强烈,他多次呼吁应该改革中国的考古学教育,应该改变在中国考古学界流行的考古队组成人员的结构,吸收自然科学工作者例如地理学、地质学、生物学、环境科学等方面的人士参加发掘。1985 年俞伟超调入中国历史博物馆任副馆长、馆长,利用主管考古部的机会,他于 1991 年亲自组建了有各方面学者参加的班村考古队,从考古队的人员组成到新的发掘方法的采用,一改过去的传统。从此班村模式成为中国考古学界纷纷仿效的榜样⑰。之后,俞伟超出任三峡工程文物保护项目的主管,不仅强调各考古队要有自然科学、技术科学的工作人员参加,而且亲自请中国科学院遗传研究所的专家对考古发掘出土的人骨进行 DNA 测定,并与现代土家族人的 DNA 测定数据作比较研究,在探讨古代巴人与现代土家族关系方面进行了有益的尝试。20 世纪 90 年代末,我筹划在北京大学考古系建立古 DNA 实验室,向俞伟超请教,他表示鼎力支持,并亲自帮助物色人选,拟定课题,只是由于北大自己的原因,没有搞成,而成为一大憾事。

1997 年俞伟超赴台北中研院历史语言研究所参加傅斯年汉学讲座,他在《二十一世纪中国考古学研究前景的展望》[⑬]的讲演中,谈到新世纪中国考古学应该追求的目标时,突出强调了要"在野外考古学中大量引进'GIS'系统,建立中国化的考古学的地理信息系统",要"引进遗传基因研究,建立古代基因实验室,最终解决古文化与古人类族群的关系问题"。

俞伟超不仅在自己主持的考古项目中身体力行努力贯彻自己新时期考古学的理念,而且还克服困难,创造条件,在历史博物馆建立了第一个水下考古研究室和航空遥感考古研究室。水下考古研究室自 1987 年成立以来,从无到有,从弱到强,目前已拥有一支思想过硬、技术精湛的水下考古队伍,在渤海、东海、南海等不同水域分别进行了多次水下沉船考古实践,出土了大量不同窑系的外销瓷器及其他文物,为中国唐宋以来瓷业生产及外贸研究提供了重要资料,填补了中国考古学的空白。航空遥感考古研究室组织略晚,但取得的成果已昭示出其在大规模古代遗迹的调查、勘查等考古活动中无与伦比的优势和广阔前景。

第三,在中国考古学教育、人才培养、队伍建设上,俞伟超是积极的参与者和重要的推动者。

回顾中国考古学史,虽然早在 1922 年北京大学即成立了考古学研究室,从 1928 年以中研院历史语言研究所成立考古组和开始发掘殷墟为标志,中国已有了自己的专门考古机构和由中国学者自己进行的考古工作,但在高等院校一直没有正规的考古系科和专业,一直没有招收过本科学生。时隔 30 年之后，1952 年北京大学考古专业的设立，才结束了中国大学没有正规考古学教育的历史。

　　俞伟超是北京大学历史系考古专业成立后，由北京大学博物馆专修科转来的第一批本科学生，1954 年毕业后入科学院考古研究所工作，1959 年夏回北大历史系攻读秦汉考古副博士学位，1961 年初毕业留校任教，历任讲师、副教授、教授，直至 1985 年调中国历史博物馆，在北大历史系考古专业、北大考古学系工作了 24 年。在北京大学任教期间，俞伟超主讲战国秦汉考古，并指导过 58 级、61 级、72 级等本科生和多届研究生田野考古基础实习和毕业实习。我没有听过俞伟超的战国秦汉考古课，但据听过课的同学讲，有系统、逻辑性强、带有理论色彩，是他讲课的最大特点，这从 20 世纪 70 年代北大铅印的由俞伟超执笔的《战国秦汉考古（上）》讲义，以及以讲课内容为基础撰写而成、后收入 1985 年出版的俞伟超《先秦两汉考古学论集》的有关论文即可见一斑。田野考古实习是北京大学考古专业最重要的课程之一，其对于学生考古技能、研究能力乃至专业思想的培养与确立起着十分重要的作用。1961 年 58 级学生到北京昌平雪山实习，俞伟超任队长，我刚毕业留校，也加入了辅导老师的行列，和俞先生朝夕相处了 3 个月。俞伟超作为考古工作队的队长，除了去处理与合作单位、当地领导的关系，绝大部分时间和精力都用到了对同学实习的辅导上，不仅利用下雨天和可以利用的一切机会向同学们讲解田野考古的一般理论和方法，与实习发掘的遗存相关的考古学文化研究的历史、现状和意义，还对如何划分文化层，如何找墓地，如何清理、登记出土遗迹与遗物，亲自做示范，既言传又身教，保证同学们能受到系统的训练，掌握基本的技能。20 世纪 80 年代初开始，俞伟超协助苏秉琦先生指导研究生，后来又独立招收研究生。俞伟超对研究生的培养，除了常规的上课、实习，更多的是课余时间的"闲聊"，俞伟超爱聊天是出了名的，晚上一点、两点甚至通宵达旦是常事。同学们从上至天文，下至地理，天南海北，国内国外，无远弗届的"聊天"中，增长了知识，悟到了为学的道理，学会了从材料中寻找问题、解决问题综合研究的能力。俞伟超 1961 年初研究生毕业留校,我 1961 年 7 月本科生毕业留校,9 月份一起到昌平雪山实习,1962 年初回校,又同住十九楼,我和他住的地方只隔几个房间。那时候我就受到过和俞伟超等年轻教师们一起聊天的熏陶。可以说我上课、读书之外得到的知识,尤其是分析问题的能力一大部分是从这个途径得到的。我不是俞伟超先生的研究生,但在这一点上,我完全能够想象到俞伟超所指导的研究生们一定会有比我更深的体会。在这看似毫无目的甚至是不着边际的"聊天"中,不仅同学们得到了一般学不到的东西,作为老师的俞伟超先生其实也从中受到了不少启发。所谓"教学相长",并不局限于常规的上课和课堂讨论,课下的"聊天"交流由俞伟超发挥到了淋漓尽致的境界,成为一种十分有效的形式。

俞伟超对学生培养的另一特点是"有教无门"。所谓"有教无门"就是不讲门派,不讲学校,不讲学位。只要有志于向俞伟超讨教者,他都一视同仁和盘托出,绝不保留。现在活跃在考古第一线的不少年轻学者,有的不是北大毕业,也不是俞伟超的研究生,但他们一谈起自己的成长经历,都抑制不住感激的心情,称俞先生为自己真正的老师。

1985 年俞伟超调离北大,脱离了教育战线,但他对考古人才培养、考古队伍建设的热情丝毫没有减退,反而由于他角色的转变和地位的变化,考虑考古人才培养、队伍建设的范围更为广泛、更为长远。如果说在北京大学任教的 24 年,是他为培养传统考古学人才贡献大量心血并做出突出成绩的 24 年,调到中国历史博物馆以后,从 1985 年开始直到 2003 年因病去世的 18 年,他则是着重把精力放到了培养中国考古学极缺的诸如水下考古和航空遥感考古方面的人才上,最先培养出了第一批水下考古和航空遥感考古人才,组建起了专业队伍,开始了相关领域的考古工作,并取得了骄人的成绩。

俞伟超离开我们已经三年了,但他的音容笑貌却仍然留在我们心中。当我们回顾中国考古学发展前景的时候,我们更会以他提出的充满热情的建议和目标为动力。中国考古学将会像他所期望的那样,以强健的步伐前进,走出国门,走向世界。

注释

① 俞伟超:《三门峡漕运遗迹——黄河水库考古队报告之一》,科学出版社,1959
年;《西安白鹿原墓葬发掘报告》,《考古学报》1956 年 3 期。

② 俞伟超:《中国古代公社组织的考察》,中国历史博物馆丛书第一号,文物出版
社,1988 年;日译本为《中国古代の社会と集团》,雄山阁,东京,1994 年。

③ 俞伟超:《考古学是什么——俞伟超考古学理论文选》,中国社会科学出版社,
1996 年。

④ 中国历史博物馆考古部:《当代外国考古学的理论与方法》,三秦出版社,
1991 年。

⑤ 俞伟超:《当阳赵家湖楚墓》序言,文物出版社,1992 年。

⑥ 俞伟超:《楚文化的研究与文化因素的分析》,《楚文化研究论集》第一集,荆楚
书社,1996 年。

⑦ 《中国文物报》1988 年 1 月 29 日(总第 67 期);又见《考古学是什么》,中国社
会科学出版社,1996 年。

⑧ 摘自《含山凌家滩玉器和考古学中研究精神领域的问题》,《文物研究》第 5 期,
黄山书社,1989 年;又见《考古学是什么》,中国社会科学出版社,1996 年。

⑨⑩⑪⑫ 均收入俞伟超《古史的考古学探索》一书,文物出版社,2002 年。

⑬ 董作宾:《民国十七年十月试掘安阳小屯报告书》,《安阳发掘报告》第一期,
1929 年。

⑭ 秉志:《河南安阳之龟壳》,《安阳发掘报告》第三期,1931 年。

⑮ 德日进、杨钟健:《安阳殷墟之哺乳动物群》,《中国古生物志》丙种第十二号第
一册,1936 年。

⑯ 伍献文:《记殷墟出土之鱼骨》,《中国考古学报(即田野考古报告)》第四册,
1949 年。

⑰ 《班村考古的思考与体会》,《中国历史博物馆馆刊》1995 年 1 月。

⑱ 见《考古——文明与历史》,台北中研院历史语言研究所傅斯年汉学讲座,
1997 年。

(《俞伟超先生纪念文集·怀念卷》,文物出版社 2009 年)

对进一步做好西部考古工作的几点建议

——在"第五届西部考古协作会暨史前时代的中国西部 ——以云贵高原为中心国际学术研讨会"上的发言

尊敬的各位来宾、各位代表,尊敬的熊局长、杨所长:

在第五届西部考古协作会暨史前时代的中国西部——以云贵高原为中心国际学术研讨会开幕之际,我谨代表北京大学震旦古代文明研究中心并以我个人的名义致以热烈的祝贺!

西部考古协作会暨学术研讨会从 2003 年第一次在兰州召开以来,迄今已经召开了 4 次。实践证明,这是一种非常好的合作形式,大家以各自单位的工作和共同关心的学术问题为中心,通过交流和讨论,互相启发,取长补短,既推进了各自单位的工作,也促进了共同关心的学术问题研究的深入,为中国考古事业的发展作出了应有的贡献。

在以往取得的成果基础上,第五届协作会和研讨会将对往届会议确定的合作项目进行回顾和小结,并通过讨论和协商部署新的研究课题。这次会议既是对以往协作研究成果的集中展示,同时也将为今后的协作奠定良好的基础,指明研究主攻的方向。作为第二届、第三届西部考古协作会和研讨会的参加者,作为一个比较关注西部考古进展的考古工作者,为了推进和发展西部考古,谨提出如下建议:

一、从西部各省区古代文化系统复杂、考古工作开展不平衡的实际状况考虑,在相当长的时间内,我们还应当紧紧围绕苏秉琦先生在 20 世纪 70 年代末 80 年代初提出的建立中国考古学文化区、系、类型体系的任务,开展考古工作,补充、完缮西部地区的考古学文化区、系、类型体系，以较快的速度改变以往西部地区考古学文化区、系、类型体系建设相对比较迟缓的状况。

二、在建设西部地区考古学文化区、系、类型体系的同时，也要注意利用经过不断改进大大提高精确性、稳定性的科学的测年手段和方法，以建立西部地区考古学文化的基本年代框架，并将之纳入到中国古代文化整体年代框架之中。

三、关注西部地区古代社会结构的演变，围绕苏秉琦先生 1985 年在辽宁兴城考古座谈会上提出的"古文化、古城、古国"中国古代文明起源研究的思路，在理清西部地区诸古代文化分布格局及其演变脉络的基础上，从考古与文献结合的角度，重点抓住当地的古城、古国展开调查和发掘，确定特定考古学文化或文化类型与文献记载的特定国族的对应关系，复原其发展演变的历史轨迹和面貌，以及相互交流融合并最终先后融入中华一体文明的过程。

四、有计划地开展边疆地区考古工作，并创造条件同国外学者合作，将边境中国一侧的考古发现放在更大的文化背景下进行研究，特别是不同文化之间文化关系的研究。现在的国境线是历史形成的，开展边疆地区考古，要采取历史主义的态度，运用历史主义的研究方法，尊重历史，尊重事实，还历史的本来面目，为政府正确处理国际关系、制订对外政策提供科学参考，为建设与邻国的睦邻友好关系作出自己的努力。

五、作为一名考古工作者，面对纷繁复杂的社会现象，时刻要对考古学的性质和目的有清醒的认识，保持考古学的独立性和纯洁性，牢记运用考古学方法研究古代社会历史的光荣使命，正确处理好考古与文化遗产保护、考古与配合基本建设的关系。中国考古学历来有保护文化遗产的传统，考古与文化遗产保护是互为依托、互相支持、共同发展的关系，考古必须支持文化遗产保护，必须参加文化遗产保护，考古工作者要将文化遗产保护当作自己义不容辞的任务，当作自己本职工作的有机组成部分看待。但考古工作统统要纳入文化遗产保护，以及只要定为"国保"单位的遗址不能再发掘的提法也存在偏颇,这样既不利于考古学科的健康发展,也不利于文化遗产保护工作的继续提高,如山西襄汾陶寺遗址、浙江余杭良渚遗址都是较早确定的"国保",试想如果没有后来的持续工作,还怎么可能分别发现面积达 280 万、290 万平方米的城址呢? 配合基本建设开展考古工作是考古单位和考古工作者的基本任务之一,从配合基建中寻找研究课题进行研究是考古工作者的主要目的,在配合基建工程中按规定收取一定费用,是完全应当的,但这项收入主要应该用于考古工作本身,不可挪作他用,更不能像有的上级主管部门那样把考古单位看作文化产业单位,把考古工作当作赚钱的手段。

以上意见只是个人的一些看法,不当之处恳请批评指正。预祝大会成功,谢谢大家!

(北京大学震旦古代文明研究中心编《古代文明研究通讯》总第三十九期,2008 年 12 月)

北京大学考古的传统

北京大学自 1922 年成立考古学研究室，至今已整整 90 年。如果从 1952 年北大考古专业成立开始招收本科生算起，至今也已 60 年。九十年来，北京大学的考古学科从无到有，几经沉浮，终于从小到大，由弱变强，成长为集考古学、博物馆学、古代建筑、文化遗产保护等多个门类，包括本科生、硕士生、博士生，进修生、留学生等不同层次学生的考古文博学院。我自 1956 年考入北京大学历史系考古专业学习、1961 年毕业留校工作，有 56 年时间见证了考古专业成立以来的发展历程。北大考古 90 年，特别是北大考古开始招收本科生以来 60 年，为国家培养了两千多名文博考古人才，做出了许多科研成果，也形成了许多好的传统。根据我的体会，至少以下几个方面是可以肯定的：

一、与时俱进，不断创新

作为北京大学众多学科之一的考古学，和北京大学一样，也是与时俱进、不断创新的产物。一百多年前，西学东渐的潮流催生了中国新文化运动，一切旧时固有的学问在新思想的涤荡下，无不弃旧而图新。20 世纪 20 年代初，在胡适、钱玄同诸位具有先进思想的老师的影响下，北京大学兴起了古史辨思潮，以哲学系学生顾颉刚为首的一批青年学子，疑古书，疑古事，疑古人，认为中国几千年来形成的"自从盘古开天地，三皇五帝到于今"的古史体系是靠不住的。顾颉刚最有名的一句话就是中国的古史是"层累地造成的"，即是说时代越后把历史拉得越长,时代越后把历史人物说得越崇高,时代越后把历史事件说得越详细,他认为这都是后人一层一层叠加上去杜撰而成的。1926年《古史辨》第一册出版,顾颉刚在洋洋洒洒五六万字的序言中,把他疑古思想产生的来龙去脉、做的辨伪工作和以后的打算一股脑儿写了出来。《古史辨》第一册的面世,犹如一颗"重磅炸弹",把原来传统的古史体系来了个彻底的破坏。旧的古史体系不行了,那么,中国还有没有悠久的历史呢? 怎样才能建立起可信的历史呢? 这时,以瑞典学者安特生在河南渑池仰韶村发现的仰韶文化为标志,以田野调查发掘为特征的近代考古学传入了中国,学者们逐步把目光转向考古,于是在这样的大背景下,北京大学考古学研究室应运而生,成为我国第一个考古学研究机构。而考古学研究室成立的宗旨和活动,则明确以野外调查发掘为中心。国学门主任沈兼士是推动考古学研究室成立的核心人物,1921年11月北京大学校长蔡元培指定沈兼士任国学门主任,1922年2月18日沈兼士即在国学门第一次会议上"报告考古学研究室已经设立"。在随后发布的"募集北京大学国学门经费启事"中,在列举古董商人随意挖掘致使文物损坏、地层紊乱、位置错移等现象后云:"苟欲扫除此等弊病,必须集合各专门学者组织一古物调查发掘团,应用智慧的测量,为考古学的发掘。"不久,1923年5月24日即在考古学研究室下成立了古迹古物调查会,从1923年9月至1925年7月短短3年多时间内,相继调查了河南新郑、孟津出土周代铜器,北京西郊大觉寺大宫山古迹及碧云寺古冢,河南洛阳北邙山汉晋太学遗址及魏石经出土情形,北京圆明园、文渊阁遗迹,甘肃敦煌古迹。同时,考古学研究室主任马衡等还亲自赴洛阳、安阳调查,准备发掘汉晋太学故址和殷墟,后因治安问题无法解决而中断计划。为扩大工作范围,1924年5月19日,古迹古物调查会更名为考古学会,除了北大的学者,还有外校的甚至国外的学者。考古学会的成立,古迹古物调查会和考古学会开展的工作,为史学的发展打开了广阔的天地,调整了前进的方向。

1949年新中国成立,1952年国家基本建设广泛开展,各地不断有文物出土而缺乏考古人员，为解燃眉之急，北京大学和科学院考古研究所、文化部社会文化事业管理局联合举办考古工作人员训练班，并在北大历史系设立考古专业，开始招收本科生，这是中国教育史上最早出现的考古专业。

1983年，适应考古学科发展的需要，考古专业由历史系分出独立建系。

1999年考古学系更名为北京大学考古文博院，随着博物馆学、科技考古、古建筑、文物保护等考古分支学科的先后建立，2003年正式更名为北京大学考古文博学院。

从考古研究室到考古专业，从考古专业到考古学系，从考古学系到考古文博学院，反映了北京大学考古学科从初创到发展、从单一到综合、从幼小到成熟的全过程，这个过程正是与时俱进、不断创新的过程。

二、教学科研并重，互相促进

大学是高等学校，高等学校的任务是为国家培养高级理论、科研和实际工作的人才。要达到这个目标，除了从中学选拔优秀的生员，还需要有高水平的教师。大学老师，既要能向学生传授基础知识，又要能解答学生的各种疑问，培养提高学生的科研能力和实际工作能力，而这就要求老师本人首先具有较高的水平，是有名的学者。看看北京大学的历史，看看北大考古研究室成立以来的历史就会知道，从首任考古研究室主任马衡、继任代理主任胡适、古器物整理室时期主任向达，到考古专业成立首任教研室主任苏秉琦、首任考古系主任宿白、继任系主任严文明以及和他们同时的各位老师，无一不是在不同领域各领风骚、作出杰出贡献的学者。在他们言传身教、精心培育下，只要努力肯学这一行的，都做出了应有的成绩。回忆我上学和我当了老师以后的经历，我深深体会到老师在课堂上启发诱导的重要性，吕遵谔先生的《旧石器时代考古》、邹衡先生的《商周考古》、苏秉琦先生的《秦汉考古》、宿白先生的《魏晋南北朝隋唐宋元考古》等，课堂上都有这个环节，或者提问，或者课堂作业，让你围绕某一学术问题讲自己的看法和根据。我的课上喜欢安排课堂讨论，有时同学们有不同的观点会争论得面红耳赤，各不相让。通过这些活动，调动了同学们学习的积极性，锻炼了同学们研究问题的能力。而对于老师来说，如果自己不做研究，自己脑子里没有问题，怎么去启发同学？实际上启发同学让同学提问，也是对自己的鞭策，逼着你也得想问题，想办法去解决。所谓教学相长，就是这个道理。

三、重视打牢基础，强调田野能力

北大历来重视基础的培养，为夯牢基础，教研室设计了一系列基础课程，我 1956 年入北大，1957 年分到考古专业，就是旧石器、新石器、商周、秦汉、隋唐五大段。当时是五年制，一年级不分专业，从二年级分开，开始上专业课，五大段要上五个学期。这五大段专业基础课不光是课堂听讲记笔记，还要完成课堂作业和阅读指定参考书。起初，有的同学可能有些误解，以为学的是田野考古，文献可能不像历史专业要求那么严，就有些忽视。这种情况让宿白先生知道了，他专门就文献对考古研究的重要性作了说明，宿先生说考古不光是会挖，挖出来的东西怎么解释，你不看文献就找不到解开疑难问题的线索和根据。后来读宿先生的《白沙宋墓》，发现注释文字的数量与正文几乎不相上下，更感到文献的重要，心想宿先生平时要不是读过那么多书、对书中内容又烂熟于心，怎么会在不长的时间内写出这么一部享誉学术界的不朽著作呢？我虽不搞历史时期考古，但研究起学术问题还是要不断从文献中寻找线索，这时就常常感到文献功底之不足了。除了通过五大段基础课和随基础课一起的包括读参考书等来打基础，另一个重要的措施是大量的学术讲座。我整理笔记时无意查到 1962 年 4 月至 6 月听讲座的记录：4 月 9 日安志敏先生讲《仰韶文化的类型和分期》，4 月 14 日徐中舒先生讲《左传》，4 月 17 日王亚南先生讲《马克思主义政治经济学与资本主义古典政治经济学》,6月4日王若愚先生讲《中国古代的纺织》,6月11日接着讲《我国纺织技术的发展》,6月27日翦伯赞先生讲《目前历史研究中的几个问题》。当时我是考古教研室的助教,一般是教研室主任苏秉琦先生事先或打电话约好,讲座当天由我去接送主讲先生,四月和六月短短两个月内安排了6次讲座。通过讲座,同学们开阔了眼界,扩大了知识范围,我也有意想不到的额外收获。

考古学是指由西方传来的以田野调查发掘为特征的考古学,学考古的学生当然要以田野考古为主课。不论以前五年还是现在四年,田野考古实习都是最重要的一门课,其他课有一门不及格,毕业时也许还能通融,要是田野考古实习没参加或者不及格,只能算肄业,拿不到毕业证。五年制时,有三次实习,即认识实习、生产实习和专题实习。认识实习是结合课程安排的博物馆或考古工地参观,目的是让学生对考古有点感性认识;生产实习就是长达一个学期的田野考古实习,主要是学习田野调查发掘到整理资料写出报告的一整套方法技能;专题实习就是毕业实习,一般是通过整理一批资料写出专题报告或论文,着重研究方法的训练。改四年制后,时间有点紧张,加上毕业前一个学期同学忙于找工作,实际上很难再安心学习,专题实习就挪到硕士阶段了。正是对田野能力培养的强调,北大考古专业毕业的学生分到考古单位,一般都能较快地适应工作。

四、广博专深结合,着眼后续发展

不少用人单位反映,北京大学考古的毕业生刚到单位,不显山不露水,但过几年以后,优势就显现出来了。知识面广,看问题眼光比较锐敏,写发掘报告条理清楚,写文章有深度。当然,北大考古毕业的学生并不全是如此,但可以说多数符合这个评价。究其原因,我认为这与北大考古专业坚持广博与专深结合的培养方针有关。前面我们曾经谈到,本科阶段是用五大段和各种题目的讲座来打基础扩大知识面,用一个学期的时间进行田野考古实习接受系统的野外训练,最后再用两个半月到三个月的时间搞毕业专题实习,培养研究能力。考古专业学生这种一环扣一环的系统训练,在国外大学的考古系似乎也不多见。进入研究生阶段,专深研究的训练是多些,但对广博知识牢靠基础的要求也更加重视。考入北大念考古的研究生,有北大考古本科毕业的,外校考古本科毕业的,本校或外校非考古本科毕业的,甚至是大专毕业以同等学力考来的,凡是入学前没有经过田野考古实习的同学,按规定都必须补田野考古实习这一课。同时还有一条规定,某一方向的研究生必须选相邻两个方向之一的主修课作为自己的必修课,比如商周考古方向的研究生,不是选新石器考古方向就是选秦汉考古方向一门主修课作为自己的必修课,当然也鼓励学好本方向课程前提下,选更多其他方向的课程,这样就使得学生能锻炼从更大的空间、从相互联系的角度考虑问题,扩展研究思路,为将来的后续发展奠定基础。北大考古之所以能出台这样的方针和规定,我认为某种程度上应与老师们自身的实践和体认有关,或者说是老师们经验的总结。从对我授课老师来看,苏秉琦先生是讲秦汉考古的,但他晚期写的最有影响的文章却大多是新石器考古和考古理论方法方面的;宿白先生是讲魏晋南北朝隋唐宋元考古的,但他同时还开了古代建筑、佛教考古乃至版本目录方面的专题课;邹衡先生是讲商周考古的,但他却带队主持了以新石器时代遗存为主的王湾的实习,写的许多论文都涉及到新石器时代考古的内容。先生们为我们留下了做学问的榜样,我们虽难以企及,但永远应该是北大学子努力的方向。

五、引进借鉴,发展自己

以田野调查发掘为特征的考古学本来就是由国外传来的,北京大学考古学研究室成立之初,国学门主任沈兼士即写信给在日本的兄长沈尹默,嘱其转告时在京都大学的张凤举,请张拜访日本考古学泰斗滨田耕作教授,征询北大设立考古学研究室的意见。张凤举于1922 年 3 月 30 日致信沈兼士,转达了滨田教授的建议:要有收集国内外考古标本的陈列室;考古学除联络史学也要联络美学;要把考古学作自然科学看,和理科大学的生物学研究一样才行;要有教授研究室、学生研究室及实验室和图书室,此外要有幻灯片。北京大学考古学研究室基本上是参照滨田耕作教授建议的模式建立起来的。

1923 年考古学会刚成立,除罗振玉,亦聘法国学者伯希和为通讯导师。

1924 年 5 月 19 日当将前一年刚成立的古迹古物调查会改称考古学会时,12 位创会会员中即有一名叫铎尔孟的法国人。

1925 年春天,派学会成员陈万里参加美国哈佛大学敦煌考古队。

1926 年与日本东京帝国大学考古学会、京都帝国大学考古学会合组东方考古学协会。

1927 年与北京十余个学术机构联合成立中国学术团体协会,与瑞典探险家斯文赫定合组西北科学考察团,北京大学教务长徐旭生任中方团长,成员多为北大师生,学会派出的黄文弼在新疆工作时间最长,收获甚丰。

为促进中外学术交流,北大国学门成立后于 1923 年创办的《国学季刊》及《国学门月刊》、《国学门日刊》等,陆续译载外国学者论文,与考古学有较密切关系者即有法人沙畹等著、罗福苌译《伦敦博物馆敦煌书目》,法人伯希和和日人狩野直喜著《巴黎图书馆敦煌书目》(均载《国学季刊》1 卷 1 号,1923 年 1 月),日人内藤湖南抄录、容庚译、王国维校《乐浪遗迹出土之漆器铭文》、日人原田淑人用中文写成的关于朝鲜乐浪古墓发掘之通信(俱载《国学门月刊》1 卷 1 号,1926 年 10 月)。

通过从 1922 年至 1927 年五年内,考古学会的一系列涉外活动,不仅学到了许多新鲜知识,也使外国学术界了解了自己。

1949 年后,国际政治情势的变化,中断了与国外学术界的联系,但 1952 年北大考古专业成立,与政治上的盟邦苏联及第三世界考古界的联系慢慢热络起来。考古专业的教学大纲基本上按照苏联莫斯科大学考古专业的教学大纲制订,苏联学者霍尔茨科夫斯基的《考古学通论》和柯斯文的《原始文化大纲》成为考古专业学生必读参考书;1955 年根据中国与埃及的文化协定,埃及考古学家费克里和埃米尔先后来北京大学讲学。但从总的情况来看,直到 1978 年改革开放以前,考古界和中国整个学术界一样,基本上是处在自我封闭的状态。

1978 年改革开放的春风吹遍祖国大地,北京大学考古专业也进入一个新时期。1983 年北大考古专业由历史系分出独立成系,以全新的姿态打开了与国际学术界交往的大门。从 1982 年起,我系邹衡、俞伟超、宿白三位老师先后应邀访美讲学,1984 年,美国科学院院士、哈佛大学教授著名华人考古学家张光直应邀来北大讲学。张光直的考古学专题六讲,简洁而精辟地介绍了国外考古学理论和方法,聚落考古、行为考古、过程考古、后过程考古以及文明演进模式理论等,第一次较系统地为中国考古同仁所理解所掌握。为更深入了解国外考古学研究新成果,考古系系主任宿白先生和张光直先生一起策划,又连续邀请了多位世界著名考古学家来北大授课,张光直先生也要求他指道的博士生必须来北大学习一段时间,学习中国考古学。

以张光直北大讲学为契机,从 20 世纪 80 年代中期开始,北大考古请进来,送出去,呈现出全方位开放的新面貌,每年都有外国学者来讲学、外国学生来进修,同时每年有更多的北大考古毕业生到外国高校读学位、有更多的老师到外国去访问或讲学。如今,北大考古文博学院同英、美、法、德、意、澳、日等国多所著名大学和科研机构建立了合作交流关系,通过这些交流与合作,发展壮大了自己,提高了教学水平,提高了科研水平,成长为了一个国际性的以考古教学与研究为主的考古院系。

六、坚持学术独立,服务社会需求

考古学和其他人文学科一样,有自己不同于其他学科的研究对象、研究理论、研究方法和技术手段,但就研究目的而言,它和其他人文学科一样,都是从不同的侧面研究人类社会或人类社会的某一方面的发展规律,为社会更好的发展服务。两者的辩证关系是:只有坚持学术独立,按学科自身的规律进行研究,其研究结论才有可能符合社会需求,顺应和促进社会发展;反之,不按学科自身发展规律办事,不坚持学术独立性,而是看有些人的眼色行事,随声附和,不但不能得出科学结论,从长远看,从总体看,只能起到相反的作用。

回顾考古学史可以看出,以田野调查发掘为特征的考古学首先诞生于欧洲并非偶然,正是因为欧洲最早出现工业革命,到处开矿山修铁路,经常出土古代遗物,应收藏研究之需而出现的。20世纪20年代考古学传入中国为我们所接受,也是中国社会发生重大转型、国人历史观发生重大改变,重建中国信史提出的要求。中国考古学的进步,无不与社会的发展悉悉相关。1952年科学院考古研究所、中央文化部社会文化事业管理局、北京大学联合举办考古工作人员训练班并在北大成立考古专业,是基本建设到处出土文物而又缺乏考古人才的需要,1983年由历史系分出独立建系,1999年成立考古文博院,既是学科发展的需要,也是社会发展的需要。脱离社会需求奢谈学科发展,是空中楼阁,既不现实,也无可能。

考古机构的设立、完善、发展是如此,具体学术研究也是如此。学术研究课题的提出,如果契合学科发展和社会的要求,就会得到支持,发展就快;反之,就得不到支持,也不可能有较快的发展。在这方面,我想大家都会有深切的体会。当然,任何研究任务,其是否顺应社会需求,并不以提出者单位的大小、个人身份的高低来衡量。"文革"中,四人帮的写作班子梁效大搞评法批儒,为他们的反革命阴谋大造舆论,是逆历史潮流而动的倒行逆施,理所当然会受到正直的学者的抵制。夏商周断代工程、中华文明探源工程,虽由党政高层提出,但这些课题本来就是历史、考古学者研究的内容,又符合对广大人民群众进行唯物主义历史观和爱国主义教育的社会需要,自然受到学者们的欢迎。回想参加夏商周断代工程之初,我思想上也曾有过犹豫，很担心像梁效那样被御用。1997 年夏天，李铁映和宋健两位特别顾问召李学勤、仇士华、席泽宗、朱学文和我几个人到北戴河听取夏商周断代工程进展情况的汇报，我曾同李铁映同志说过怕像梁效那样被御用的话，李铁映同志明确地说：政治不能裁判科学，学术研究是你们专家组的事，领道小组只帮你们协调单位关系，筹措经费，至于研究结论对错，是你们专家负责。几年下来，大家一个共同体会是，无论是李铁映同志还是宋健同志都没有为夏商周断代工程设定什么框框，有的只是关心和鼓励。通过大家五年多的辛勤工作，制订出了一个相对比较接近实际的夏商周年表，带动了考古学和其他相关学科的发展。北京大学考古学科除积极参加夏商周断代工程、中华文明探源工程、指南针计划等重大科研项目，还承担了三峡工程和南水北调工程中的考古调查发掘任务，以及某些地区的文物科技保护和大遗址保护规划制订的工作。实践证明，这些决定是正确的，不但满足了社会的需要，也发展壮大了自己。

当然也必须指出，承担这些课题，参加这些工作，都是以保持学科独立性为前提的。今后无论承担什么研究项目，参加什么工作，都应该像以前那样，不受任何政治因素或长官意志的干扰，不跟风，不随波逐流。

以上所谈，只是自己的一些体会，挂一漏万，在所难免。但即使这些，如能得到继承发扬，北京大学考古学科必将永葆青春。

在北京大学考古九十年、考古系六十年节日即将来临之际，谨以此文以为纪念。

2012 年 3 月 21 日

（原载《古代文明研究通讯》总第五十二期）

与自然科学的不断融合是
考古学发展的必然趋势

在我国通行的学科分类中考古学属于历史科学，就考古学的研究目的而言，这当然是正确的。但就其研究方法、手段而言，更多的则属于自然科学、技术科学。早在七八十年以前中国新史学的开拓者之一傅斯年先生曾指出，要使历史研究真正走上科学之路，就必须借助于自然科学的方法。对于考古学，他更认为离不开地质学，考古学离开地质学自己也就不存在了。有人认为考古学属于文理交叉学科，我同意这个看法。

首先，从现代考古学的产生来看，是借鉴了自然科学中的地质学的地层学和生物学的分类学才形成了考古学自己的层位学和类型学，正因为有了这两个基本方法，考古学才真正成了科学。

再者，如果回顾一下现代考古学传入中国初期发展的历史，我们还可以看到，最早从事田野外考古调查、发掘的学者，大多都是自然科学工作者。1921年发现仰韶文化的瑞典人安特生本来是一位地质学家，当时他的职务是北洋政府聘请的矿业顾问。最早参加周口店猿人遗址发掘的魏敦瑞、步达生等外国学者和杨钟健、裴文中等中国学者清一色是搞自然科学的，他们或者是地质学家，或者是生物学家。1926年发掘山西夏县西阴村，1928年出任中研院历史语言研究所考古组主任的李济，在美国开始学的是心理学，后来又学人类学，他的主要学习经历也是自然科学。

第三，如果省视一下考古学的现状，大量现代科学技术的介入，更是目不暇接，令人眼花缭乱。

因此,从考古学的初创、发展和现状全面考察,考古学与自然科学,与科学技术都密不可分。可以说没有自然科学介入的"考古学",就不是科学的考古学。考古学排斥了自然科学,正如傅斯年先生所言它本身真的也就不存在了。

世界万物,均有规律可循。考古学作为一门学科,它当然也有自己的规律。当我们了解了它产生和发展的历程,很自然就会预见到它今后的发展前景。毫无疑问,考古学今后发展的方向,既需要继续有从实践中总结出来的人文社会科学理论、方法的指导,同时也需要有更多新的自然科学理论、现代科学技术方法的介入。正像现代考古学产生之初借鉴地质学的地层学和生物学的分类学一样,随着学科发展的需求,目前正在开始运用于田野考古的地理信息系统、全球定位系统、遥感探测、碳十四测年、运用于陶器和铜器研究的成分分析、运用于人骨和古动植物研究的古 DNA 分析、运用于人类生存环境研究的孢粉分析、植硅石分析等科技方法也将逐步融入考古学学科,成为考古学研究不可或缺的手段,成为考古学研究基本方法的有机组成部分。过去我曾经说过,从某种意义上讲,考古学可以说是发掘并解析古代社会信息的学科,你的手段越先进,发现的信息越多,破解的谜底越多,也就越接近你想要揭示的真实的古代社会。试想,如果没有碳十四测年技术的发明并运用于考古年代学研究,单靠传统的考古层位学,不论研究得多么到家,仍然只能得出考古发掘揭露出来的各文化层或遗迹单位的相对年代,而无法得知其绝对年代;如果没有发明体视显微镜和扫描电子显微镜并运用于考古发现的石器的微痕分析,单靠类型学的器物排队,不论分得多么细多么准确,仍然只能停留在器物形态的描述,而无法通过对其制造过程和使用时留下的微痕的观察进而研究其制造方法和用途;如果没有光发射光谱(OES)、中子活化分析(NAA)、原子吸收光谱(AAS)、X 射线荧光分析(XPF)等微量元素分析方法和同位素分析方法的发明并运用于考古研究,单靠肉眼观察,无论如何,也难以分析陶器、铜器等考古遗物的成分结构并由此继续追踪其原料产地;如果没有体质人类学和

DNA 分析方法的发明,单靠肉眼观察,无论如何也难以辨别考古发掘出来的人骨的性别、年龄及其间的遗传关系。

科学技术的发明、创造日新月异,它的每一步发展都带动了包括考古学在内的其他学科的发展。中国考古学从 20 世纪 20 年代由域外传进来,已走过八十年的历程,正如前面我曾指出的那样,无论过去还是现在,和自然科学结合的趋势一直不曾改变,而且越来越紧密,中国社会科学院考古研究所科技考古中心为成立十周年而准备编辑出版的论文集即是最好的证明。浏览一下文集的篇目便可看到,该中心自 1997 年成立以来的十年间,在考古调查、发掘和研究过程中所采用的科技手段,不仅有前已有之的碳十四测年等技术,而且扩展到了遥感探测、孢粉分析、人骨测量、人类食性分析、器物的中子活化分析、微量元素分析以及文物的化学保护等方面。正是因为这些新技术、新方法的运用,使得研究领域更加宽广、研究深度更加深入,在中国考古学界发挥了将考古与科技紧密结合的示范作用,成为大家学习的榜样。在中国社会科学院考古研究所考古科技中心成立十周年之际,谨祝贵中心越办越好,在促进现代科技与考古学进一步融合的过程中,继续发挥带头作用,为中国考古学的不断科学化贡献自己的力量。

(中国社会科学院考古研究所考古科技中心编《科技考古》第一辑"科技考古笔谈",中国社会科学出版社,2005 年)

考古学与当今社会建设

- 中国古代文明化历程的启示
- 传承华夏文明　共迎民族复兴

中国古代文明化历程的启示

中国作为世界文明古国之一,有着悠久的发展历史。今天的中国,是前天、昨天中国的发展;明天的中国,是今天中国的发展。为了今后更快更好的前进,回顾中国古代文明演进的历程,我们可以得到许多有益的启示。

一、中国古代文明演进的历程

中国著名考古学家、前中国考古学会理事长苏秉琦教授在将中国新石器时代考古学文化分为六大区系基础上①,总结中国古代文明演进的历程,将其分为古国—方国—帝国三个阶段②。

1985 年 10 月 13 日在辽宁兴城召开的考古座谈会上,苏秉琦先生作了《辽西古文化古城古国——试论当前考古工作重点和大课题》的讲话③,首次对他所说的"古国"作了界定,他说"古国指高于部落之上的、稳定的、独立的政治实体"。苏先生心目中的"古国"即指辽宁省凌源县发现的红山文化宗教礼仪性质建筑遗迹④,它是在"约 50 平方公里内外由数十个遗址组成的遗址群,……包括宗庙、陵墓和祭坛的多种形式,唯独不见居住址,是远离住地独立存在的祭祀场所"⑤。在山梁顶的南坡,自北而南依次是人工砌筑的大型方形坛基、埋有陶塑女神像的女神庙、积石冢和祭坛。大型方形坛基和"女神庙"未彻底揭露,在调查发现的含有积石冢的 20 多处地点中,有 3 个地点(第二、三、五地点)经过发掘。在第二地点中心祭坛(编号牛 2Z3)两侧,西有 1、2 号冢,东有 4、5 号冢。1 号冢东西轴线上发现两座并列的大型石棺墓,其南有 4 排共约 20 余座中、小石棺墓群,再往南还有零星墓葬分布;2 号冢在正中心部位有一座大型石椁石棺墓,遭严重盗扰,大墓以南也有等级较低的零星墓葬;4 号冢与 5 号冢的形制与前有异,4 号冢平面呈前方后圆形,5 号冢则呈南北长、东西宽的椭圆形,中间砌一道石墙,两冢内墓葬数量不详。第三地点位于第二地点正北,相距约 200 米,仅发现一冢,冢的中心部位有一座土圹石棺墓,东西长 2.9、南北宽 1.35—1.85 米,冢的南侧有 8 座小墓,不随葬玉器或仅有少量玉器。第五地点在第三地点以西,中间一石砌方形祭坛,在其东西两侧各有一冢。东侧一冢经过发掘,总范围直径在 20 米以上,中心位置一座土坑竖穴大墓,墓口长宽各约 4、深约 3 米,穴底砌一东西向石棺。三个地点积石冢内的墓葬已发掘数十座,多为用石板构筑的石棺。墓葬大小有别,但各冢至少有 1 座主墓,构筑讲究,随葬品丰富,一般只随葬玉器,同时随葬陶器者极少,尤其是大墓,这是和红山文化其他生活聚落遗址发现的墓葬完全不同的。例如,第二地点 1 号冢(牛 2Z1)M4 人架头骨下出 1 玉箍形器,胸骨上并置 2 猪龙形玉饰;M14 人架胸前置一勾云形器,腕部各戴一件玉环;M21 随葬玉器 20 件,计有龟壳、兽面形牌饰、琮形器、璧、双联璧等;第三地点中心大墓 M7 人架头下枕 1 玉箍形器,胸部置 1 玉琮形器,右腕戴 1 玉镯;第五地点东侧一中心大墓(牛 5Z1M1)随葬玉器 7 件,人架头骨两侧各置大璧 1,胸部置勾云形佩和鼓形箍各 1,右腕戴镯 1,双手各握玉龟 1[⑥]。从红山文化呈现出的面貌看,有如下明显的特点:第一,大规模宗教祭祀区从生活居住区分化出来;第二,墓葬出现严重分化,作为陵墓的积石冢形制宏大,冢中中心大墓构筑考究,随葬品丰富;第三,积石冢内墓葬,尤其是中心大墓,主要以玉器随葬,但不见象征军权的仪仗用玉,少见装饰用玉,多见箍形器、勾云形器、猪龙、璧、神人雕像以及龟、鸮、蚕、蝉、虎等具有神秘意味充满宗教色彩的玉器。从而表明当时社会已发生等级分化,少数掌握祭祀大权的巫师人物已具有相当大的个人权力,不过这种权力主要是通过“神”的意志实现,强制性权力尚不突出。这种情况与塞维斯所描写的酋邦颇为相似，"酋邦拥有集中的管理（Centralized direction），具有贵族特质的世袭等级地位安排，但是没有正式的、合法的暴力镇压工具。组织似乎普遍是神权性质的，对权威的服从，似乎是一种宗教会众对祭司——首领的服从"⑦。

处在同一时代、同一社会发展阶段的尚有凌家滩"古国"、仰韶"古国"等。

凌家滩"古国"以薛家岗文化安徽省含山县凌家滩遗址为代表⑧。和红山文化牛河梁遗址类似，在近两万平方米的范围内，分布有祭坛、墓葬和可能是神庙与宫室建筑的遗迹。墓葬作过发掘，从其分布看，可分为若干片区，代表若干不同家族，有的片区大墓较多，有的则多为小墓，每个片区之内也存在大小墓之别，表明当时社会不同家族之间或家族内部已存在明显分化，而其中一些大墓的墓主则可能是当时社会的首领。1987 年发掘的 87M4 号墓，长 2.75、宽 1.4、深 0.3米，随葬品除 12 件陶器，余均为玉石器，计 133 件，其中玉钺 3 件，石钺 18 件。特别引人注目的是玉器中的玉龟和玉版，玉龟有雕刻成的背甲、腹甲，在背甲和腹甲中夹着玉版；玉版长方形，有穿孔，其中部琢出一小圆圈，小圆圈内刻方形八角星纹，小圆圈外琢出一大圆圈，大小圆圈之间以直线平分出八个区块，每区块内各刻有一圭形纹，在大圆圈外沿圆边对着玉版四角也各刻有一圭形纹。玉龟是占卜用具，玉版图形中的四方和八方表现的可能是古代历法上的四时和八节。该墓墓主既随葬大量象征军权、王权的玉石钺，又随葬有通神的占卜工具和象征掌握历法的神物，一定是掌握着军权、王权和神权的一身二任的人物。较之有过而无不及的是 2007 年发掘的 07M23，该墓打破祭坛，是凌家滩迄今发现的规模最大的墓，长 3.45、宽 2.1、深0.3 米，随葬品极为丰富，计有玉器 200 件，石器 97 件，陶器 31 件，共300 件。和 87M4 一样，除数量庞大的玉石钺，也有玉龟，玉龟背、腹甲中夹着两枚玉签，另外还有两件玉龟状扁圆形器，都应是作占卜之用的工具⑨。该墓的墓主人显然具有和 87M4 墓主人同样的身份和地位。

仰韶"古国"以仰韶文化河南省灵宝市铸鼎原西坡遗址发现的大型房基和大墓为代表[⑩]。2005—2006 年在该遗址发掘仰韶文化中期墓葬 30 多座,其中 M27 为一带生土二层台的长方形竖穴土坑墓,墓口长 5、宽 3.4、深 1.5 米,是迄今仰韶文化中发现的规模最大的墓,但仅随葬大口缸、簋形器、釜灶等 9 件陶器;M29 距 M27 大约 6 米,亦为带生土二层台的长方形竖穴土坑墓,墓口约长 4、宽 3.3、深 1.85 米,除 5 件陶器,亦无玉石器之类的随葬品。规模略小的中小型墓除陶器外,还有玉石器随葬,如 M6、M8、M9、M11、M17、M22 等均随葬有玉石钺,其中 M17 有两件,M22 是一座小孩墓,竟随葬了 3 件。

以凌家滩"古国"和红山"古国"相比,社会首领人物除掌握神权之外,还掌握了军权和王权,成为一身多任的王者,从社会发展的角度考察,强制性权力的出现应是社会进步的表现。

仰韶"古国"和前两者比较,出现了军权、王权,但看不出反映宗教狂热和神权的迹象。过去多认为这是仰韶文化落后的表现,现在看来这可能是反映了两者所走的道路的不同[⑪]。

军权、王权等强制性权力或曰暴力的扩大,是国家出现的象征,苏秉琦在他的论述中,对这种"高于部落的、稳定的、独立的政治实体",既未说它是部落联盟一类的组织,也未说就完全相当于塞维斯所言的酋邦,是很有见地的。考虑到这些"古国"所具有的过渡性特征,借用我国古代典籍中邦、国互用和常见的"酋帅"、"豪酋"称谓,将其称为酋邦是可行的。

考古发现和研究表明,强制性权力的膨胀促成了"古国"即我们所称的酋邦向王国的转化,我们这里所说的王国,就是苏秉琦先生三阶段说中的方国,由于方国是从区域角度给予的称谓,为求词义上的对等,将之称为王国更符合实际情况。从考古材料来看,继崧泽文化[⑫]之后的良渚文化[⑬]、继仰韶文化之后的陶寺文化[⑭]及河南龙山文化[⑮]已进入王国阶段,见于文献记载的夏、商、周王朝则是王国在不同阶段上的发展。

良渚文化、陶寺文化、河南龙山文化已进入王国阶段最重要的标志是强制性权力的膨胀和暴力的使用。正如前面所言,古国时期强制性权力业已出现,但这种权力的高度集中、固定化和膨胀,却是这个阶段的特征。其突出表现,一是用于战争和刑杀的专门武器——斧、钺的普遍大量存在和使用。这在良渚大墓、陶寺大墓中均有集中的发现。良渚反山大墓 M14 出土玉钺 1 件、石钺 16 件,M20 出土玉钺 1 件、石钺 24 件,玉钺均有玉瑁和玉镦,显系作为"权杖"使用[16];良渚瑶山大墓在推测属于男性的南排 6 墓中,均各随葬一件玉钺和若干石钺,M7 玉钺有雕刻复杂花纹的王冠饰和柄末饰,显然也是"权杖"上才有的装饰[17];更为令人惊异的是,1983 年余杭县文管会在横山清理的一座墓中仅石钺就出土了 132 件[18]。陶寺大墓在早、中期都有发现。早期大墓以 M3015 为代表,除陶礼器、木礼器、玉石质工具和饰品之外,尚随葬玉钺 1 件、石钺 2 件和大量石、骨质箭镞[19];中期大墓位于中期大城南垣外附设的小城内,西距中期建造的观象台基址不远,已发掘的 M22 墓口长 5、宽 3.65、深 8.4 米,在其东壁倒置玉钺 5 件、玉戚 1 件,南壁处一件红色箙内装骨镞 7 组、木弓 2 张,一壁龛内出一漆木盒,内装玉戚 2 件[20]。二是设防的大型城址的涌现,古国时期已出现少量城堡,但规模都较小,距今约 5 300 年前后的郑州西山仰韶文化中晚期城堡呈不规则的圆形,残周长只有 265 米[21]。而进入考古学上的龙山文化时期,在黄河中、下游和长江中游及内蒙古中南部地区,面积达几万、几十万甚至上百万平方米的城址已发现 50 多座,其中良渚城址 290 万平方米[22],陶寺中期城址 280 万平方米[23],王城岗城址 34.8 万平方米[24],城内均有大型祭坛、礼仪性建筑和宫室基址。三是这一时期在高等级聚落尤其是城址遗址中非正常死亡的现象愈来愈多。2002 年陶寺遗址发掘,在一编号为 IHG3 灰沟的第一层出土了 31 具个体的人骨,多数有砍切痕迹,第二层、第三层也都有不完整的人骨发现[25];登封王城岗遗址,在 20 世纪 70—80 年代发掘的可能是奠基坑的 13 个灰坑中有人骨,其中编号 H1 的坑中有 7 具,经鉴定包括 3 名儿童、2 名妇女、2 名男性[26]。这种现象,在同时期的遗址中普遍存在。情况表明,古国阶段零星、分散、偶尔出现的强制性权力和暴力,在这一时期成为了普遍、集中、经常的存在,成为了作为暴力机关的国家存在的证明。

见于文献记载的夏、商、周王朝已进入王国阶段成为国家社会,学术界已无大的争议,但其发展程度有所不同,是明显可以看到的。

按照我们的看法,考古学上的夏文化可分为以登封王城岗龙山文化大城为代表的早期、以新密新砦期遗存为代表的后羿代夏时期、以二里头文化为代表的中晚期三个阶段。文献记载和考古材料表明,夏代早期政权并不稳定,夏王朝控制的地域范围有限,青铜器的使用尚不普遍。进入中期以后,政治版图由豫西扩大到晋南,影响所及西至陕西东部,东到豫东,南至长江沿岸,范围明显扩大。这时期,专门的青铜兵器和礼器开始铸造,宫城内以中轴线为中心左右对称的宫室建筑格局开始实施,标志着国家机器有了加强[27]。

商代国家,在继承夏王朝文明成果基础上有了快速发展。早商时期与前相比,以亳都郑州为中心,统辖的范围大大扩大,影响所及东至山东淄河、弥河流域,西至陕西关中,北至永定河以北,南至长江两岸,表明中央能调动和控制的资源大量增加;戈、矛、镞等青铜兵器和鼎、瓿、爵、卣等青铜礼器在上述范围内屡屡出土,表明中央通过武力和礼制对属下的掌控愈加牢固;作为都邑的郑州商城[28]和偃师商城三道城垣以及偃师商城为代表的井然有序的宫室之兴建[29],表明国家政权这架机器愈加强化和完善。商代后期,以都城河南安阳小屯殷墟为代表,小屯村北宫殿基址群、西北岗商王陵墓、数量达十万片的卜辞甲骨以及精美的青铜器、玉器、骨器和象牙器等的发现,足以证明商王朝在当时已是一个邦畿千里的泱泱大国,而对甲骨文的研究,更揭示出晚商王朝已有专门的常备军、各司其职的官吏、完善的祭祀系统和贡纳与赏罚制度,对外征伐和杀人致祭成为运用强制权力和暴力维护政权常用的手段[30]。

公元前11世纪武王灭商建立西周王朝,开启了一个新的阶段。为控制"普天之下,莫非王土"的广大疆域而实行的分封制与巡狩制、为保证经济来源实行的井田制、为镇压反抗和对外扩张乃至防御外敌入侵而实行的师旅制,加上在中央王室任职的官吏,构成了西周王朝基本的政治、经济、军事体制。与之相适应,则是由周公建立的礼乐制度和君权神授、敬天保民思想。西周初年形成的这一套制度和思想意识,贯穿实行于有周一代,几无改变。

王国阶段后期的春秋、战国时代,由于内外矛盾的激化,社会处于大动荡、大分化、大改组的混乱状态之中。原来僻处西陲的秦国,经过十几代国君的励精图治、开拓进取,至秦王嬴政时期,终于通过连绵不断的兼并战争扫平六国,实现统一,将历史推进到了一个新的阶段——帝国时期。

从王国到帝国各方面都发生了重大变化:

第一,国土范围空前扩大,涵盖并超出了原夏、商、周王朝所控制的最大疆域;

第二,民族文化融合达到新的高度,中华文化通过吸收周边民族文化的先进因素,不断壮大并更新着自己的面貌;

第三,郡县制取代分封制;

第四,井田制逐步为一家一户的自耕个体经济所代替,与之相适应,是赋税制度的实行;

第五,官吏举荐和任免制取代世袭制,从中央到地方形成了中央集权的比较完备的官僚体系;

第六,与中央集权政治体制相适应,是法律法规的完善和文化专制主义的推行。

由秦始皇建立的帝国及其推行的相关制度,两千多年以来为后来各代王朝所继承,直到清王朝的灭亡,其间虽因时势变化有所损益,但基本体制并无大的变易。

中国古代文明演进的历程,由古国到王国,由王国到帝国,是连续发展下来的。它和世界其他文明古国相比,既遵循着相同的规律,也有自己独有的特点。著名考古人类学家张光直先生认为,中国和埃及、印度河流域、东南亚、大洋洲和中美洲、南美洲等世界上大多数地区一样,文明的产生是逐渐通过政治程序所造成的财富极度集中实现的,是连续性的;而作为西方文明源头的苏美尔文明的产生则主要取决于科技经济领域的发明和发展,是突破性的。中国模式"是全世界向文明转进的主要形态"[31]。

二、中国古代文明演进历程的启示

1. 文明模式的不同选择导致了不同的发展结果。如上所述,在距今6 000年至4 300年这一时段,中华大地许多地方都开始了由基本平等的氏族部落社会向不平等的国家社会的过渡。由于不同地区文化传统的不同,在向文明演进过程中选择的模式也不一样,红山古国走的是通过铺张的祭祀活动崇尚神权的道路,一切由神的意志来决定;仰韶古国走的是崇尚军权、王权的道路;凌家滩古国走的是军权、王权和神权并重而突出神权的道路。实践证明,崇尚军权、王权的仰韶古国因比较简约并注意社会的持续发展而延续下来了,崇尚神权的红山古国和虽有军权、王权但突出神权的凌家滩古国却因社会财富被过度消耗而消失了。事实告诉我们,作为一个民族、一个国家选择怎样的道路是决定其能否继续生存发展的关键。同时我们也注意到,文明演进的道路不是笔直的、一帆风顺的,中间是可能发生改变的。考古研究证明,良渚文化是崧泽文化的继承和发展,江苏省张家港市东山村崧泽文化随葬5件石钺的大墓的发现[32],说明崧泽文化一开始走的是崇尚军权、王权的道路,但是发展到良渚文化时期,由于受到别的崇尚神权文化的影响而改变了发展方向,神权超越军权王权成为首选,尽管因大规模城址和大型祭坛、贵族坟山等的营建进入了王国文明阶段,最后还是无可避免地走上了消亡的道路。

2. 中国古代文明演进的历程是不断实现民族文化融合、不断吸收异民族文化先进因素的历程。实践证明,这是中国古代文明不断壮大得以持续发展的重要动力。当然,在民族文化融合过程中,其主流虽然是和平的、浸润式的、渐进的,但囿于时代的限制,也不可否认曾存在过非和平的、强制性的情况,这是应予避免的。对异民族文化因素的吸收,不是全盘照搬,而是根据自身发展需要加以选择。

3. 中国古代文明演进过程中,从氏族部落社会时代一直延续下来的血缘关系和由此产生的祖先崇拜,是自身保持绵延不绝、持续发展的重要原因。

4. 中国古代文明演进过程中,共同的信仰和共同文字体系的使用与推广,是维护自身统一的重要纽带。

5. 中国古代文明演进过程中形成的"天人合一"、"和而不同"、"和谐共生"等理念及在其指导下正确处理人与自然、人与人、国与国等关系的实践,是自身比较顺利发展的保证。

6. 中国古代文明演进过程中,中央集权的政治制度对保证大型工程的兴建和国家的统一,发挥了重大的不可替代的作用,但过度运用也在一定程度上束缚了人们的思想和创造性。

中国古代文明源远流长,绵延不绝,在其由古国到王国、由王国到帝国几千年的发展过程中,有许多发明创造,积累了丰富的经验,当然也有过这样那样的教训。回顾这一历程,发扬优秀传统,总结经验教训,对于中华民族未来的科学发展、构建和谐社会、和谐世界,具有重要的借鉴和参考意义。

注释

① 苏秉琦:《关于考古学文化区系类型问题》,《文物》1981 年 5 期;后收入《苏秉琦考古学论述选集》,文物出版社,1984 年。
② 苏秉琦:《国家起源与民族文化传统(提纲)》,《华人·龙的传人·中国人——考古寻根记》,辽宁大学出版社,1994 年。
③ 苏秉琦:《辽西古文化古城古国——试论当前考古工作重点和大课题》,《辽海文物学刊》创刊号,1986 年;收入《华人·龙的传人·中国人——考古寻根记》,辽宁大学出版社,1994 年。
④ 辽宁省文物考古研究所:《辽宁牛河梁红山文化女神庙与积石冢群发掘简报》,《文物》1996 年 8 期。
⑤ 郭大顺:《红山文化坛庙冢与中国礼制的起源》,雷广臻主编《走进牛河梁》,世界知识出版社,2007 年。

⑥ 郭大顺:《中华五千年文明的象征——牛河梁红山文化坛庙冢》,辽宁省文物考古研究所编《牛河梁红山文化遗址与玉器精粹》,文物出版社,1997年。

⑦ 转引自易建平:《部落联盟与酋邦——民主·专制·国家:起源问题比较研究》第七章,中国社会科学出版社,2004年。

⑧ 安徽省文物考古研究所:《凌家滩:田野考古发掘报告之一》,文物出版社,2006年。

⑨ 安徽省文物考古研究所:《安徽省含山县凌家滩遗址第五次发掘的新发现》,《考古》2008年3期。

⑩ 河南省文物考古研究所等:《河南灵宝市西坡遗址墓地2005年发掘简报》,《考古》2008年1期;马萧林、李新伟、杨海青:《河南灵宝西坡第五次发掘获重大收获》,《中国文物报》2005年8月26日第一版;马萧林、李新伟、杨海青:《灵宝西坡仰韶文化墓地出土玉器初步研究》,《中原文物》2006年2期。

⑪ 李伯谦:《中国古代文明演进的两种模式——红山、良渚、仰韶大墓随葬玉器观察随想》,《文物》2009年3期。

⑫ 因上海市崧泽遗址而得名。见上海市文物保管委员会:《崧泽——新石器时代遗址发掘报告》,文物出版社,1987年。

⑬ 因浙江省余杭良渚遗址而得名。见施昕更:《良渚》,1938年。

⑭⑲ 因山西省襄汾陶寺遗址而得名。见中国社会科学院考古研究所等:《1978—1980年山西襄汾陶寺墓地发掘简报》,《考古》1983年1期。

⑮ 指河南省及邻近地区发现的以类似山东龙山文化出土的黑陶器为特征的考古学文化。

⑯ 浙江省文物考古研究所:《反山(上、下)》,文物出版社,2005年。

⑰ 浙江省文物考古研究所:《瑶山》,文物出版社,2003年。

⑱ 浙江省余杭县文物管理委员会:《浙江余杭横山良渚文化墓葬清理简报》,徐湖平主编《东方文明之光——良渚文化发现60周年纪念文集(1936—1996)》,海南国际新闻出版中心,1996年。

⑳ 中国社会科学院考古研究所山西队等:《陶寺城址发现陶寺文化中期大墓》,《考古》2003年9期。

㉑ 国家文物局考古领队班:《郑州西山仰韶时代城址的发掘》,《文物》1999年7期。

㉒ 浙江省文物考古研究所:《杭州市余杭区良渚古城址2006—2007年的发掘》,《考古》2008年7期。

㉓ 梁星彭、严志斌:《山西襄汾陶寺文化城址》,国家文物局编《2001年中国重要考古发现》,第24—27页,文物出版社,2002年。

㉔ 北京大学考古文博学院、河南省文物考古研究所:《登封王城岗考古发现与研究》,大象出版社,2007年。

㉕ 中国社会科学院考古研究所等:《山西襄汾陶寺城址2002年发掘简报》,《考古学报》2005年3期。

㉖ 河南省文物考古研究所、中国历史博物馆考古部：《登封王城岗与阳城》，文物出版社，1992年。

㉗ 许宏：《最早的中国》，科学出版社，2008年。

㉘ 河南省文物考古研究所：《郑州商城——1953—1985年考古发掘报告》，文物出版社，2001年。

㉙ 中国社会科学院考古研究所河南第二工作队：《河南偃师商城宫城第八号宫殿建筑基址发掘简报》，《考古》2006年6期。

㉚ 中国社会科学院考古研究所：《中国考古学·夏商卷》，中国社会科学出版社，2003年。

㉛ 张光直：《一个美国人类学家看中国考古学的一些重要问题》，《华夏考古》1995年1期；徐苹芳、张光直：《中国文明的形成及其在世界文明史上的地位》，《燕京学报》(新)，1999年6期。

㉜ 李伯谦：《张家港市东山村崧泽文化早期大墓的启示》，原以《崧泽文化大墓的启示》为题刊于北京大学震旦古代文明研究中心编《古代文明研究通讯》总第四十四期，2010年3月；又收入《文明探源与三代考古论集》，科学出版社，2011年。

传承华夏文明　共迎民族复兴

——从河南省重大考古发现谈起

河南省所在的中原地区地处我国的核心地带,古称"天地之中"。从几百万年前的旧石器时代直至晚近的历史时期,都有人类栖息生活在这里,留下了丰富的文化遗产。研究这些遗产,保护好这些遗产,从这些珍贵的文化遗产中汲取营养,建设社会主义新文化,促进中华民族的伟大复兴,是我们的光荣职责。

一、河南省及周邻地区的重要考古发现

(一)旧石器时代

旧石器时代早、中、晚期遗址均有发现,据调查,仅郑州市域范围内即有近 400 个地点。尤其是距今十万年至一万年的荥阳织机洞、许昌灵井、郑州二七区老奶奶庙、新郑赵庄、登封西施、新密李家沟等遗址,出土了丰富的石制品、动物化石和烧土面等人类生活遗迹,成为研究现代人起源的重要资料,其中许昌灵井人头骨化石、栾川人牙化石、郑州二七区老奶奶庙和新密李家沟遗址曾荣获发掘当年的全国十大考古发现。

(二)新石器时代

1921 年瑞典人安特生发掘的渑池县仰韶村遗址,是中国考古学史上第一个科学发掘的遗址,仰韶村成为中国第一个新石器时代考古学文化——仰韶文化的命名地。新中国成立以来,经过考古工作者半个多世纪的调查发掘,已发现新石器时代文化遗址数百处,时代

齐全,早、中、晚期皆有;分布广泛,几乎涵盖了河南省东、西、南、北、中各个地区;内涵丰富,居址、墓葬、城址、手工业作坊址、精美的陶器、骨器、玉器等应有尽有。距今10 000年至9 000年的新密李家沟遗址,8 000多年前的舞阳贾湖遗址,7 000多年前的新郑唐户裴李岗文化大型聚落,5 000多年前的灵宝西坡仰韶文化中晚期显贵大墓,4 500多年前的郑州西山仰韶文化晚期城址、大河村仰韶文化晚期聚落,以及4 000年左右的新密古城寨、淮阳平粮台、辉县孟庄等龙山文化时期的城址群,勾画出了由基本平等的社会聚落结构向聚落分化、阶级产生、古国出现的初级文明社会演进的过程。

（三）青铜时代

从公元前21世纪的夏代至公元前5世纪中叶的春秋、战国之际,是考古学上所称的青铜时代。这时期的重要考古发现,首推登封王城岗、新密新砦、偃师二里头等三处大型城邑遗址。登封王城岗可能即文献记载的"禹都阳城"的阳城,是夏的早期都城;新密新砦龙山时期城址可能与"启居皇台"有关,新砦期增筑之后可能即成为"后羿代夏"的东来夷人的一处政治中心;二里头遗址有成组宫殿基址、宫城城址、贵族铜器墓葬、铸铜作坊址的发现,其为夏王朝最后的都城——斟鄩所在地,已成学界共识;与之相关,尚有荥阳大师姑、平顶山庞村、新郑望京楼等夏代城址。继之是商灭夏后商汤所建的亳都——郑州商城、文献上称为西亳的偃师商城以及焦作府城商城、新郑望京楼商城、灭夏后又在大师姑夏代城址基础上增筑使用的商城等早商城址;中商时期,有可能是商王仲丁所迁隞都的郑州小双桥遗址,以及商王河亶甲所迁"相"都的安阳洹北商城;商代晚期,"盘庚迁殷二百七十三年更不徙都"的安阳殷墟,更以50多座宫庙建筑基址、多达十万片刻字甲骨及数量众多的精美青铜器、玉器、骨器而闻名于世。西周时期,周王朝政治中心逐渐由陕西长安丰镐移至洛邑成周,东周王城更成为全国的首都。成周发现有铸铜遗址、贵族墓地,王城发现有城址、宫殿基址和包括带四条墓道的周平王墓在内的大型墓葬。西周实行分封制度,在河南境内康叔所封的卫、管叔所封的管、蔡叔所封的蔡、商人之后所封的宋、周公儿子所封的应和祭,以及西周晚期至春秋由陕西迁来的郑、虢等国的都城也相继发现;春秋时期的黄国都城及国君墓葬、战国时期楚国都城之一的淮阳等也有重要发现,在新郑郑韩故城发掘出土的韩国晚期王陵,是我国唯一一座经科学发掘的早期帝王陵墓。

(四)成文历史时代

成文历史时代大约始于战国时期,这也是由青铜时代转变为早期铁器时代的开始。公元前221年,秦始皇扫平东方六国建立秦帝国,实现了国家的统一,标志着中国古代文明的演进由王国阶段发展到了帝国阶段。在此历史时期,秦、汉、唐王朝全国政治中心移往陕西长安,但东汉、魏晋、北朝、隋、北宋又定都河南,有唐一代的武则天时期洛阳又一度成为东都。在洛阳汉魏故城、隋唐洛阳城、"天地之中"嵩山古建筑群、北宋汴京和巩义宋陵等历史重地,不仅留下了巍峨的城址、宫殿、运河、寺观、石窟、书院、陵墓等遗迹,也出土了许多具有科学、历史、艺术价值的文物,可谓美不胜收,蔚为大观,成为了历史的见证。

二、华夏文明是中华文明的核心

(一)中原地区是中国现代人起源的核心地区之一

在国际学术界,大约距今三百多万年以前的人类最早起源于非洲,然后逐步分迁世界各地,这是几乎一致的认识。但在现代人起源问题上,意见却存在明显分歧,占主流的意见是:大约距今二十多万年前后,因环境气候的急剧变化,世界各地的古人类都消亡了,这时在非洲又蕴生了今天生活在世界各地的人类的直系祖先的所谓现代人,现代人又像以前已经灭亡的古人那样一波一波向外迁徙,到达中国大陆的时间大约在距今十万年前后,由南往北,生息繁衍下来,成为我们的始祖。另一种观点是由中国学者、中国科学院古脊椎动物与古人类研究所研究员吴新智院士提出来的,他认为从中国发现的材料和研究成果来看,由直立人到现代人是连续进化附带杂交实现的,中间并没有断裂。这一观点已从十万年前开始的织机洞、三到五万年的郑州二七区老奶奶庙到一万年左右的新密李家沟等遗址的连续发现所证实,河南所在的中原地区是研究中国现代人起源的核心地区之一。

　　(二)中原地区是中国最早跨入文明门槛的核心地区之一

　　文明是人类社会发展的一个特定的阶段,文明的起源必须在新石器时代去寻找。前中国考古学会理事长苏秉琦教授将中国新石器时代考古学文化分为六大区系:陕豫晋邻境地区、山东及邻省一部分地区、湖北和邻近地区、长江下游地区、以鄱阳湖——珠江三角洲为中轴的南方地区、以长城地带为重心的北方地区。苏秉琦先生所说的陕豫晋地区,即中原地区。在这六大区系中,陕豫晋即中原地区、湖北和邻近地区、长江下游地区的考古学文化序列和谱系最为完整。

　　陕豫晋即中原地区新石器时代的考古学文化序列和谱系是:以河南新密李家沟遗址中层为代表的李家沟文化,年代约为距今 10 000 年至 9 000 年——以河南新郑裴李岗遗址为代表的裴李岗文化、以陕西华县老官台下层为代表的老官台文化、以山西翼城枣园遗址为代表的枣园文化,年代约为 9 000 年至 7 000 年——以河南渑池仰韶村遗址为代表的仰韶文化,年代约为 7 000 年至 4 500 年——以河南登封王城岗遗址、山西襄汾陶寺遗址、陕西西安客省庄遗址为代表的中原龙山期文化,年代约为 4 500 年至 4 000 年。以后即是青铜时代的夏文化、商文化、周文化。

　　各地发现的考古材料表明,距今 6 000 年前后的仰韶时代中期,新石器时代考古学文化六大区系中,多数都或多或少地出现了文明因素,聚落开始分化,以长江下游地区张家港东山村崧泽文化随葬多把玉钺的贵族墓葬为代表,初级王权业已出现。至距今 5 500 年至 4 500年的仰韶时代晚期,更形成了北方地区以红山文化坛、庙、冢为代表,长江下游地区以良渚文化面积达 290 万平方米的城址、大型显贵墓葬、祭坛、数量庞大且精美的玉器为代表,中原地区以郑州西山仰韶文化晚期城址、灵宝西坡仰韶文化晚期大型房址和随葬玉钺大墓为代表等几个政治中心，进入了苏秉琦先生所说的"古国"阶段。根据我们的考察，红山古国、良渚古国虽盛极一时，但都因将社会财富无节制地挥霍于宗教狂热而难以为继，很快就衰落下去了。唯有仰韶古国，不求奢华，比较简约，并注意社会的持续发展，至龙山时期，以襄汾陶寺280万平方米城址、观象台址、贵族大墓和登封王城岗城址等为标志，先后进入了以突出王权为特征的"王国"阶段。中原地区不仅是中国最早跨入文明门槛的地区之一，而且是唯一没有消亡且继续向前发展的核心地区。

（三）中原地区是中国数量最多的王朝都城所在地

夏代是见于文献记载且为学术界公认的中国历史上的第一个王朝国家，禹是夏王朝的创立者，文献所记"禹都阳城"的阳城，经过考古工作者多年的探查和发掘，已确定就在今登封郜成镇。20世纪70年代中叶，河南省博物馆文物工作队在登封郜成镇王城岗发掘到一座龙山文化小城，面积约一万平方米，1977年在此召开了第一次夏文化讨论会——"登封郜成发掘现场座谈会"，主持发掘的安金槐先生推测这座小城或即"禹都阳城"。但因此城面积过小，后来经过碳十四测年，其年代又早于依文献记载推定的夏之始年公元前21世纪，故学术界颇有争议。为了弄清夏的年代，1996年启动了九五国家重大科技攻关项目"夏商周断代工程"，2000年启动了"中华文明探源工程预研究"，这期间又重新组织了发掘，结果发现了一座打破小城西北城角、面积达34.8万平方米的大城，经碳十四测定，年代为公元前2100年至公元前2000年之间，与据文献记载推定的夏之始年约在公元前21世纪相符，从而确定夏王朝的第一座都城就在河南登封郜成镇，王城岗龙山文化晚期大城就是"禹都阳城"。

文献记载，夏代都城屡有迁徙，继登封王城岗之后，通过考古勘探发掘的禹州瓦店、新密新砦等河南龙山文化大型遗址或城址，可能与禹的儿子启的都城或太康失国"夷羿代夏"之后的政治中心有关，而属于二里头夏文化的偃师二里头遗址宫城城墙、宫殿建筑群、铸铜作坊、贵族墓葬及青铜器、玉器的发现与研究,证明其为夏王朝最后的王都,学术界已基本形成共识了。可能是向外扩张的原因,也可能出于防卫的需要,往南在平顶山庞村,往东在荥阳大师姑、新郑望京楼,都建有与二里头遗址偏晚阶段相当的城。

公元前1600年汤伐桀灭夏,建立商朝。商朝的第一个国都——亳都,也经考古工作者几十年不懈地发掘研究被确定了,这就是著名的郑州商城。郑州商城有宫城、内城、外廓城三重城垣,总面积有几十万平方公里,发现了几十座夯土宫殿基址、陶制或石砌供水排水管道、贵族与平民墓葬、窖藏青铜重器、骨刻文字等,是当时世界上最大最繁荣的城市之一。与其时代基本相当,灭夏之后在夏都附近不远还建有文献上称为西亳的偃师商城,在黄河北岸的焦作建有府城商城,在郑州商城南面不远建有望京楼商城,西北不远在夏的大师姑城基础上加以增筑继续使用的商城,形成了拱卫京师的防卫体系。

文献记载,商汤建亳之后,至第五代盘庚时迁至隞(嚣),隞在何地? 经过多年讨论辨析,学术界多数倾向认为即郑州商城西北方不远的小双桥遗址,该遗址规模宏大,发现有大型高台建筑基址、祭祀坑、道路、车辙、环壕、青铜构件、朱书陶文等遗迹和遗物,其年代与郑州商城衰落年代相接而略晚,时代、地望均与文献所记相符。

公元前1046年,武王伐纣灭商建立周朝。周人的老家本在陕西岐山、扶风两县交界处的周原,文王为东进灭商,将都城迁至今西安西南郊沣河西岸的丰,其儿子武王又迁至沣河东岸的镐,武王灭商后,镐京就成了新建立的西周王朝的首都。尽管周人已将都城由周原迁到镐京,但要在这里控制原来商王国的偌大地域谈何容易,于是武王在灭商返回镐京的路上,就考虑把政治中心放在号称"天下之中"的嵩山脚下的洛阳,这便是派召公、周公相继考察,最后由成王最终建成的所谓东都洛邑成周的经过。成周城大体在今洛阳瀍河两岸,目前已发掘到铸铜作坊遗址、祭祀坑、随葬有成组青铜礼乐器和精美玉器的高等级贵族墓葬。

公元前770年,周王朝不堪忍受西北犬戎族的袭扰,东迁洛邑,东周王城复又成为全国最高统治中枢。王城位于今洛阳涧河两岸，迄今已发掘出城墙、宫室建筑基址、铸铜及铸铁遗址、贵族墓葬及附属车马坑，从一座带四条墓道的大墓出土的"王乍口口"铭文铜鼎的形制看，其为周平王墓的推断是可信的。除宗周都城，如宋、郑、虢、蔡、楚、韩、赵、魏等封国的都城也建在或一度建在中原地区。

公元前 221 年，秦始皇统一中国，秦朝建立，中国由王国时代进入了帝国时代。秦和西汉，都城分别建在咸阳和长安，而东汉、魏、晋、北朝、隋又在洛阳，洛阳也是唐的东都。北宋都城在开封，皇陵在巩义。历朝历代都留下有文物古迹，只是明清以后，王朝都城始远离中原地区。

从中国文明演进的历程来看，由"古国"到"王国"，由"王国"到"帝国"，在中原地区建都的王朝最多，中原地区作为王朝都城的时间也最长。

（四）中原地区是文化发展绵延不绝、文明进程唯一没有发生中断的地区

如前所述，从旧石器时代以来，中原地区文化一直是连续发展下来的，序列清楚，谱系清楚。从文明进程考察，虽然在距今 5 500 年至 4 500 年这一时段，北方以红山文化为代表、长江下游以良渚文化为代表、黄河中游以仰韶文化为代表，都先后进入了苏秉琦先生所说的"古国"阶段，但从其各自的发展来看，由于所走的道路不同，结果也不一样。我在《中国古代文明演进的两种模式——红山、良渚、仰韶大墓随葬玉器观察随想》（《文明探源与三代考古论集》文物出版社2011 年）一文中明确指出，红山古国、良渚王国走的是突出神权的道路，仰韶古国走的则是突出王权的道路。前两者"无节制地将社会财富大量挥霍于非生产性的宗教祭祀设施的建设和活动上，掏空了社会机体正常运转和持续发展的基础，使社会失去了进一步发展的动力"，因而走向了衰亡，继红山文化之后的小河沿文化、夏家店下层文化、继良渚文化之后的好川文化、广富林文化、马桥文化，都没有发现能够证明其发展为更进步的独立国家的证据。而崇尚王

权的仰韶古国,不尚奢华,比较简约,注意社会的可持续发展,则为其后的河南龙山文化、二里头夏文化、商文化、周文化所继承,进一步发展出一个比一个更高的文明国家,在其后的发展过程中,尽管也有曲折,但其长期发展凝成的强大的文化力量,奠立了发展的方向。它像一块磁石,可以吸附其他文化的先进因素,不断壮大自己;它像一个熔炉,可以熔融其他异质文化为我所用,成为自己的有机组成部分。从而保证了沿着既有轨道,不断改进,不断创新,继续向前发展。

三、华夏文明是多民族文化不断融合发展的结果

(一)中原地区是多民族文化融合、发展的辐辏之地

中原地区古称中州,位于"天下之中"、"天地之中",自然环境优越,土地肥沃,物产丰富,交通便利,很早以来就有人类栖息生活于此。人类社会由原始平等社会进入阶级、国家社会以后,中原更成为"兵家必争之地"。可以说掌控了中原,就掌控了天下,掌控了中国。正如宝鸡出土的何尊铭文"宅兹中国"所表明的,武王灭商以后,不在商的都城所在地殷墟建立新都,也不把周人灭商前的都城镐京作为真正的权力中枢,而选择在嵩岳之下的洛邑兴建成周作为实际上的政治中心,正是因为这里是"中国",即"天下之中"、"天地之中"。以其为中心,将姬姓兄弟子侄、异姓姻亲、先圣王之后和归顺的商系方国首脑分封各地,便构建起了一张点线结合的、严密的姬周王朝统治网络,这就像一个车轮,宗周是车毂,各个封国是一根一根的车辐,用血缘的、政治的各种各样的链条将其牢牢绑在一起,便成了可以自由运转的轮子。由于中原地区的重要性,也必然会引起周边民族的嗜欲,在以后的历史演进过程中,也的确发生过周边少数民族入主中原的例子。但其结果往往是,逐步放弃自己原来的生产、生活方式乃至风俗习惯,接受当地的文化,融入当地的文化,仍基本遵从当地原有的模式。北魏如此,元朝如此,清朝亦复如此。

（二）华夏文明的形成和发展是长期以来多元文化不断交流融合、去粗存精、博采众长的结果

中原地区是华夏文明蕴育、形成的核心地区，但华夏文明并不是孤立的、与外隔绝的。在其发展过程中，周邻文化不断向中原地区进取，中原地区文化也不断向周邻扩散，其间的交流、影响、碰撞、融合、同化、替代是经常发生的。

从周边文化向中原地区进取来看，早的不说，大约距今 4 500 年前后，黄河下游的大汶口文化曾一度向西推进，在河南南部的平顶山和西部的偃师，都曾发现过典型的大汶口文化晚期的墓葬；比之稍晚，长江中游地区的屈家岭文化也曾向北突进到河南南部，如郑州大河村仰韶文化聚落遗址中就含有明显的屈家岭文化因素；中原龙山文化时期，山西襄汾陶寺类型中的斝、蛋形瓮、圈足罐等陶器的造型都可以在内蒙、山西北部的考古学文化中找到渊源，分布在黄河上游甘、青地区的齐家文化晚期遗存中的长身、骹部带倒钩的青铜矛，也发现于河南西南部与湖北交界处的淅川县一带。进入夏代，最典型的例子是见于文献记载的"后羿代夏"事件，后羿又称"夷羿"，是传说中的东方夷人一支的首领，据我们研究，新密新砦、巩义花地嘴等遗址中即含有较多的被认为是夷文化的山东龙山文化因素。其实灭商的周人，也是长期生活在西北方的戎狄部族中，在周原发现的先周文化，有一种特征鲜明的陶器——高领袋足鬲，即是学术界多数人认为的姜戎部族的典型器物，只是进入西周以后才慢慢消失不见了。

从中原地区文化向周邻地区的扩散来看，更为明显。仰韶文化到了中期，进入繁荣阶段，往北推进到了内蒙中南部，往西到了甘肃东部，往南到了湖北北部，往东在大汶口文化中也能看到它的影响。河南龙山文化时期，后岗类型沿太行山东麓一线直接影响到冀北，造律台类型往南一直推进后苏北，王湾类型往南的影响直逼长江。进入夏代，二里头文化往西到了华山脚下，往南到了长江边上，往东到了豫东的杞县。早商时期，以郑州商城、偃师商城为中心，更是四出扩展，往北到了河北宣化盆地、内蒙朱开沟，往西进入关中，往东到了

山东淄、弥河流域，往南过了长江影响到江西赣江中游、湖南澧水流域。晚商、西周时期，中原系统文化覆盖范围更加扩大。进入成文历史时期，尽管有曲折，有反复，但这一趋势一直没有改变。

以中原文化为母体的华夏文明，正是在同周邻诸文化反复交往、折冲中，不断汲取异文化的先进因素，融合、改造进入中原地区的外来文化，不断改进，不断壮大，不断发展的。

四、传承、创新华夏文明是实现中华民族伟大复兴梦想的基本保证

中原地区是华夏文明的核心地区，华夏文明在长达数千年的发展过程中，不仅留下了优秀的、丰富的物质文化遗产和非物质文化遗产，还形成了蕴育于这些优秀文化遗产中的核心价值体系。研究它，分析它，认识它，继承它，在继承的基础上不断创新，使之成为建设社会主义新文化的重要力量和动力，是我们的光荣使命和神圣职责。

（一）华夏文明的核心价值体系及其精髓

华夏文明的核心价值体系和精髓是什么，似乎很难一两句话说清楚。但从其发展历程和内涵考察，从当今社会发展需要着眼，我认为有这样几点是特别要强调的：

1. 始终认为自然、社会和人类自身是不断变化的。作为先秦典籍"十三经"之首的《易经》，即是古代先哲对自然、社会和人类自身变化规律认识的哲学总结，认识、掌握这一规律，便可以审时度势，与时俱进，否则必将被滚滚向前的历史车轮所抛弃。

2. "天人合一"思想。天，指自然界及其运行规律；人，指人类自身和人类社会。人、人类社会，都是自然发展到特定阶段产生的，人的发展，人类社会的发展，必须服从、适应自然的发展，违背自然发展的规律，破坏自然发展的规律，必将受到自然的惩罚。

3. 中和观念。孔子的孙子子思所著《中庸》一书中说："中也者，天下之大本也；和也者，天下之达道也。致中和，天地位焉，万物育

焉。"什么是中,解释各有不同。按照我的理解,天下万物,无论是自然界还是人类社会或人类本身,各安其位,各得其所,就是中,中就是事物的平衡状态。只有求得中,才能达到和。

4. 礼、法共治。礼和法在氏族、部落社会中萌芽,进入阶级国家社会时逐步形成并不断发展。礼是对上层社会不同阶层人们的行为规范,法是对下层社会人们行为的强制性约束。所谓"刑不上大夫,礼不下庶人",明确表明了礼、法的功能和区别,在漫长的阶级社会中,正是运用礼制和法制才保证了社会的正常运转。

5. 忠、孝、仁、爱、信、义、和平等是长期实践形成的一整套处理个人与国家、个人与集体以及人际关系、少长关系等的道德伦理观念。社会是不停向前滚动的机器,这些道德伦理观念就是保证这架机器正常运转的润滑剂。

(二) 实现中华民族伟大复兴需要牢牢把握住大的方向

传承新华夏文明,共迎中华民族伟大复兴,是新时期赋予我们的光荣使命,为实现这一崇高目标,我们必须提高认识,牢牢把握住大的方向。

1. 中华民族的伟大复兴,不仅仅是经济的复兴,更是文化的复兴。只有文化强大了,我们才能真正成为世界强国,真正雄立于世界民族之林。

2. 中华民族的伟大复兴,取决于全国各族人民对中华民族的认同。中国有 56 个民族,中华民族是历史发展所形成,团结一心,合力奋斗,才能达到此一目标。

3. 中华民族的伟大复兴,基于全国各民族之间的平等、团结与和谐。这是中华民族获得各族人民认同的条件,也是实现中华民族伟大复兴的保证。

4. 中华民族的伟大复兴,关键在于其核心价值观的普及与实践。这一点做到了,才能保证中华民族兴旺发达,永葆青春。